衣袂飄然 曹溪風

易菁 著

全国百佳出版社
中央编译出版社
CCTP
Central Compilation & Translation Press

图书在版编目（CIP）数据

衣袂飘然曹溪风：易菁讲《六祖坛经》/易菁著.
—北京：中央编译出版社，2012.8

ISBN 978－7－5117－1496－1

Ⅰ.①衣…

Ⅱ.①易…

Ⅲ.①禅宗—佛经—中国—唐代 ②《坛经》—通俗读物

Ⅳ.①B946.5－49

中国版本图书馆 CIP 数据核字（2012）第 208444 号

衣袂飘然曹溪风：易菁讲《六祖坛经》

出 版 人：刘明清
出版统筹：谭 洁
责任编辑：董 巍
责任印制：尹 珺
出版发行：中央编译出版社
地 址：北京西城区车公庄大街乙 5 号鸿儒大厦 B 座（100044）
电 话：（010）52612345（总编室） （010）52612363（编辑室）
（010）66161011（团购部） （010）52612332（网络营销部）
（010）66130345（发行部） （010）66509618（读者服务部）
h t t p：www.cctpbook.com
经 销：全国新华书店
印 刷：北京雨田海润印刷有限公司
开 本：710 毫米×1000 毫米 1/16
字 数：150 千字
印 张：21
版 次：2012 年 9 月第 1 版第 1 次印刷
定 价：39.80 元

目　录

疑问品第三

定慧品第四

坐禅品第五

忏悔品第六

机缘品第七

顿渐品第八

护法品第九

付嘱品第十

前　言

经过了一段时间的颠沛，我们又有机会坐在一起共同学习，共同提升我们的生命。今天开讲《六祖坛经》，讲以前提两点要求，便于大家能够把握住禅的中心。

首先是立足于生命的真实受用。《六祖坛经》涉及很多的公案、禅门的故事、人物，非常生动，是以六祖惠能大师的生平事迹作为经典的主线的。你不要问这些人物、故事是从哪里来的，有没有历史的考据。我告诉大家，佛教，尤其是禅，不是历史学，不是考古学，不是哲学，而是用来解脱生命生死的学问与实践方法。不要偏离主题去抓住细节不放，这对于我们学禅的人没有任何的好处，反而会给我们带来很多的障碍。

如有些人对“拈花一笑”的公案表示怀疑。这个公案出自《梵天问佛决疑经》。如果按照历史的方式来讲，这个故事是来自于哪里，公元多少年，然后怎样，把它交代清楚。大家想一想，如果那样讲，禅的意味还在吗？禅的意味就不在了，我们要达到的目的也不在了。因此要立足于我们生命真实的受用，不要把它建立在历史学、考古学和哲学的范畴去学习。佛法就是佛法，禅宗就是禅宗，禅的精神就是禅的精神，不能够混为一谈。

第二点要明确地问一下自己来这里是干什么的？自己要非常地明确，第一是要了解禅；第二是要在生活当中运用禅。这是对佛教没有太多了解的人，通过这一次的经典讲授要有这样两个收获。如果是面对一个已经有了一定的修证，有了一定实践经验的人来说，第三点就是要明心见性。我来听禅法，就是来明心见性的，非常直白。学佛是为了什么？很简单，为了成佛，其他无所求。我们会在经典里看到很多六祖惠能和五祖之间的对话，都是这个，没有别的。如果只限于语言和逻辑思维，那就失去了学禅的本意，就没有受用了。

禅是双刃剑，一剑过去，不死即超。我们会在这个经典里看到鲜活的例子，这一本经典写得生动极了。你作好准备，不要把明心见性去高推圣境，想得遥不可及，明心见性也许就在下一刹那，也许等到这一课下来，也许等到下一课下来。明心见性是随时可以得的，不要让你和它拉开无边的距离，每一个人都是有机会的。很多人都说，明心见性要无量阿僧祇劫才可以，我怎么可能明心见性呢？你想想，你怎么知道你没有修过无量阿僧祇劫呢？你怎么知道这不是你的最后一世呢？你要作好准备！

我们每一个人立足于这两点来学习。这两点把握好了，用儒家的思想说："虽不中不远矣"。虽然你可能达不到那个最高的目标，但是离最高的目标也不会很远，起码不会产生新的障碍和烦恼。这是我们在学《六祖坛经》以前所要把握的。

我们今天讲的这本《六祖坛经》，是佛教的经典。佛教诞生于印度，传入中国大约是在西汉末东汉初。当时中国的社会文化已经是非常繁荣昌盛了，且已十分完备。经历了夏商周三代，尤其是春秋战国时期的百家争鸣，更给佛教的进入奠定了基础，使得佛教进入中国以后很快被国人接受，并与当时的文化有机融合，形成了以儒、道、释为主体的华夏文化，这三家共同形成了中华民族文化的核心。

在佛教里面，所有称为经的都是释迦牟尼佛所说，僧团所定的规章制度为律，后人对经的解释称作论，这些统称为经、律、论三藏。然而我们今天所言的《六祖坛经》却是一个特例，它不是释迦佛说的，却被称为经，而不是称论，可见得《六祖坛经》在佛教中的地位。在佛教的经典中，只有这一本经是中国的，不是印度的。

《六祖坛经》是一部禅门的经典。禅门作为佛教的一支，发源于两千五百多年以前，释迦牟尼佛在灵山会上，手拈一朵金色的优钵罗花示于大众。千万大众都莫名其妙，不知道是什么意思，唯有释迦佛的大弟子迦叶尊者会心一笑。这会心一笑可不得了啊，灵光一束贯寰宇，拈花微笑透禅机。这一刹那，释迦牟尼佛说："我以正法眼藏，涅槃妙心，实相无相，微妙法门，不立文字，教外别传，付嘱摩诃迦叶。"从此神奇、微妙、不可思议的禅诞生了。禅是什么？禅就是佛之心。你去和佛的心相契合的那一刹那，便透得他的禅机。这叫以心印心，以心传心，就是我们世间说的心有灵犀一点通。这个心有灵犀一点通一直传了多长时间？一直传到今天。

就这样从释迦佛传大迦叶开始，迦叶传给阿难，阿难传商多和修，代代相传，一直传至二十七代般若多罗法师，出现了微妙的变化。般若多罗法师告诉他的弟子菩提达摩说：佛在当时曾预言，当佛法在印度传至第二十八代时，大乘佛法将传至震旦，未来的禅光在震旦。等我死以后，你要将法传到震旦去。于是，这位二十八代祖师菩提达摩一苇渡江来到中国，作为中国禅门的第一代祖师。

达摩祖师来到中国正值南北朝时期。佛法在中国当时是一个似有若无的状况，说它有也可以，说它无也可以。为什么这么说呢？因为绝大部分的人都是在佛法的表面做文章，庙里就是诵经，世间就是将佛法当成一种学问来研究，流于形式主义的佛法当然是似有若无了。经典的道理是用来指导修行实践的，而不是著于文字相研究来研究去的。而在当时南北朝时期，连打坐拜忏都没有，纯属文字游戏，没有任何身心实修的内容。

其实达摩祖师来到中国以前，已经派了两个徒弟佛陀、耶舍，来中国传禅宗顿教法门。到了中国以后，很久没有人理他们，国人认为他们两人在传邪教，不是佛的正法。后来这两人来到庐山，遇到慧远大师。慧远大师专传念佛法门，大师见到这两个印度和尚很是纳闷，就问："你们传的什么法？大老远地从印度过来，怎么也没有人理呢？"

这两位印度禅师因为不太会讲中国话，就用手势跟慧远大师比划，把手握成拳，再松拳成手，说："看，拳成手，手做拳，快不快？"拳手本是一体，只是外形上的变化。印度禅师说："菩提转烦恼就这么快。"就像拳变手、手变拳一样，一念之间菩提转烦恼，一念之间烦恼转菩提，都看你自己。慧远大师当下大悟，原来菩提、烦恼无二无别，菩提即烦恼，烦恼即菩提。后来这两位禅师在同一天往生，他们的坟墓据说至今还在庐山。假如我们日后有机会去庐山，一定要去参拜这两位禅师的坟墓。那时，你的心情就会不一样了。等我们讲完了《六祖坛经》，你回头再去少林寺看达摩洞，再去看立雪亭，你才有那身心实证的感受。

终于因缘成熟，达摩祖师来到中国，来到南京正好遇到神光法师在讲经说法。这个神光法师是一个好生了得的人，讲经讲得如何呢？雨天曼陀罗华。天人为了供养在人间说法的法师，从天降鲜花，像下雨一样，花从中天下来的时候，到了人间就变成雨，但是这个雨非常温润。所以有一句话叫："中天飞法雨，大地涌金莲。"这是佛教在传法时出现的一种吉祥之相，用中国的语言说是讲得天花乱坠。如此殊胜的境界有神通的人能看到。

神光讲完后，达摩祖师就上前问："法师，你在做什么呢？"神光说："我在讲经啊。”达摩说：“你讲经干什么？”神光说：“教众生了生死。”达摩说：“你讲的经，黑的是字，白的是纸，拿什么了生死？”这一问，神光就被问得哑口无言，恼羞成怒。这位神光大师虽然经典讲得天花乱坠，但脾气却一点没改，一旦动怒，便像山洪爆发，一发而不可收，脱口就说：“你这外来的和尚，居然敢在这里谤法。”话音刚落，就用胸前带的铁佛珠打了过去。

达摩大师本是武功高强之人，但完全没有防备，没料到修行人说不过就动武，结果这铁佛珠迎面打来，啪的一声就打在了达摩祖师的嘴上，两颗牙顿然脱落。圣人落牙，如果吐到地上，大地要大旱三年。达摩祖师想，这大旱三年，要死多少生灵啊，于是一声不响往后退了三步，将两颗牙含血而吞，一言不发走开了。从中我们可以看到一代祖师忍辱的功夫，一切以苍生的利益为利益，从来没有自我。

神光和尚如此出了一口恶气，打了那印度和尚，觉得那和尚居然没敢反抗，非常得意，回去继续做他的法师。可是不久，事情来了，黑白无常来找他了。因为他是一个修行人，所以无常很客气地跟他说：“法师，你的阳寿尽了，今天阎罗王派我来请你走了。”这下他长脸了。神光一听，说：“连我也要死吗？我讲经讲得天花乱坠，地涌金莲，还不能了生死，那这个世界上还有能了生死的人吗？”无常说：“当然有了，前不久刚被你打掉两颗牙的印度和尚，阎罗王看见他也要给他顶礼，他不归我们管。”神光一听，赶紧说：“请帮我在阎罗王面前通融一下，给我七天的时间，让我去学了生死的法门。”无常说：“如果你真有诚意，我是可以帮你的，我可以给你一个方便。”神光一听，赶紧去找达摩祖师去了。

你想一想，打掉了人家两颗牙，盛气凌人，觉得自己非常了不起，现在却跑到达摩祖师的面前一跪。达摩祖师正在闭关，他就跪在雪地里三天三夜。

达摩祖师从闭关中出定，转脸对他说：像你这样心性浮躁的人，想修我的禅法，门儿也没有，除非雪地开红花。这个时候，神光的脾气还是那么躁，但是他没拿佛珠打别人，操起刀来一刀把自己的胳膊砍下来，拿着这个胳膊把血滴在雪地上。你不是说除非雪地开红花嘛，你看这不是雪地开红花了！大家想一想，这一代祖师求法时是一个什么样的心态？为法忘躯！你说你不得法，你的心力用在何处，是否用在这儿？

神光法师即是后来的二祖慧可。在他降生时，他的父母见到一个金甲神人，就是护法韦陀，大放光明，来护持着他出世，所以给他取名叫神光。神光天性聪颖，记忆力强，但是脾气极大。你想，如果没有那一股脾气，他怎么一句话就断臂呢？恨得把自己砍了，急到何种程度？面对生死，如救头燃。阎罗王在那儿逼着他，然后他急了，这叫大机大悟。

慧可大师得法以后，一直隐遁了四十年没有出山，没有人知道他是一代伟大的祖师。因为当时菩提流支和光统律师专和达摩祖师的弟子过不去，慧可大师到了八十岁才开始弘扬佛法，大兴教化。尽管他的身份一直都没有公开，自己又装得疯疯癫癫，但是众生还是非常愿意亲近他。因为法在，所以缘在，装也装不得，大家还是能在芸芸众生当中辨别出一代祖师的那种情怀，那种慈悲，他还是能感召一批又一批的人，还是有许许多多的信众追随他。

可是菩提流支一派还是不肯放过他，于是就去官府告慧可大师，说他是个妖怪，妖言惑众。当时国法是不许妖法惑世的，于是奏明皇帝，将慧可大师问斩。

在执行前，慧可大师告诉他的弟子说："我是该受此报的，然而我悲伤的是真正的佛法至今在中国没有得到弘扬。"当刽子手砍下慧可大师的头时，居然流出的不是血，而是像牛奶一样的浆汁，死去的模样和活时一样。用道家的语言，这叫纯阳之体，血液就会变成白色。这个执刑官一看此种情形，就赶快地去奏报皇上。皇帝一听，知道不得了，杀了圣人了。

只有圣人的血是白的，不是红的。因为除掉了所有的无明，"无无明，亦无无明尽"，然后生理上就会产生如此这般变化，阴都转成了阳，黑的反成白的，用佛家的语言叫"皈"。刚才不是讲法师的脾气很大，怎么就没有无明了呢？修行人应该明了，一切的状况在修行中都可以大机大用，只要你不与之对立。像我刚才说的菩提和烦恼本身就是一体，这个脾气大，你要看用在何处。用在修行上，用在断除烦恼上，这就是大机大用。因此大师的脾气是大忍、大勇、大智、大慧的，不要理解成没有教养的乱发脾气。

皇帝知他一定是肉身菩萨在世，有一位肉身菩萨在我们的国家，朕不加以保护，反而把他杀了，天要降灾的，是不能给他国泰民安的。于是，皇帝生大忏悔心，下令文武百官统统皈依慧可大师。大师的身后又收了这么多的徒弟，度人无数。这就是一代高僧大德，用他的生命去度化人，把死都派上大用场。

到了三祖僧璨，正值中国的隋朝。僧璨第一次见二祖的面，全身长满了烂疮，像个麻疯病人一样。二祖见他就问："你从何处来，到我这来干吗？"僧璨说："我来皈依和尚，学成佛之道。"二祖说："你看你这个德性，还敢枉言成佛。”没想到这三祖更是利根之人，便说：“没错，从表面上看，你是一个干净的和尚，而我是生了一身的烂疮，可是，你我的佛性有差别吗?”二祖一听，知道不是等闲之辈，便说：“不要讲了，不要讲了，我都知道了。”于是传法给了三祖僧璨。

当时正逢北周武帝灭佛，僧璨在山中隐居了十多年。山上狼豺虎豹全都有，他一入山，所有的动物都跑掉了。后来他传法给了四祖道信，准备入灭。入灭时，他把所有的弟子都召集过来，问他们：“你们都见过怎么死的?”这些弟子就说，见过有睡着死的，有坐着死的，还有站着死的。三祖一听，左手攀树枝，把双脚一跷，说：“你们见过这样死的吗?”话说完，奄然圆寂，以此示现一代祖师对生命来去自由的把握状态，想什么时候死就什么时候死，想怎么死就怎么死。我们现在自问一下就知道差别了。三祖在世间没有人知道他的俗名，不知道他的身世，不知是何地人。但是非常有幸的是，有学者考证三祖僧璨是徐州人，和我们大家还是很有缘的。

四祖道信是一个从小跟着三祖出家的小沙弥，六十年不倒单，六十年也基本没睁眼。为什么呢？他不敢睁眼，他一旦睁眼，四周的人都会被他吓得魂飞魄散。为什么？他就有这种威德。我们在读经典的时候说，威德无穷矣，就是这样。你看他一眼，都觉得自己很惭愧。

唐贞观十七年，唐太宗派使臣想把四祖请到皇宫来供养，希望拜他为师。四祖说：“我年龄大了，也走不动路了，所以我不去。”使臣回禀皇帝。皇帝却说，回去告诉他，无论他多老，皇帝都要把他请过来的。使臣就如此这般告诉四祖。四祖回答说：“如果你一定要我去，那你就拿着我的脑袋去吧，但是我的心是始终不去的。”使臣又回去告诉皇上，皇上很生气，就说：“好，拿着我的刀，就说要取他的头，但是你只能吓唬他，不能伤害他。”

使臣就又回到四祖那儿说：“和尚你到底去不去？如还不去，我就用这刀，砍下你的头去见皇帝。”四祖说：“那好啊，头能够见到皇上也很荣耀，来吧。”使臣拿出刀，四祖就将头伸过去给他砍。半天没见动静，于是，四祖就大喝一声：“你为什么不砍?”这使臣一听这么断喝一声，吓得扔了刀，转脸就跑。四祖说：“回来，怎么搞的，害怕了?”使臣说：“皇上吩咐，只是吓唬你，不能伤害你，我今天算是领教了，这世上还真有不怕死的人。”

四祖俗姓司马，是当时的名门望族之家，出家以后名道信，在世七十二岁，六十年不倒单，成就不可思议的境界，度化众生无数。有一天，四祖告诉弟子们："给我建一座塔，我要走了。"塔造好，四祖无疾而化。徒弟们就把他装到石头塔里，用铁锁把门锁上。过了一年，塔门居然自动开了。徒弟们见四祖仍然端坐其中，栩栩如生。五祖弘忍大师见其相好，于是用漆布将其身体包好、贴金，直到现在完好无损。

五祖弘忍大师，俗姓周，今湖北省黄梅县人，七岁出家，拜四祖为师。五祖为人木讷沉厚，所以时常受人欺负。白天他随着众人做事，晚上参禅修心，口不言一切是非。五祖身高八尺，相貌奇特。有一次，一群土匪围住了湖北的一座城，隔断了交通。五祖来到城中，土匪们见到伟岸的五祖转身就逃。你可知道，土匪们手里都是有兵器的，五祖是赤手空拳的一个人。后来人们就问五祖，他们为什么如此怕你？五祖说他们见的不是我，而是一个金甲金刚藏菩萨，光明晃耀，所以群贼撤退，而全城得救。

为什么如此呢？因为五祖平时持诵楞严咒。《楞严经》说，若一心持诵楞严咒，则八万四千金刚藏菩萨会在种种危难之时，出面保护你。这是持楞严咒的功德。

弘忍大师座下有十大弟子，大师将他们送至不同的地方，教化有缘，七十四岁圆寂，一生广开教化，徒众千万，后来他的衣钵交给了六祖惠能。

六祖惠能，父姓卢氏，母姓李氏。大师生于唐贞观十二年二月初八的子时，生时空中放有毫光，奇香满室，所以父母认为有这么一个孩子非常奇特。第二天黎明，有两位异地僧人来到卢府，告诉他们："你们家昨天晚上生下的孩子与佛法有缘，我们来给他送名字，叫上惠下能。"父亲问："为何叫此名？"僧人说："惠是以佛法施惠众生，能是以能仁之智弘扬佛法。"说完此话，两位僧人就不知去向。

惠能出生以后，不吃母乳，却能日日长大。据说有神人每晚灌以甘露，他是吃中天会供。到二十四岁，惠能听人读诵《金刚经》，言下大悟。至五祖大师座下，五祖传于衣钵，之后隐遁十五六年在猎人堆里。后遇一代高僧印宗大师为他授戒，苏州慧静律师为羯磨，荆州通应律师为教授，中天耆多罗律师为说戒，西国蜜多三藏为证戒。六祖受戒的戒坛，是南北朝时期刘宋的一个西来和尚求那跋陀罗三藏所建。立碑的时候他就预言说，日后有肉身菩萨于此受戒。此后六祖为四众弟子讲经说法，传授不二法门，也就是释迦牟尼佛代代相传的以心印心法门。

后来大师辞别众人到了曹溪宝林山，印宗大师率千余僧众，直将大师送到曹溪。当时荆州通应律师知道六祖是传佛心印的法王，就带领他的弟子来跟大师学法。到了曹溪以后，六祖看到此地的讲堂比较窄小，想扩大重建，就去拜访当地地主陈亚仙，想跟这位施主化一坐具之地。这位老施主看到六祖大师拿出的坐具，就说可以，就这么小的一点地方，我可以送给你。可当大师展开他的坐具时，不单整个南华寺，就连方圆十里都被罩住，并且是四大天王现身，坐镇四方，景象无比奇特。至今寺境中还有天王岭，就是因此而得名。这位陈亚仙施主知和尚法力广大，便说：我家的祖坟都在此处，他日你在这里建塔寺，望能保留我祖先的坟墓不要破坏，其余的地方都捐给和尚。

为什么围绕南华寺的地区叫宝林呢？宝林意为无上法宝在此演化，依法而修行的人如林木那么多。梁武帝时，印度的智药大师在曹溪掬溪水饮之，感觉与印度的一处佛教胜地非常相仿，他断定泉源上必有胜地，可以建庙。他感慨地说，这山真像天竺宝林山，应为它取名为宝林道场。当地的村子叫曹侯村，是三国时代曹操的后裔所居，所以叫曹溪。当时智药大师预言，一百七十年后，将有无上法宝于此教化无量众生，开悟得道的人将多如林木，所以这座山应该名为宝林山。当时的韶关刺史侯敬中，将智药大师的预言奏明朝廷。梁武帝当即准批在这里建庙，即是南华寺。

在寺的右前边有一个潭，有条龙常出没其间，龙身巨大，经常在潭里兴风作浪。此龙还以为得意，周边的老百姓都拿它没办法，非常恐惧。六祖就过去与那龙说：“你若真有神通，你就可随心所欲，不只能变大，还能变小，无所滞碍。”六祖刚说完，龙突然就不见了，顷刻间，一条小龙飞跃在水面上。六祖又说：“你现在虽然化小了，但你不敢跳到我的钵里来。”这个钵是释迦牟尼佛传过来的，六祖是他的衣钵传人。于是这条小龙朝着六祖游过去，六祖立即将钵盛之，带着它返回法堂，为龙说法。龙闻法往生，脱骨而去，留下遗骨，长有七寸。后来大师将此潭填平。现在在大殿的右边，有个铁塔，就是镇这个龙的。

祖师这一生多灾多难，历尽坎坷，直到他涅槃六年以后，还有新罗和尚要砍他的头回去供养。好在祖师生前有交代，他的徒弟用铁护住了他的脖子，方逃此难。缅怀一代祖师为法忘躯的伟大精神，为度众生慈悲的胸怀，我们这些后学只有精勤努力，以报佛恩之万一。

上面我讲的是从初祖到六祖生平的概要，用来衔接今天讲的《六祖坛经》。我们现在可以打开经典。

行由品第一

《六祖坛经》与其他经典的不同之处，即是以叙事的方式娓娓道来，看似皆是人生中的平常小事，然而其中便隐藏着了生脱死的禅机，于生活中透禅机，在心性见如来藏，直指人心，了了常明。第一品讲的就是六祖大师的生平。

六种成就示缘起　开宗明义直指心

时，大师至宝林，韶州韦刺史（名璩）与官僚入山，请师出，于城中大梵寺讲堂，为众开缘说法。师升座次，刺史官僚三十余人，儒宗学士三十余人，僧尼道俗一千余人，同时作礼，愿闻法要。

这个“时”和我们在其他佛经里面看到的一样，都是忽略它的时间概念，从来没有一个确切的时间概念。为什么？这是我佛慈悲啊！“时”一说，这一刹那就把这个时间打破了。“时”，就是这一时，就现在，没有时间的距离，跟当下的众生合一。如果这个“时”，我们说成是公元前多少多少年，公元多少多少年，然后佛在那里讲法，似乎和我们在座的人已经关系不大。用“时”这个词，就是让我们贴近和他的时间距离。佛说的法是超时空的，你不要用时间去框定它。

一切的经典都具足六成就，即信成就、闻成就、时成就、主成就、处成就、众成就。这一段话就是在交代六成就。宝林山是处成就，然后他跟哪些人说的呢？这些官僚、儒宗、僧尼、道俗，是众成就。我们从听经人员的身份中已经能够看出，到了六祖惠能的时候，佛教在中国已经非常兴盛了。“时”，就是时成就。“同时作礼”，是信成就，因为相信了六祖大师所说的法，所以才会同时作礼。“愿闻法要”，是闻成就。

大师告众曰：善知识！菩提自性，本来清净，但用此心，直了成佛。善知识！且听惠能行由得法事意。惠能严父，本贯范阳，左降流于岭南，作新州百姓。此身不幸，父又早亡，老母孤遗，移来南海，艰辛贫乏，于市卖柴。

大师对大众说："你们这些有善根智慧的人，菩提自性是本来清净的，是不生不灭，不垢不净，不增不减的，这是真心。但用这个真心，可以直接成佛，而不是用妄心，用贪心。大家听我惠能是如何得法的全部经过。"

这一段话中，"菩提自性本自清净，但用此心直了成佛"，这两句话一定要会背。我先不谈你要有所感悟，你连记都记不住，那就更无从感悟了。菩提，我们把它解释成佛性也行，解释成清净的本然之性也行，解释成宇宙本源亦可以。菩提自性就是讲的菩提的本性，本来是清净的，这也是言我们每一个人啊。菩提自性本自清净，这个清净的本性即是佛性。然后，六祖大师开始讲他自己的生平。

惠能的父亲是河北省范阳人，后来因事，被降迁到岭南。在惠能三五岁的时候，父亲就去世了，而留下母亲，孤苦一人，只好迁到南海。为了维持生活，惠能便入山砍柴，以卖柴为生。

时，有一客买柴，使令送至客店。客收去，惠能得钱，却出门外，见一客诵经。惠能一闻经语，心即开悟。遂问：客诵何经？客曰：金刚经。复问：从何所来，持此经典。客云：我从蕲州黄梅县东禅寺来。其寺是五祖忍大师在彼主化，门人一千有余。我到彼中礼拜，听受此经。大师常劝僧俗：但持金刚经，即自见性，直了成佛。惠能闻说，宿昔有缘，乃蒙一客，取银十两与惠能，令充老母衣粮，教便往黄梅，参礼五祖。

那时有一个客人要买柴，让惠能将柴送到客店。惠能收了钱，出了门，见到一客人在诵经。他一听到经文，便有所感悟，顿然心开意解。大家想一想，这一代祖师根本没有过程就已经有所开悟了，现在他还不认得五祖弘忍。

惠能于是就上前问这个客人诵的是什么经？客人说是《金刚经》。惠能问："从何处得到，持此经典？"客人说："我是从蕲州黄梅县东禅寺来，那里是五祖弘忍大师的道场，大约有一千多徒众。在那里，我礼拜听受了五祖弘忍大师讲的《金刚经》。五祖弘忍大师经常劝僧俗的弟子们说，持诵《金刚经》，即能明心见性，直接就可以成佛！"大家记住了，经常持诵《金刚经》，即自见性，直了成佛。这些话都是我们必须要背下来的，这都是这个经典的眼、主体。

“惠能闻说，宿昔有缘。”“宿昔有缘”说的就是不得缺少善根、福德和资粮。这个时候，是惠能的资粮具足，才会有如此的示现。由于惠能累世的善缘，承蒙一位施主给了惠能十两银子。你说就这么巧，这个时候给了他十两银子。如果在惠能听经的前边给了他十两银子，他说不定就买地去了，或是盖房去了。

你想一想，什么叫因缘具足？当有处有，当无处便无。当无处有，反而会有业。当有处有，就是该有的时候就有，这个福德是相当大的。客人于是给了他十两银子，让他去安顿老母亲，以便他去黄梅求法，日后没有后顾之忧。

这位施银两的人实在是太了不起了，施给了一代祖师，并且是他未见性之前，正值他最需要的时候，让他去安顿老母亲。那时惠能只是一个砍柴的人，又没有文化，又贫穷，这位施主还愿意舍财供养，当时他哪里会想到，日后惠能是肉身成佛的一代祖师啊？你想想这布施的功德有多大？他这是无住相布施，其福德不可思量。《金刚经》里是不是这样说的？

今天我们在布施的时候，有无相状啊，能不能进入“无住相布施，其福德不可思量”？你看看这个人施了十两银子，我们要计算的话，我们布施了绝对不止十两，可问题是我们施的有相，所以我们不产生他的这种福德。无相布施，日后的果报不可思议。

金刚般若闻法音　初礼五祖显佛性

惠能安置母毕，即便辞违，不经三十余日，便至黄梅，礼拜五祖。祖问曰：汝何方人？欲求何物？惠能对曰：弟子是岭南新州百姓，远来礼师，惟求作佛，不求余物。祖言：汝是岭南人，又是獦獠，若为堪作佛？惠能曰：人虽有南北，佛性本无南北，獦獠身与和尚不同，佛性有何差别？

惠能安置好了他的母亲，就辞别而去。不到三十天，便到了黄梅县。

我们也谈一谈自己的感觉。我们看一代祖师为法忘躯的这种精神，他是走着过去的，不到三十天到了黄梅县。我们这乘飞机、坐火车都不想去，都嫌远，都嫌累，你说这怎么办？更有的人是算计钱财。这与祖师为法忘躯的这种精神相去甚远呀。

惠能来到黄梅，礼拜五祖，当时惠能二十四岁。五祖就问他："你从哪儿来的，来这里干什么？"惠能说："我是岭南新州人，不远千里来此拜师，只求觉悟成佛，不为其他。"非常直接，真是一代祖师的觉悟，真的是太好了。没有求福报，没有求其他，不是说，你给我治治病，让我挣点儿钱，让我长寿，统统没有，非常简单，就是来觉悟成佛的，剩下的什么想法都没有。问题是，这个有了，其他的就都有了；这个没有，剩下的统统在生灭法里。

五祖接着说："你是岭南人，又是没有受过正常教化的蛮夷，怎么能作佛呢？"惠能说："人虽有南北的差别，但佛性是没有南北差别的。我身为蛮夷与你这和尚有不同，但是你我的佛性有差别吗？"这是不是相似于三祖跟二祖之间的对话。三祖说："我是一个长了烂疮的，你是一个干净的和尚，可是我们的佛性有差别吗?”可见得，一代祖师都是直奔着成佛而去。你不要说，我先发了财，然后我再成佛；我也有了势力，我再成佛。成佛是没有任何外缘作依托的，成佛就是成佛，这一切可以不需要。

这师徒俩一见面，看见了吗，唇枪舌剑就对上了。禅门的公案从这儿就已经开始了。五祖并非是有分别心而出此言，而是要考一考这新来的人可堪造就否。师父要看一看，所以任何一个来人都不放过，他都要把那个剑伸过去。

禅是双刃剑啊，不死即超。有一死便百死，有一超不一定能百超，下一剑你不一定能超。你看看他剑剑皆超。两个人见面，五祖的第一剑就是谈的佛性与南北的问题，这一剑惠能就超了。五祖为什么这样做？因为五祖着急啊，到现在选接班人的问题还没有完成，心中有大事没有完成啊，因此，所有来的人个个不放过，一来人便要伸手一试。

今天，我们处于末法时代，是师父求着徒弟修，哪里还敢用这种语言去对待。当年密勒日巴大师求他的师父玛尔巴的法时，玛尔巴就说，我用累劫生命勤苦换来的法，凭什么教给你？想求法，行，那就在我这儿做长工，但是你在我这儿打长工是为了求法的，你不能在这儿吃饭。你吃饭你得到外边去挣钱，然后你再到我这儿来求法，求法是要花钱的。后来密勒日巴受尽了种种的折磨，才得到了玛尔巴的真传。二祖慧可在雪地里跪了这么长时间，达摩祖师却说，你这样浮躁的人想得我的法，除非雪地里开红花。任何一个人的成就，都是与艰苦的过程分不开的。

今言修行，就像是师父欠了他的，一天到晚师父得看他的脸。自己不能将法身体力行，没事却来挑挑师父的毛病，动不动谈谈自己的见解，这种状况怎能修有成就呢？他说师父毛病的时候，师父必须虚心接受。师父说他的时候，他就会委屈得要死，好像他是替师父修的。所以今天世道衰微到这种程度，你没有办法的。

五祖看到新人一来，马上一剑刺过去，如果他转脸就跑了，那什么都不是。一看惠能，出口就不同凡响：“人有南北，佛性有南北吗?”这是悟境下说的话。师父一听，心花怒放，非常高兴。

五祖更欲与语，且见徒众总在左右，乃令随众作务。惠能曰：惠能启和尚，弟子自心常生智慧，不离自性，即是福田，未审和尚教作何务？祖云：这獦獠根性大利，汝更勿言，著槽厂去！惠能退至后院，有一行者，差惠能破柴踏碓。

五祖这一刹那叫王顾左右而言他，五祖还想跟惠能把话说下去，但是看到徒弟们都在左右，于是就令他随众人去做事。惠能说：“我自心常常生起智慧，这个智慧并不是从外面学习而得的，而是自性生出来的。我认为这个从自心中生出的智慧是我往昔修行作的福田，不知道大和尚您认为我这个说法对不对，您吩咐我现在该做什么？”

惠能此时的感觉是如此。他是来干什么的？他是来找五祖大师印证他的境界。

这里，我们看到中国的僧团制度与印度有所不同。当年释迦佛在印度，僧侣是托钵的，就是僧人只管修行，不参加任何社会劳动。五祖在这里说，你们都去干活吧。干活这一点，就和印度的僧团制度产生了极大的差别。这个差别并不是因为释迦佛是这样认为的，到了五祖就是那样认为的，这不是认识上的问题，而是一代时教，就是适应于社会环境的不同做的一种权变。

当时释迦佛确立托钵制度的意义何在？第一是让修行人放下我慢。不管你出身在怎样的名门望族，出家前是怎样的高贵，一旦出家，统统要沿街乞讨。这说一说容易，想一想试着去做一做。咱们这儿今天没人做饭，我们派两个人出去要点饭给大家吃，大家就知道了，做不到啊，有我执啊，有面子呀。当时沿街乞讨，钵敲三声，如果饭端不过来，你就得走人，然后再换一家。第二是为众生广种福田。当时的僧侣制度是不许挑选贫富的，一律顺门乞讨。此中有许多故事，如释迦佛向一个穷要饭的，要了半碗变了质的、爬满苍蝇的粥，就把它喝下去了。这一个行为中六度全具，这是以慈悲为怀。

佛教传入中国以后，托钵的制度就被改了。为什么要改了呢？因为它不符合中国的国情。在佛教传入中国以前，中国社会的学术基础是儒家思想。儒家思想中一个最突出的特点是“君子当自强不息”。勤劳、努力是中国人的正面形象。在这种情况下，如果还不知道变通，保留托钵制度，社会就会误解僧人是在偷懒。

六祖惠能的大弟子中有南岳怀让和青原行思两位高徒。南岳足下有马祖道一。马祖是一个奇人，说他“如虎之视，如牛之行，舌身过鼻，足纹成字”。马祖门下有一高徒百丈怀海。

百丈禅师是中国佛教历史上一个伟大的改革家。今天我们还能看到中国的佛教能够以僧团丛林制度得以流传，马祖道一、百丈怀海两位禅师是有卓越贡献的，从马祖、怀海师徒二人开始建立了丛林制度。我们今天在云门禅寺还可以略见一斑，还能够保持原貌，实在是非常了不起的。《论语》里问孝，孔子说："父在，观其志；父没，观其行；三年无改于父之道，可谓孝矣。"佛教两千五百年下来以后未改其道，这才是真正的佛教徒啊。

马祖、百丈师徒建立了丛林制度、禅堂，以及百丈清规。百丈坐下有四五百人，一个偌大的集体，如果没有严格的纪律能维持下去吗？百丈门下，各个都是自动自发，共有共享。马祖道一圆寂后，百丈禅师继承了他的禅法，修订了《百丈清规》，对寺院所有的人员，包括方丈在内的职责、每日的生活都作了详细的规定，奠定了中国僧团的组织基础和禅宗的丛林制度，对中国佛教产生了极大的影响。这个是异峰突起，绝对是一个高峰。不仅如此，百丈禅师还确立了僧人劳动的制度，并且自己身体力行。他提出"一日不作，一日不食"的口号。我们看这个口号多么朴素。

百丈禅师到了晚年，已是九十四岁高龄的他，还坚持与门人一起下地干活。后来他的徒弟们实在不忍心，就将他的工具藏起来。没有了工具，他没法去干活，但是他一天也没有吃饭。第二天，徒弟们吓坏了，赶快把工具拿给他。百丈禅师身体力行，垂范后世，不愧为一代高僧。

我们不要拿印度的托钵与百丈禅师提出的"一日不作，一日不食"相比较，说哪个进步，这只有一代权教适应于社会为好，不适应为不好。"周虽旧邦，其命惟新。"周朝虽然是一个古老的国家，但是为了适应社会的发展不断地改革创新，既保有了旧有的国体，又有了新的变革。

百丈禅师这一改革意义影响深远。公元845年，佛教遭一大厄运，当时的皇帝唐武宗灭佛，声称一人不耕有人饥，一女不织有人寒，而佛教的僧尼不耕不织，寺庙却富丽堂皇，这是社会贫困的原因之一。于是他下令拆烧寺院，驱逐僧尼。当时六万个寺院被毁，二十六万僧尼被迫还俗，佛教从鼎盛一下子衰落下来。

在这次佛门浩劫中，各宗派都遭受了毁灭性打击，但唯有禅门损失最小，得以幸存。这是因为禅宗一方面不需要经典，不立文字，教外别传，以心传心，心即是佛，当下一念即是修行，不拘于任何客观的外在形式。虽然寺庙、佛像被破坏了，但是还可以进行正常的宗教活动；另一方面就是因为禅门弟子自耕自作，可以自给自足，不需要寄生于社会，对社会没有这么大的依赖性。这完全归功于百丈禅师的改革。他的不作不食制度，终于使禅宗像火种一样保存下来，日后得到蓬勃发展。到今天，佛教几经兴衰，但是禅门一直不衰，就是因为它有了这么多的方便。

我们可以通过《六祖坛经》，看到禅门丛林制度耕作的状况。这里五祖说“乃令随众作务”，就是说，大家都去干活去吧！

五祖说：“这个蛮子根性是大利啊。”在佛教当中谈根性，是指听、信、解、受持佛法的一种能力。我们在世间很多的人可能很聪明，但是他不一定叫根性很好。在世间我们看一个人很木讷，但是他根性可能很好。五祖说惠能根性大利，用现在的话说就是一个好材料。五祖说：“你不要再说了，到后院的槽厂干活去吧！”

五祖为什么让惠能不要再讲了？大家想一想啊，惠能说的是一个非常正确的感悟。从佛法来讲，他的悟性是极强的。五祖为什么不要他再说了呢？五祖深恐被周围的人发现。可见当时，对衣钵的争夺到了何等白热化的程度。

惠能到了后院，有一个行者叫他去舂米。行者，就是一个挂单的居士。显然舂米是一项比较艰苦的工作。惠能到了新的环境，是要被那个环境的人欺辱的。连这样一个在庙里还没有出家的人，都可以去吩咐他，可见惠能祖师的胸怀。

经八月余，祖一日忽见惠能，曰：吾思汝之见可用，恐有恶人害汝，遂不与汝言，汝知之否？惠能曰：弟子亦知师意，不敢行至堂前，令人不觉。

我们接着讲课。一说到讲课，我总觉得不是那么恰当。我是把我多年在禅门学习的体会、境界，拿来与大家共享。讲课时，我就是经典的主人公，我必须切换到这个角色才能把经讲好。那大家听课的时候怎么听呢？如果我是经典，那你就是我，我们之间要产生这样的共融，我们共同来超越时空对我们的限制，让禅的灿烂光芒，照彻到我们每一个人身上，照彻进我们的心田，并让这种光芒久久不散，去影响我们的生命及整个世界。因此，听课时我们都要忘我，才能真正地融入禅光，才能有真实的受用。许多的业障因当下产生的悟境而转，在当下就会消掉。你每听完了一次课以后，起码够你偷着乐一个星期，直到下次再来听课。

你每一次离开这里后的再想起，都会产生美感。这个美感会在你的生命中荡漾开来，这便使每一次想起都具有无量的福德，无量的功德。相反，当你用分析和反驳的态度来对待时，那便是你的业障现前。因为这世间的一切，你都可以从正面或反面接受。不管你从哪一方面接受，其实都跟我没有太大的关系，只是你走向了生命的正面或反面的问题。我们可以用这个方法来测度我们的业的状况。

所以佛陀教导我们，一切反面的东西过来，我们要学会将它以正面的方式接受，这样，我们的生命便开始转化。正面的情绪生起的时候，这说明我们正在与以往的善业结合，使善业扩大了；当我们反面情绪生起的时候，这说明我们正在与以往的恶业相合，那会使我们的恶业扩大。这样看来，我们做事的心态或情绪就非常重要，我们要清楚地知道自己现在是在造业，还是在行功德。

因此，我们不要生活在头脑里，我们要生活在觉知里。我们今天读《六祖坛经》，如果用观点、用推理去看这本书，一定是错的。因为得道者超越了快乐与不快乐、爱与恨、善与恶这些相对性的思维。而普通人的思维是二分法下的，有限量的。你的思辨会让你自己筑起一道高墙，将你和经典隔开，这是修道的关节点，是今人修行的一个最大的障碍，因此，态度决定命运。下面我们接着讲经。

惠能在这里舂米，做了八个月。有一天，五祖见到了惠能，就跟他说："你的智慧和见地将来会有大的用场，但是我又担心会有人因妒忌而加害于你，所以故意不和你说话，你能明白我的苦心才好。"这等于是师父在向惠能解释，之所以如此对待他是另有忧心的。惠能当然善解师意，对五祖说："我明白，所以我也没敢到你的堂前来跟你讲话，以免被别人注意。"言外之意就是：师父，你是慈悲的，我不会误解你的，我完全知道进退，不会给你添麻烦的。

祖令作偈觅传人　神秀思量拂尘偈

祖一日唤诸门人总来：吾向汝说，世人生死事大！汝等终日只求福田，不求出离生死苦海。自性若迷，福何可救？汝等各去，自看智慧，取自本心般若之性，各作一偈，来呈吾看。若悟大意，付汝衣法，为第六代祖。火急速去，不得迟滞！思量即不中用，见性之人，言下须见。若如此者，轮刀上阵，亦得见之。

有一天，五祖把庙里所有的人都集合到他的堂前来，对他们说："世间的人生死是最大的事情。"佛陀问世，为何而来？为生死大事而来，所以说生死是人间最大的事情。换一句话说，就是你修行佛法的目的是什么？是了脱生死啊！五祖说："可你们整天只求人天福报，而不求脱离生死苦海。自是荣华富贵，还是不免一死，可知万般带不去，唯有业随身。如果迷失本心，去修福报，大福报怎能救你出离生死呢？"再大的福报，当死之时，依旧是随着你的善恶之业六道轮回，福报是随你的善行而有，随你的不善行而无。福报在生灭法之中，修生灭法，怎会了生灭呢？所以说："自性若迷，福何可救？"

如果迷失了自心本性，你向哪里去求得福报呢？福报又属于你吗？我们看很多世间的人在求福报的时候，他很有钱，但是他不快乐。可见得，钱买不来幸福感。回过头来说，在佛法的修行当中，很多醒悟的人可能都不是世间最有钱的，甚至于都是很贫穷的，但是他的幸福感很强。可见金钱和幸福不能划等号，金钱也可以折腾你，让你很难受，不一定是带来幸福的。

五祖接着说："你们各自向内观自己的菩提自性之智，在本心处找到般若之性，用自己的本心各作一首偈颂，拿来给我看。如果能明了般若的大意，我就授予他衣钵，成为第六代祖师。立即去写，不要停留。如果你思前想后，还要创作，还要编排，即不是自性之智，而是后天思量的妄想之智。就是直心那一刹那你是怎么想的，你便把它说出来，你不要加任何的语言去描述它，或者是比喻它。”

见性之人，一开便见，甚至于是拿刀上阵也看得见，也自知是一个见性之人。所以这见性不是一个可问可说的，你看我见性了吗？这种问话肯定是有毛病的，一张嘴就知道，还不知道性在何处。见性之人，言下须见，还要说吗？

那你再回过头来想想，五祖在干什么？既然言下须见，他那些徒弟能写出什么样的诗来，他不知道吗？他心里是心知肚明的，不要用宿命通，就是我带了一班的学生，学生该考试了，大概能考到多少分，这是清清楚楚的一件事。一个班主任就知道了，不要说是这样一代祖师，他都是知道的。

“各作一偈呈吾来看。火急速去，不得迟滞。思量即不中用，见性之人，言下须见。”这几句话给后来神秀的表现埋下了伏笔。回头你看，神秀他是如何思量的。

众得处分，退而递相谓曰：我等众人，不须澄心用意作偈，将呈和尚，有何所益？神秀上座，现为教授师，必是他得，我辈谩作偈颂，枉用心力。诸人闻语，总皆息心，咸言：我等已后，依止秀师，何烦作偈？

众人得到五祖的吩咐以后，都退回到自己的寮房，纷纷说：“我们根本不需要诚心用意去作偈，白花功夫，不管用，我们本来也没有悟道，又没有什么学问，作出来也选不上。现在神秀是我们的教授师，平时都是他给我们讲经说法，最后衣钵必是他得。我们用粗俗的语言，把自己累了半天，作了一个偈颂，只能是枉费心机。”

你想一想，这个话是谁说出来的？这肯定是神秀派人故意放出来的话，好让大家在竞争中失去信心，然后理所当然把六祖这个位子坐上去，搞了一个小小的手腕。当时的东禅寺五祖座下有上千人，所以听到这个话，其他的人本来想作的，也都打消了这个念头。大家都传说，以后大家都要依止神秀上师，我们麻烦作这个偈干什么呢？所以也不要作了。

我们读了这一段经文，就知道这些人皆未悟道，心中还有这么多的挂碍。

禅的思维方式为何？这一切显然还都是世间的想法和做法，全然与禅没有关系。禅的存在永远都是直指生死大事，根本烦恼，所谓直指人心，见性成佛。若离开这个根本，什么棒喝、机锋，统统都是戏论。在禅门你如果不言要解脱生死，不要到这里来。

在这个社会上，我们经常会看到很多人以禅为美，以禅为学，以禅为雅。其实如果论真正修行的话，这些皆是修行人的误区和大病。不破这一切的相，你是永远不知禅的本质。你只知道它的外貌，当然也不可能在生命当中有真实的受用。我们的目的非常明确，就是每一个人通过禅的修行，要在我们的生命当中，生起最真实的受用。

如果你没有这种真实的受用，你也不可能理解二祖慧可在遇到达摩以前，已是博览群书，通天彻地，却宁可立雪及膝，断臂求法那种急切的心情。如果离开断生死、断烦恼而言之禅，那只剩下唬人欺己的花招了，其实已经没有任何的益处了，已经远远地离开了禅的本质。不要说我沾一点边，不直接切入你的生命里面去，剩下的统统是花招，不管用。

神秀思惟：诸人不呈偈者，为我与他为教授师，我须作偈，将呈和尚。若不呈偈，和尚如何知我心中见解深浅？我呈偈意，求法即善，觅祖即恶，却同凡心，夺其圣位奚别？若不呈偈，终不得法，大难，大难！

我们来看神秀的举止，我们拿禅的精神看一代禅门的继承人神秀是怎样离题万里在谈禅的。

“神秀思惟”。刚才五祖怎么说的？思量即不中用。紧接着这里开始，神秀思惟。多好啊，这个文章写得实在是妙不可言，一说出来我觉得味道都淡了。神秀的思惟，和刚才说禅的直指人心、见性成佛，这里边有多大的差距啊！

神秀在想：大家都不作偈的原因，是因为我是他们的教授师，那我就必须作一首偈送给和尚。如果我不呈偈，和尚怎么知道我的见解深浅呢？

大家想一想，和尚知不知道他见解的深浅呢？我们看前面五祖与惠能的对话。五祖说，这个獦獠根性大利。惠能给五祖呈偈了吗？没有！可见得，没呈偈也知。知有当然也就知无了，他知道惠能有，当然也就知道谁没有了。可见得神秀是在用自己的浅见来测度师父的境界。你想一想，如果师父连这一点高度都没有，不知道你，不就和你一样了吗？如果他和你一样了，你又何必跟他学呢？你何必要皈依他呢？走人啊，赶紧走，因为他包不住你了，这是真话。但凡你看到你师父的境界，你就得赶紧走人。当然，你看到的得是真的。神秀也认为他看到了五祖的境界，但是他看到了没有？很显然，没有。这是学人的一大通病，自以为是，认为自己非常聪明，殊不知，往往会被聪明误。

神秀又回过头来一想，如果我呈的这个偈是为求法，大和尚与众人都会以为是善的。但如果我是为了做祖师，那大家就都会认为我是恶的，这就和凡心想得圣位没有分别，最终是不得法的。这首偈要照顾这么多方方面面的平衡，实在是太难太难了。

神秀最后的感慨是什么？“大难大难”，这件事太难了。第一我不能求祖位，我是求法，这第一个障碍出来了；第二大家都不作，我作，我作为教授师必须境界高尚，我若境界不高，怎么能作这首偈呢？我这个境界能作多高呢？我要是不把自己的东西全然地表达出来，那师父怎知道我是老几呀？我这个法不是得的不顺理成章了吗？这是什么？俱生我执。无始无明在显现时是多么平常，自然，合理。你想一想，这一刹那神秀所说的话，所想的事情，他认为是多么顺理成章，多么在理呀！然而，恰恰是他认为的这个合理出现了问题。

一切的业障和俱生我执出没的细微处，才是众生下手的修行处。就是你看到自己没有，你知不知道这样的想法对自己的未来将产生怎样的结果？这是细微处，当然这个也是最难提防的。往往在人间讲得非常合理合法，但是到了佛法里面一文钱不值，根本就站不住脚。讲到凡夫见的时候，就不能讲圣人见，更不要说讲佛理了。能观察到这个细微处，我们称他是圣人，否则是凡夫。

许多人认为修行者的生命境界一定是超脱、潇洒的，其实不然。就是因为生命中有难以超越的困惑，看到了自己的生命这么多的缺陷，所以才努力地学习去解脱。就因为观照到了自己的无明，所以才以自知之明的态度来对待人生，这便是修行人之所以成为修行人的根本所在。

普通凡夫所谓的自知之明，只是在行为过后寻求合理化的解释，这是没有智慧的愚痴行为。我经常说，觉错误一定要在事先，心想罪恶来忏悔，在心想的时候就把它灭掉，不要等到做过以后。我经常开玩笑说我周边的人“事前诸葛亮，事后猪一样”。事前你不去察觉，你总是在犯了错误后去忏悔，那不就是猪吗？修行人应该事前觉。凡夫所谓的自知之明不是观照般若，是无明驱动的。

禅门的修行，就是要将这些一路修行的行者们，逼至意识之心所无法作用的绝地，使他能悬崖撒手，置之死地而后生。把你的生命置之绝境，你怎么想都不对，你开口动念皆不对，什么都是不对的。观照般若所呈现的就是不予自己以任何可乘之机。如果你给自己网开三面，你慢慢地玩去。

禅看上去是松散的，但实际上是相当犀利的，因为它是逼着你的生命过去的。超过去，从来不跟你计较；超不过去，死在这里，就是这样。你看神秀作这个偈愁成这个样子，禅意还在吗？那更何况我们世间的学识、名誉、权力、感情，都只能成为自己解脱道路上的绳索，而使解脱变成戏论。就是缩着手玩一玩，跟我自己的生命没有关系，我只是多学一点东西而已。如此这般，这实在是一件极其可惜的事情。

五祖堂前，有步廊三间，拟请供奉卢珍画《楞伽经变相》，及《五祖血脉图》，流传供养。神秀作偈成已，数度欲呈，行至堂前，心中恍惚，遍身汗流，拟呈不得。前后经四日，一十三度，呈偈不得。

这个经典读起来实在是叫精美绝伦。五祖堂前有走廊三间，本来是想请供奉卢珍来画楞伽经的变相，及五位祖师的血脉图，想以此流传到世上，让后世来供养。神秀作好了偈，几次走到五祖堂前，心中恍惚，遍身流汗，想呈偈子又犹豫再三，前后经过了四天，跑了十三趟，偈子最后都没有送上去。

我们来看神秀上座的心路历程。你去体会一下，神秀在怕什么，又在犹豫什么？学佛究竟是为了生死，还是为衣钵，还是为面子？这到了境界上就用不上了。神秀已经搞颠倒了，如果他是为了生死，现在都可以死了，这不是太受罪了吗？

如果平时问大家修行所为如何？大家都会毫不犹豫地说了生死！可世间人大都又被贪、瞋、痴、慢、疑所缠，而得不到解脱。修行之人解脱这些还是容易的，相较让人难以自拔的，反而是世俗正面的成就。在世间的学问、头衔、本领、一技之长等，才是修行人更难以跨越的关卡。

神秀用了四天十三次来回跑在五祖的堂前和他的寮房之间，他现在就是被上座、面子、衣钵卡住了。只要卡在那里，便不得解脱，不得解脱便痛苦异常。他认为求法即善，觅祖即恶，他把佛法与祖位分离了。这两者是合一的。

法在，祖位即在。如果法不在，祖位在有何用？如果法在，祖位不在，也不对。这两者是合一的，怎么能把它分开呢？神秀把佛法与祖位分离，产生二元对立，陷入了极大的内心矛盾之中，太难受了。

我们谈到学问，好像学问在人世间还是很有益处的，但是回到了自身生命处境的应对，尤其是生死大事面前，却注定是无力的。我们要问清自己，到底为何而修？你想要什么，考虑清楚了，你就该知道在世间要放弃什么了，你的选择决定你是做学者还是行者。对于修行者而言，能够不断地领受境界的考验，能让你不断地超越自身的境界，才是真正意义上生命的学问，其他的都是画饼充饥的戏论。你看看神秀此时的反应，恍惚，流汗，四天十三次呈偈不得，平时所学全然用不上。禅这把刀逼着你要么死，要么超，别无他路。如果没有那抱地一破的大勇猛精神，即不要修禅，修了也不会有大机大用。

秀乃思惟：不如向廊下书著，从他和尚看见，忽若道好，即出礼拜，云是秀作；若道不堪，枉向山中数年，受人礼拜，更修何道？是夜三更，不使人知，自执灯，书偈于南廊壁间，呈心所见。偈曰：

身是菩提树　心如明镜台

时时勤拂拭　勿使惹尘埃

看一看这位上座神秀，他现在的这副样子。又思惟了，又思惟一次。这时，神秀被逼到万般无奈处，他没有抱地一破，而是想了一个办法绕着走。本来师父明知道他未有见性，就拿着这事来逼他见性的，希望他能够成才成器。结果这位神秀上座想了一个办法，心想不如向廊下书著，如果师父看到了说好，我便出来说是我作的。如果师父说不好，枉费我在山中住这么多年，受人恭敬礼拜，那怎可算是修道之人呢？于是半夜三更，神不知鬼不觉，自己拎着灯到廊下，偷偷地把偈写上去，呈现他心中所悟之“道”。

你想想，他思量了这么长的时间，写出了一首偈，这个偈写的是什么呢？

“身是菩提树，心如明镜台；时时勤拂拭，勿使惹尘埃。”

这里面的问题大了。他诗写得好不好？好，他写得真好，所以后边五祖怎么讲的？颂此偈可以得大利益。但是，这个偈不是他的境界啊，不是他感悟所得，他完全是用凡夫之心去对待的，已经没有了修行人的痕迹，一点觉性也没有了。

修行人与凡夫的差别何在？我们通常会对修行人作种种圣解，好像他们都应该处处高于常人，其实不然。他们只是比凡夫多了一些觉性，知道自己哪里不行，才在哪里下工夫。人人在修行的过程当中都会有障碍，只是障碍不同罢了。修行人和凡夫的差别就在于对自己障碍认识的清醒和迷糊。能够清醒自己障碍所在的，在佛教中称观照般若。

人在习性中是很难观照自己的，只有在是非面前，生命的真实本相才能得以正常地显现。在显现的时候你能够超越，这便是受用。平时都做得很好，一到遇事就不行了，那你根本就不行，你平时的做事都是假的，因为一到关键口上你不行。到关键口上一试高下的时候，你说我磨刀磨得很好，就是不能切肉。你切不了肉，你把刀磨得多么亮，那是不管用的。在现实的生活当中，遇事不行就说明你平时都不行，已经把你全部否定。

人往往都固执自己的见解，贡高我慢，小患终积累成大病，以至于生死轮回中不能自拔。所以过去的修行人，为了避免生活在习性下，而做行脚僧。其目的在于降伏我慢，免得长时间在一个环境里，大家都彼此互相很尊敬。恭敬的人一多，我慢心就起了，因此不断地转换环境，使自己不断地处于环境的冲击之中，不断地转换角色，来发现生命中的盲点。所谓疾风知劲草，这样才不被自己所骗，亦不至于欺人。

我们今天看到许多人常以浮躁心、急功近利心来修行，更有许多人言自己已悟得如何如何，其实充其量不过是有些反省而已，是不具有翻转生命的这种能量的，不能叫悟。

我们来看神秀的这个偈颂。这个偈本身写得不错，是有一定的境界的，但是他这个人此时是没有境界的。此一瞬间，神秀应该写一个什么样的诗，才符合他现在的心境呢？就是：身非菩提树，心非明镜台，刹那不观照，时时惹尘埃。这就是他。

如果他把这首偈颂一写出来，那么他就明心了，他明的是这个，我给他写的这个偈，就是他现在的这个样子。你想想，都到这个份上了，神秀却说“心如明镜台”。明镜台在何处？千江有水千江月，是要照的呀，所以刹那不观照，就时时惹尘埃。他现正在尘劳之中，还没有看到自己。他在尘劳之中却说“身是菩提树，心如明镜台”，那说的是人家啊，不是他。“时时勤拂拭，勿使惹尘埃”，他现正在深厚的尘埃之中，他掉到泥浆里了，不光是尘埃了。

神秀写了这么一首和他的心境背道而驰，差得这么远的诗出来。不是诗的本身不好，而是他没有写出自己的境界。他这四天，十三次呈偈不得，浑身大汗，神思恍惚，你说他哪来的"心如明镜台"？"心如明镜台"是这样的吗？不是啊。他说"勿使惹尘埃"，现在是多大的尘埃啊！神秀的这个偈产生了人格和他所说的悟境的这种差别，陷入了极大的矛盾。

秀书偈了，便却归房，人总不知。秀复思惟：五祖明日见偈欢喜，即我与法有缘；若言不堪，自是我迷，宿业障重，不合得法。圣意难测！房中思想，坐卧不安，直至五更。

神秀写完了偈，赶快地回到自己的房间，暗自思维：五祖明天看到这偈颂如果欢喜，那就说明我与佛心妙法有缘，那便可以成为一代祖师。如果五祖说这个偈颂不好，那说明我宿世业障深重，与佛心妙法无缘。心中不断地思量，于是坐卧不安，彻夜未眠。

"秀复思惟"。又来了，你看这是多大的尘劳啊！还说"时时勤拂拭，勿使惹尘埃"。失眠了，你看这个思量多了以后，失眠的味道是很难受的。心思太重才会失眠。如此心思这么重，怎么能说"勿使惹尘埃"呢？那个偈和他的现实的差距是很大的。

见性之人，见就是见了，没见就是没见，是非常确定的。所谓见性，不是外求的。神秀现正在外求，希望五祖给他一个认可，得到外在的袈裟，统统以这种心外求法的相出现。那么真正的见性，不是外说见与未见的，我说你见性了那白搭，你见没见自己知道。你要是说，我真的不知道自己见没见，那一定是没见。见了你一定知道，不知道是因为没见。

思量、推理、逻辑统统不是禅。"直指人心，见性成佛"，这是禅，就像一把利剑一样，是直接插进去的，根本就没什么思量、推理、逻辑。这些不是禅，相反还是禅的障碍，还会给你带来修行上诸多的障碍。但有所悟，举手投足，扬眉瞬目，尽是公案，尽是禅意，无不是禅，那个生命的灵动、精彩、妙不可言。不是我们今天这样一杯温吞的水，煮煮不开，差不多行了吧，完全不是这个概念。自然不是坐卧不安，思量至五更这样的状态的，禅意不在呀。

此处，我们读到这里的时候，心中切莫轻视神秀上师。他和惠能大师都在如实作法的示现。惠能大师说的“本来无一物，何处惹尘埃”，尘埃在你心里。这两个人一反一正，在给你示法。神秀的这个光辉榜样甚至于比惠能还厉害，因为你现在是神秀，不是惠能，神秀就像一面镜子一样。我现在讲神秀不是的时候，你会认为他不是，但是你看到没有，他就是你。这就是一面法的镜子，让后学明确知道是非曲直，日后大用，我们当向神秀法师顶礼。

我想，神秀半夜跑了这么多趟，四天的这个心路历程，如果他自己不说，谁人能知啊！从究竟法界义上讲是法的一种示现。所以你脑子里面不要作轻慢想，这都是一代高僧大德给我们用种种的方式来显示，是无我。

祖已知神秀入门未得，不见自性。天明，祖唤卢供奉来，向南廊壁间绘画图相。忽见其偈，报言：供奉却不用画，劳尔远来。经云：凡所有相，皆是虚妄。但留此偈，与人诵持，依此偈修，免堕恶道；依此偈修，有大利益。令门人炷香礼敬，尽诵此偈，即得见性。门人诵偈，皆叹善哉！

读经典真是妙不可言，这种受用是一个很大的精神享受。五祖久已知道神秀还没有真正地了悟自性，神秀是他的学生，了没了自性还要等他写偈吗？清清楚楚的。

天亮时，五祖就叫卢供奉在南廊上画那两个图。忽然间，看到墙上的偈。五祖大师很了不起，一看到这个偈，高兴啊，禅门的告示又来了，你想啊，这背后是一定有故事了，太好了。于是，他就对卢供奉说：“你大老远地赶来，很对不起，你也不用画了。《金刚经》说，凡所有相，皆是虚妄。我让你画的皆为相。这个偈别擦别擦，如果留下这个偈，让后人去持诵，依此修行，可以不堕恶道。”

我们前边说过，佛说法是为了众生的生死而来，众生的修行也是为了生死而修，不是为不堕恶道而修啊！不堕恶道不是佛教的根本目的。五祖说：“如果依此偈修行，能获大的利益。”于是就让门下的弟子燃香礼拜。五祖并说：“你们依此修行，就可以见性。”大家都在异口同声地称赞。

五祖在没有看到这个偈子以前，就知道神秀没有见性。明知道他没有见性，干吗还要他写这个偈，这不是成心难为他吗？是的，五祖就是有意想这样逼他一下，把他逼到墙角，让他没有回头，而能抱地一破，然后豁然见性。但是神秀没有把自己逼到绝处再逢生，而是寻得一个变通，辜负了自己的上师对他的一片慈悲苦心。这个时候最悲凉的是他师父，心里肯定是比他难过，只是不在一个点上。

祖师的行仪是后学修行者的资粮，这种资粮亦是你久修善根而得，所以每一个人要善待啊！师父在全心全意地为你着想，自问，我在想什么？现在你看看，师父在想什么？神秀在想什么？五祖在极力地寻找方式，希望他能够明心见性，了生脱死。神秀却在想，我要把上座师的位置保护好，把衣钵拿下来，完全跟他师父想的不在一个点上。

看到神秀的偈，五祖说了如此这般的一番话，不知你读的时候，可否感到奇怪？这个祖师是怎么搞的，人前一个样，背后又一个样。这样说读了有大利益，还可以见性，可背后却说神秀未见本性，只到门外，未入门内。这是什么原因？大家应该有可参的话头，你去想，去参！

五祖乃一代祖师，见性之人，自然具有宿命通，因此不让卢供奉画画，并引用了《金刚经》的一句话："凡所有相，皆是虚妄。"他深感这个偈要比那两张图更有意义，更能警示后学，千古流芳，所以不是偈本身的内容，而是偈的存在即可以教育学人。因此说此偈有大利益，可以明心见性。

看了神秀的偈，"身是菩提树，心如明镜台，时时勤拂拭，勿使惹尘埃"，显然，这不是禅门，生死面前是用不上的。虽然生死无常经常以极其恐怖的威势逼迫学人，但大多数时，它更是如影随形般地出没在我们的起心动念、行住坐卧之中，这才是修行人最难观照、最难修行之处。如果你的起心动念都在生灭法下，怎能了生灭呢？这是一种观照。看看神秀的偈和他的境界，我们回过头来再去体验一个修行者的心路历程究竟应该是怎样的。

祖三更唤秀入堂，问曰：偈是汝作否？秀言：实是秀作，不敢妄求祖位，望和尚慈悲，看弟子有少智慧否？祖曰：汝作此偈，未见本性，只到门外，未入门内。如此见解，觅无上菩提，了不可得。无上菩提，须得言下识自本心，见自本性，不生不灭。于一切时中念念自见，万法无滞，一真一切真，万境自如如，如如之心，即是真实。若如是见，即是无上菩提之自性也。汝且去，一两日思惟，更作一偈，将来吾看。汝偈若入得门，付汝衣法。神秀作礼而出。又经数日，作偈不成，心中恍惚，神思不安，犹如梦中，行坐不乐。

师父真是苦口婆心。五祖三更时，唤神秀到他的禅房，问道："这个偈颂是不是你作的？”神秀尽管是半夜提着灯写的，师父一千多人当中一下就把他认出来了。神秀说：“是我。我作偈不敢妄求祖师的位子，只望您老人家慈悲，看一看弟子我是否有一些智慧了。”五祖说：“你作的这个偈没有见到自性，只到了门外，还没有入门。”一听到这话，神秀的心态是什么？一下凉了半截啊！这几天折腾来折腾去，折腾了四天一十三趟，这之中心态的起伏跌宕，最后师父给了他一个评价，还没有进门，你说这不是凉了半截吗？一下从头凉到脚。

五祖说：“以你现在的见解，要想获得无上的智慧是不可能的。无上菩提智慧必须当下认识自己的本心是不生不灭的，一切时中，知一切法圆融无碍，没有任何滞塞不通的地方。你见自真心即是见万法的真心，面对万境才能如如不动。这如如不动的心才是真实的，如果你能建立这样的见解，这才是无上菩提的本性。”

这师父不甘心，又如此说了这样一番话。没有办法，这叫造作容易如实难呀。造作起来说假话是很容易的，让你说一句实话是非常难的，师父又苦口婆心地说了这么多。能够如实知自心，便知万法的实相。

一代祖师所具有的大智大勇也当体现在此。你不妨体会一下，二祖慧可是以怎样急切的心情挥刀向自己，斩断那半只手臂的，砍断了他千万生的轮回。今天禅门衰微，什么原因？不就是这个气魄不在了吗，能对自己举刀的气魄没有了。我们现在轻松地去谈荷担如来家业，绝不是打打坐、放放生、做做善事这么简单的。那点气魄不在，不要说给众生带来什么利益，就是自己眼下的生命也是难以翻转。

善是在生灭法中的，你修的一切善法都是给不生不灭法积累资粮的。这又回到磨刀干什么这个话题？磨刀为了切肉，不是为了磨刀。我刚开始为了到彼岸，于是我要造船。造船的过程当中，我看你造了一个小船，于是我造了一个大点的船；你造了一个五个人的船，我造了一个八个人的船，我的船比你造得更豪华。越造船越大，最后自己光忙着造船了，忘了造船是干什么的？造船是为了开着这个船到彼岸去的，你是为了转烦恼的，不是为了造船的。在这里比谁的船大，谁的船美，最后你千辛万苦造了一个大船，人家开过来一个航母，你说这要命不要？永远也比不上，只好再重新来过。如此则忘了自己是干什么的了，忘了自己在解脱烦恼的道路当中，哪个是主哪个是次了，变成了一个颠倒的众生了。

一个修行人不经几番彻骨寒，怎得梅花扑鼻香？不疼不痒，然后就修成佛了，没那事。如果我们在平时提不起，便要经常地观照生死的无常，在生死的催逼下，提起念头，如救头燃。否则，修不成啊。五祖虽然手中提着见性的宝剑，可是一剑斩过去，落到一堆棉花上，不疼也不痒，血也没出，无奈只好换了一副婆婆心肠，苦口婆心，如此这般。这样一来把我佛如来留下来的祖师禅法、顿教法门又改成了渐修的法门。你说要命不？是祖师不行吗？不是祖师不行，是没有办法。下面，师父又来了，我真是替五祖急得慌。

五祖又对神秀说："你现在回去好好想想，一两天再作一首偈，拿来给我看。如果能入门，我就将衣钵传给你。"你看看，这个师父不甘心，不肯放过，还要逼他一下，又给了他一个机会。五祖把衣钵作为诱饵，作为力量，然后附加在神秀的身上，希望他能够翻转。假如神秀那一瞬间大悟会是什么结果？大家去编故事。如果是那样，也没有我祖六祖惠能的再现。神秀一悟，袈裟肯定先是他的了。他要是悟了，他应该作如何的表现呢？想一想，你现在就是神秀，给我逼住了，刀架在脖子上，回去以后想一想，这个衣钵你能不能拿到？

神秀顶礼而退，又过了几天，不是两天。五祖告诉他，是让他过两天，对不对？这又过了好几天了，偈依然没有作出来。哎呀，五祖实在是非常慈悲，就这么等着他。神秀心中十分焦虑，恍恍惚惚，神魂不安，行住坐卧，不得安宁。他被什么闹的？就是被衣钵闹的。对不对？他若是真正地从内心深处把衣钵一放下即可见性啊，不是吗？我知道你们回去肯定见不了，为什么呢？反正没有衣钵，闹完了以后放下，也没有衣钵，所以见不了。

神秀就是被衣钵闹的，祖师之位啊！你想一想这个衣钵的背后是什么？是贪呀，是名和利，衣钵只是一个显化。这个时候，你回过头来想，这名利的欲望有多大呀！到此不知回头是岸，放下即是。师父慈悲，一再地给他机会，但是却都枉然。到这时，你想一想，神秀这时的心理状态，自杀的心都有，日后谁要得衣钵，他不要杀人吗？所以，五祖为什么传衣钵给六祖以后，赶快把他送走，怕人害他。五祖心里实在太明白他们的心事，怎能不恐惧呢？"人心惟危，道心惟微"，人心危险难测，瞬息万变；道心微妙难见，刹那即逝。人心就是这样的，如此可怕。

今天我们读到这一段的时候，觉得神秀不傻吗？这个衣钵是抢的吗？这话说得都很轻松，到你，根本连不是衣钵都在抢，想一想，自己就知道了。那一点破玩意儿都看在眼里，更何况衣钵呢？你看在眼里的有衣钵那么重吗？远没有衣钵那么重，你都放不下呀，所以杀人心定有的。

惠能作偈世希有　无相偈颂震寰宇

复两日，有一童子于碓坊过，唱诵其偈。惠能一闻，便知此偈未见本性。虽未蒙教授，早识大意，遂问童子曰：诵者何偈？童子曰：尔这獦獠不知。大师言：世人生死事大，欲得传付衣法，令门人作偈来看。若悟大意，即付衣法，为第六祖。神秀上座，于南廊壁上，书无相偈，大师令人皆诵，依此偈修，免堕恶道；依此偈修，有大利益。

过了两天，有一个童子从惠能舂米的房间走过，边走边唱神秀的那首偈颂。惠能一听就知道这偈颂的境界没有见性。虽然没有人教过他，但他早已经明白大意。为什么呢？因为他前边听人诵《金刚经》的时候已经有所悟。于是问童子："你念的是什么偈颂啊？"童子说："你这个蛮夷之人不知五祖大师说道，世间人生死是头等大事，今想要传付衣法，令门下弟子作偈来看。如果能悟得大意，就将衣钵传于他，而成为六祖。后来神秀上座于南廊的壁上写了这首偈。五祖令大家诵之，并说以此修行可以免堕恶道，可以获大的利益。"

这个童子对惠能是如此轻慢。此状有两个见：一是见众生分别心下所产生的差别；二是见一代高僧大德忍辱的功夫，全然没有拿童子的对待当成回事。惠能是以见制见，这些话他都淌在脚下。《西游记》主题曲中唱到的"踏平坎坷成大道"是什么意思？就是踏平心中的坎坷，而不是盘丝洞等外在的境况。这个童子这么侮蔑惠能，对他这样说话，惠能全然没有感觉，对他的见性一点影响也没有。

惠能曰：我亦要诵此，结来生缘。上人！我此踏碓，八个余月，未曾行到堂前，望上人引至偈前礼拜。童子引至偈前礼拜，惠能曰：惠能不识字，请上人为读。时有江州别驾，姓张名日用，便高声读。惠能闻已，遂言：亦有一偈，望别驾为书。别驾言：汝亦作偈，其事希有！惠能向别驾言：欲学无上菩提，不得轻于初学。下下人有上上智，上上人有没意智。若轻人，即有无量无边罪。别驾言：汝但诵偈，吾为汝书。汝若得法，先须度吾，勿忘此言。

“惠能曰：我亦要诵此，结来生缘。”这话说得实在是水平高极了，惠能说的话微妙就在这里了。惠能说：“我也要颂这个偈好结来生缘。”这是什么意思？“来生”，还有来生啊？所以说神秀这个偈是不了生死的。且不要说神秀能不能做到这个偈，就这个偈本身的境界，已有很大的差别了。

“上人”，是惠能对这个小门人的一个称谓。上人意思就是师父，为了区别五祖，而称其他人叫上人。这个童子年龄比惠能小，资历没有他老，一代祖师实际上到此处已经明心见性过了，他和五祖对话的时候已经明心见性过了。但惠能还是这样去称谓他。

惠能说：“我在这里舂米已经八个月了，都没有到堂前去，希望你把我引到那首偈前去礼拜。”童子就将惠能领到堂前礼拜。惠能说：“我不识字，请上人你为我读。”这时，站在他旁边的有一位江州别驾。别驾是一个官职的名字，此人姓张名用，便在那里高声诵读。惠能听完，说：“我也有一个偈子，望别驾你帮我写到这个廊上去。”别驾说：“你居然也有偈，真是稀奇。”

大家都看不起惠能，都不把他当回事。惠能说，我颂此偈结来生缘，这是说这偈仍在生灭法之中，轮回不离，修好了最多是来生感一个善报。这与五祖的看法是相同的。五祖说什么？“照此修行，可以不堕恶道。”他俩人的看法是一样的，在这之前他们两人也没有进行任何的沟通。佛法是用来了生脱死的成佛的法门，仅不堕恶道实在是大大的损失。在世间修仁、义、礼、智、信就可以不堕恶道。佛法的着眼点在何处？显然神秀没有明白这一点。

你看这字里行间，一气读来，不管是那个童子，还是那个别驾张用，都对惠能充满了轻慢之心，谁也没看得起他，可他丝毫没有受到干扰。下面，惠能说了一番话，来启发教育周边这几个人。

惠能对那别驾说：“如果你想求得无上菩提智慧，就不能轻慢任何一个初学者。往往我们以为最下阶层的人，却会有最高的智慧，有大智慧的人，往往会呈现出像没有智慧的样子，所谓大智若愚。如果你轻慢周围的人，就会生出无边的罪业。”别驾听了这个话，觉得很有道理，说：“你别说了，我明白了，你赶快将你的偈写出来，我给你写到墙上。如果你日后得法了，先来度我，不要忘了我们今天所说的话。”

惠能这里说：“下下人有上上智，上上人有没意智。”这暗合了他刚到寺庙见五祖时，五祖说他这样一个蛮子怎堪作佛。惠能说什么？“人有南北，佛性有南北吗？”他现在又拿这个话来教育别驾，佛性是平等的，你不要轻视我。一个具有无上智慧的圣人，在众人面前是不表现他的智慧的，他和平常人生活的是一样的，你看得出来吗？你如果用一个分别心去看待这一切，即便是佛祖到你面前，你也看不出来啊！不要把圣人高推圣境，作神奇想，叫“至人只是常”。真正人格达到最高峰的人，表现出来就是常人。如果他作神奇怪异状，认为自己不是圣就是贤，这样的人，我告诉你，他一定是一个凡夫。

“若轻人，即有无量无边罪。”你要是轻视周边的人，便有无量无边的罪业。惠能说这话时是观照因果而言的，贪瞋痴慢疑是要遮蔽你的，你这个无边无量的罪业一生起，哪里再去谈见性啊！别驾张用还是一个很有智慧的人，他看惠能貌不惊人，但惠能一出言，张用觉得不能轻视他，所以他说了上面的话。张用所言，说明他是一个很有觉悟的人。惠能一讲，他就知道是怎么回事，他已感受到惠能非等闲之士。这时，惠能说了一偈。

惠能偈曰：

菩提本无树　明镜亦非台

本来无一物　何处惹尘埃

书此偈已，徒众总惊，无不嗟讶，各相谓言：奇哉！不得以貌取人，何得多时，使他肉身菩萨？祖见众人惊怪，恐人损害，遂将鞋擦了偈，曰：亦未见性。众以为然。

其实本没有什么好翻成白话的。这首偈打破了一切习惯性的思维，即明即是。但是为了上课，我很勉强地把它翻译给大家，让大家去感受。

“菩提本无树”。菩提是觉道，并非是物相的树。实际上连“树”都不要加上去，菩提并非是物相。因为惠能是针对神秀所说的“身是菩提树”而言的，所以说菩提本无树。“明镜亦非台”。明镜是觉照，并非是台可以执著。

“本来无一物，何处惹尘埃。”本来物相还回根本即是空，哪里有什么尘埃可以沾染的呢？

这首偈的意思刚好暗合了《金刚经》所言的“凡所有相，皆是虚妄，若见诸相非相，即见如来”，还应了“应无所住而生其心”的义理。就如同有一面镜子，镜子里照物。我们人就像猫照镜子一样，一照镜子觉得里面有一只猫，于是就到那个镜子后面去找。其实镜子里照的猫就是猫自己的本体。把镜子当成猫，或者把镜子里面所照认作是猫，或者认为镜子的后面有一个猫，这统统是不对的。因为镜子里面所照的就是自己，所以到哪里找都没有用。这个镜子只是对自己状况的一个反映，就是你能看清你自己吗？我看不清我自己，好，看对面的镜子，那里面就是你。那么你能看到你生命以往所作的善和恶吗？看不到，那我告诉你，你的现实生活就是你以往的镜子。

你用因果的观点来看，你今天之所以有这一切的善恶果报，皆是你自己以往的镜子。修行人有一个错误的认知，就是当果报来临的时候，总是把这个果报推究给以往。比如说我现在生病了，我就在想，肯定是我上一世造了什么孽了，所以我生病了，以此来逃避这一世的责任。那是我上一世做的，似乎这一世的面子就被保全了。其实，我告诉你，百分之九十的业报都是花报，就是当世报。并且你应当这样想，就是一切的往昔报都是你这一世做的，你这样想，你才能以努力的精神去翻转你的生命。你必须面对现实，不要把责任推究给以往，你就在当下的生命里去找问题，一定能找得到。即使往昔所造的业，它的疤痕都在。

譬如说，一个人上一世是一个杀人犯，到这一世，他凶狠的心都在。他这一世没有杀人，但他面对杀生时那个凶悍的心是在的，那就是我说的疤痕，一定有印迹。所以说，你不要把所有的业报都推究给以往，因为你只要把这个业推给你上一世，那你就把责任交给了下一世。这样一种心态，一切的恶业永远没有机会转化。

惠能说完这首偈，所有的旁观者都感到非常惊讶，互相说：“太奇怪了，这真是不能以貌取人。他到此地没有多久，该不是一个肉身菩萨转世吧！”

刚才这一帮人还正在贬低他，笑话他，这时候他的偈颂一出来，大家马上另眼相看，心想他怎么能有这样的觉性呢？因为大家看到他没有机会的。惠能既没有上早晚课，五祖也没有对他进行任何的开示，他也没有跟大家去讨论心性。他只干了一样事，就是在那里舂米，舂了八个月。除此之外，他什么都没干。在这些人看来，惠能怎么会有这样的智慧呢？唯一的解释就是他是一个肉身菩萨再来。大家感到不可思议了。

你想一想，惠能孤身一人离乡背井，又遭到如此世人的轻慢，可是他全然不顾这一切，生死面前哪管得了这么许多，什么轻慢不轻慢。因此，修禅之人，不能希求人情，不能希求关爱，不能希求赞誉，是在凛然中体会生命的真相，从生命的真相中去体会凛然。只要如此，不与万法为侣，才能体验一代祖师独坐大雄峰的气概。也只有这样的气魄，才能够转化你的生命，对治轮回大病。

昨天我听了一个故事，很感慨，说来与大家共同分享。大家知道电影《英雄儿女》的主题曲《英雄赞歌》的歌词，是在怎样的背景下创作的吗？这个电影在拍完了以后，迟迟找不到适合主题曲的作词。编剧、导演，包括这个原曲的作者，都非常发愁。后来，他们听说公木有这个激情，可以把词写好。于是他们就找到公木。公木是著名词作家，战争年代就创作出许多撼人心魄的歌词。当时编剧和导演找到公木请他写歌词时，公木不愿意去，因为他还是个“右派”，他心想费挺大劲写完之后还不定会怎么说。后来他们坚持让公木创作，公木没有办法，就被他们给拽走了。

导演先把没有最后剪辑的电影毛片给公木看，之后他在长影招待所住了一夜，第二天就拿出《英雄赞歌》四段歌词。开始是：“风烟滚滚唱英雄，四面青山侧耳听”，最后合音：“为什么战旗美如画？英雄的鲜血染红了它；为什么大地春常在，英雄的生命开鲜花。”编剧和导演一个字都没改，把歌词整个搬上银幕。当出现这首歌的背景，即王成说向我开炮时，所有的人都激动地流下了眼泪。这首歌激励了几代人。

这么激励人的一首歌，谁能知道作词的竟是被错划为“右派”的一个人？公木当时还是所谓的被改造者，可是他的心中是多么美好。如果他的心被外在所干扰，比如说他有屈辱感、怨恨感，你觉着他的这个歌词能写出来吗？他对祖国、对人民的爱，对一代先烈的挚诚崇敬，在歌词中把它全部地表现出来了，他心中完全无我。这首歌不能说是永存吧，那起码激励了几代人。那个时代这首歌家喻户晓，所有的人都被他的歌词感动过。这一刹那，当我们再提到这首歌时，还在我们的心里再度回响，还在激励我们的人生趋向光明。

在世间想超越自我，尚且要把小我的情爱统统放下，更何况谈禅，更要有气魄。如果你要没有气魄，这么戚戚哀哀，像是拿着一个算盘的算账先生，你是不能修禅的，你是打不破生命的樊笼的。只要有外求，它便会约束你。

五祖看到众人哗然，恐怕有人来加害他，于是就用鞋将这首偈颂擦掉了。可见得，当时惠能的这个偈往上面一写，然后就惊动四座，所有的人都出来看那个蛮子写的什么东西，也惊动了五祖。结果五祖看了，赶快把它擦了，并说："此偈也没有明心见性，你们不要在这里听他瞎倒腾。"五祖居然说了一句这样的话，打了一个如此的"诳语"。众人当然都相信了五祖的话，说原来他也没见性，大家很释然。五祖以善巧方便保护了惠能。

无住生心证自性　顿教衣钵付传人

次日，祖潜至碓坊，见能腰石舂米。语曰：求道之人，为法忘躯，当如是乎！乃问曰：米熟也未？惠能曰：米熟久矣！犹欠筛在。

第二天，五祖悄悄地来到舂米房，看到惠能的腰上系着一块大石头，正在辛苦地工作。因为他的体重不够，舂米的时候力量不足，所以在腰上坠着一块大石头。这时五祖说了一句话："修道之人为法忘躯。"一个修行人为了求法，要忘掉自己的身躯。

为法忘躯的人，这一代法师皆是如此啊。从二祖慧可断臂求法开始，只是表现的情态不同。当一个人为了佛法的修行，忘记了自己的一切的时候，你觉得那里边还有名和利没有？名利是我执的附着品，我执既无，哪来名利。这个自我的去掉，是修行人要好好观照的。有了自我，所有的恶的东西都有了寄生之处。我们是当要有为法忘躯的精神。在做事情的时候，为什么会出现折扣呢？这个折扣就是有我啊。

一对年轻人在谈恋爱，电话之中，先生在追求女孩时说了一箩筐的好话，说为了你，我可以舍生忘死，我可以舍弃一切，我一定要和你在一起。最后挂电话前男孩却说，今天下雨了，我就不去看你了。他浑然没觉得这里面有问题。我们的人经常会出现这样的状况，感慨的时候总是被周边的很多人所感动，最后却说，不行啊，我得赶快回家做饭去，最后还是落到现实。可见为法忘躯不易。

所以五祖对惠能说："修行之人，为了求法，舍弃自己的身躯，就应该是这样啊!”这是多么语重心长的话语，后学应该努力行去，应当在“修道之人，为法忘躯”一句上好好努力。看到惠能的状况就知道，原来每一个人证得无上菩提都不是轻而易举的。不经几番彻骨寒，怎得梅花扑鼻香。没有翻来覆去、几番死去活来的历程，怎么会有灿烂的花开呢!

五祖问惠能：“你的米熟了吗?”惠能说：“米早已熟了，就是欠师父您来筛一下。”什么意思?是问的米熟了吗?不是啊，是问你的见性是不是完全地见到了。因为一缕曙光过来，划过茫茫黑夜之后，很有可能又回避过去。我告诉大家一个这样的状态，就是这夜空当中，你是真的大放晴空了吗?是白天来到了吗?还是夜空中的一缕流星啊?你的悟境如果是夜空中的一缕流星，那这不能叫熟了。所谓的熟就是万里晴空，遮不住，挡不住。惠能说，米早已熟了，就欠师父筛米了，就是说缺乏上师您的认证啊。把我真实的悟境去伪存真给剔出来，这就是师父要干的事儿。这师父做得是太轻松了，太幸福了，来筛一下米就行了。我们今天不是筛一下米，而是从种米开始，不断地辛勤浇灌耕耘，到了收获的时候，一收，焦芽败种，什么都没有，大量的人是这样的。

祖以杖击碓三下而去。惠能即会祖意，三鼓入室。祖以袈裟遮围，不令人见，为说《金刚经》，“至应无所住而生其心”，惠能言下大悟，一切万法不离自性。遂启祖言：何期自性本自清净，何期自性本不生灭，何期自性本自具足，何期自性本无动摇，何期自性能生万法!

前面惠能说，就欠师父您的印证。于是五祖用手杖击石磨三下离去，惠能立即心领神会。世人眼里看他如此笨，实际上他是大智之人。惠能于半夜三更时分来到五祖的寮房。五祖用袈裟遮住惠能，更具体一点，就是他遮住惠能的时候，他实际上是遮了三面，有一面是对着佛像的，不让前后左右的人看见惠能，人们都认为五祖是在那里打坐。然后五祖开始为他说《金刚经》，说到“应无所住而生其心”处，惠能言下大悟。

你搞清楚，惠能前面讲的“菩提本无树，明镜亦非台”已经和《金刚经》暗合了。他是先写的偈颂，然后才听五祖讲《金刚经》至“应无所住而生其心”，言下大悟。法在他悟的后边。这说明什么?经典是用来对你的境界作一种印照，而不是死读。经典是在什么时候读，是在你心开意解有所感悟的时候，一读，哎呀，可以去印照我的境界。这才叫读经，读经的真实义趣在这里。回过头来说，指望着读经去开悟，会吗？会！但是很慢，都不如到现实人生当中，放下、放下、再放下，不断地在放下的过程中去体悟自己的自性，让它全部体现。

这实际上就是欠筛呀，筛一下他就知道，噢，我前边说的“菩提本无树，明镜亦非台”，刚好是“应无所住而生其心”，所以言下大悟。悟的是什么？印证。惠能说的是欠筛嘛，并不是说我欠悟啊。悟得都已经纯熟了，他现在要把它拎出来，确认他悟的到底哪一个是真如的？悟的是不是全体的？那么五祖在给他讲《金刚经》的时候给他作了一个印证。这说明什么？这说明惠能的境界已经和释迦牟尼佛无二无别了。

从这师徒的一对一的应答，可以体悟到修行者在人与法之间的契入，何为相应？怎么样去和你的师父相应？这个相应要打破一切的形式而存在，以心与心去交汇，这才是真正地相应。我们读禅门公案时，会有一感悟。禅门是为破而立，如果不能破掉你一切思维上的习惯，生活上的习惯，那么他就不要再说了，他顺着你的习惯去讲，就没有什么好讲的。所以，你会看到，一代祖师都是在打破你的惯性去应机说法，没有套路，没有规律可循，只能以心印心，彼此共融于法海之中。

那么这时，师父不是权威的概念，没有上下的概念，不是如此一一对应，否则就离开了禅的基点。此时，师父是巨浪，可以推着你上岸；师父是利剑，可以断你生死。不见性，就拿头来这样的一种气魄。每一位禅师都是逼着他的学人一次又一次不断地剥离，今天见了骂一顿，明天见了又骂一顿。你不要认为天天一顿，我告诉你天天不在同一个层面上，扒了一层又一层。你在不断放下的过程之中，会不断地感悟禅门的机锋给你带来的真实的好处。

去年暑期班的时候，我的一个学员跟我说，老师我进步了。我说，何以见得？他说，这学期你开始讲我了。我说这是一个有悟性的人，真是如此。要不然，我哪敢讲啊，不讲都要跑，讲了更没有余地，敢讲就说明你建立的皈依的基础稳固了，我才开始开口。否则，一下子就把他弹出十万八千里。所以，对初来乍到者，什么都不要计较，一切都不要管，只为着他的解脱，只有这样，他才能够真正受益。

惠能此时大彻大悟，顿然明了深般若波罗蜜多意，原来心生万法生，一切万法源自自性所现。于是惠能告五祖说：“原来所谓的自性本来是清净无染的，是不生不灭的，是具足万法的，是根本无所谓动摇的，这个自性能生出世间万法的。”

你看惠能说的这几句话像不像《心经》里的“不生不灭，不垢不净，不增不减”？连语句都像，境界亦像。惠能不识字，这是五祖为他说《金刚经》，说到“应无所住而生其心”时，他说了一段类似《心经》的感悟。悟性在很多时候不是你读了多少、学了多少这个概念，书到今世读已迟。那有人就说，既然书到今世读已迟，所以我也不用读了。我说，那到了下世又得这样说了，你得种来生因。

惠能说的这段话既是《心经》，又是《金刚经》，心生万法生，心灭万法灭。你就知道禅门的厉害之处，不与万法为侣，然而包容万法。谁都不去听，谁也不去想，一出来就是，是了以后绝对不违背。在今天去佛日远，烦恼日盛的末法时期，这样的师父难求了，这样的徒弟也难遇了。尤其是初学者，刚入佛门，吃了一点亏，上了一些当，便退初心，胆战心惊，只好关起门来祈求佛菩萨愿力的加持。

我警醒初学者，刚入佛门很有可能会以吃亏的面貌出现，被别人骗了，被别人坑了，非常容易。因为入门之前必先栽跟头，像进庙一样，先磕头。在日本喝茶，茶馆从来都是外面富丽堂皇，但进门的时候，那门最多有一米五高，人人进去先低下头来。这是什么？就是你要谦和，然后你才能感悟茶性。进佛门也是一样，进门以前，吃一点亏，受人家一点白眼，你不要说张三不好，李四不好，这样会影响你自己的。你身体受到别人的冤枉，然后你的心才有可能入道，这叫体冤入道，这是达摩祖师的二入四行禅。你看看，一代祖师惠能从进了这个庙，受了多少冤枉，大家都怎么对待他的，他又做了些什么。所以，你不要去挑三挑四，只看你自己。

众生只知祈求佛菩萨愿力的加持，不知此需要佛的愿力与众生的愿力两者结合才能有效。缘起法是佛法的根本，佛菩萨救众生愿力之“加”，与众生解脱之意的“持”合到一起，才能够圆满。所谓加持，“加”是宇宙间的能量，“持”是你要做的。祈求佛菩萨要持之以恒地来加被我，这是不合道理的。你要是一个漏的斗，佛菩萨加了，你漏了，没有用的。加持是双向显现，佛菩萨加，你持。你持不住，那等于白搭，等于没有。如果你待在那里，自己不主动地去寻求解脱，认为佛菩萨是万能的，其实这是违背佛法本意的。佛亦有三不能。佛能空一切相成万法智，而不能灭定业；佛能知群生性，穷亿劫事，而不能化导无缘；佛能度无量有情，而不能尽众生界。

祖知悟本性，谓惠能曰：不识本心，学法无益。若识自本心，见自本性，即名丈夫、天人师、佛。三更受法，人尽不知，便传顿教及衣钵。云：汝为第六代祖，善自护念，广度有情，流布将来，无令断绝！听吾偈曰：

有情来下种　因地果还生

无情亦无种　无性亦无生

五祖已知惠能悟透本性，一听他讲这个话，就对他这个悟境作正面的认证，对惠能说："如果不认得自己的本性，学法不会带来任何益处。如果能识得自已的本性，见自己的本性，你即是调御丈夫、天人师、佛。"这是如来十名号，他举了三个，这就是说，你便和佛等同。三更半夜，惠能得五祖传授以心印心的法门。你说这个得法的状态够悲凉的。一代祖师，法法相传，搞得那么私私了了，三更半夜，捂在袈裟里面，好像做了一件什么见不得人的事情。为什么是这样？就是被众生的贪瞋痴所包围着，没有办法。五祖将顿教法门及衣钵传给惠能，从此惠能便成为禅宗第六代祖师。五祖告诫六祖见自本性后，还要善自护念，广度有情，广泛流传，不要使这顿教法门断绝。

你听一听，这是一个什么样的心态。五祖的嘱托其中包含着多少沧桑岁月，多少祖师的生命和鲜血！我想五祖大师当时一定是声泪俱下的，是在用哽咽的声音，用他那无比殷重的心，以恳求的目光看着六祖，你千万不要令它断绝了，你要把它传下去，因为他整个传法的过程都是命悬一线的。下面，五祖讲了一个偈颂。

"有情来下种"，是对众生的慈悲之情。因为你有慈悲众生的情怀，这一点的情怀便将无量的佛根慧种埋下。"因地果还生"，这代代相传的衣钵，就是埋下的种子，他日机缘成熟，定能结出累累果实。"无情亦无种"，如果你灭掉世间一切生灭法中的凡情，那轮回的种子也将被你灭掉。"无性亦无生"，如果轮回的种子灭掉了，你将入无生法忍之境。

殷切咐嘱留谶语　迷时师度悟自度

祖复曰：昔达摩大师，初来此土，人未之信，故传此衣，以为信体，代代相承。法则以心传心，皆令自悟自解。自古佛佛惟传本体，师师密付本心。衣为争端，止汝勿传！若传此衣，命如悬丝。汝须速去，恐人害汝！惠能启曰：向甚处去？祖云：逢怀则止，遇会则藏。惠能三更领得衣钵，云：能本是南中人，素不知此山路，如何出得江口？五祖言：汝不须忧，吾自送汝。

五祖说："往昔初祖达摩来到中国，人人都不认得他的真实面目，于是欺侮他、轻慢他，甚至下毒药害他，没有人认得他是一代祖师。为了使后人，就是接他法的人免受坎坷，能够顺利地弘扬佛法，于是他才以衣钵为依据，以物表法。佛法是要以心印心，真正得法不是得衣钵呀，衣钵最多是一个信物。就如结婚的时候，彼此交换一个戒指，表明忠贞的爱情，不是戒指本身值多少钱。佛法是要以心印心，自觉自证，非外物所能给予。不是你拿到一个衣钵，就会有这样的悟境。不是说吃了唐僧肉以后就变成了唐僧，怎么可能呢?"

五祖对惠能说："传衣钵后，人人执著于外相，为衣而起争端，心法不得，衣有何用?使得一代又一代的祖师命如悬丝，九死一生，以后这个衣钵传到你为止，不要再传了。"五祖也是一个佛教伟大的改革家，否则，这还不知道要引起多少的生灵涂炭，乃至国与国之间的战争。因为越到后边，越到末法时期，众生的贪瞋痴慢疑就会愈发恶劣，你都想象不出会做出什么样的事来。所以，五祖说:"你拿到这个衣钵以后，赶紧离开这里，为了这个衣钵，一定会有人害你的。"

我前边埋下一个伏笔，说神秀自杀的心都有，不能杀他吗？为了得衣钵处心积虑，四天跑了一十三趟，汗流浃背，都不知道该怎么办才好。那种要夺衣钵的心多么强烈啊。这种强烈心对自己尚且这么不依不饶，对别人那不是就有杀人之心了。五祖对这一点看得非常清楚，惠能拿到衣钵以后，一定会有人害他的。看看祖师好当不好当？

当祖师是好玩的吗？一方面要承担如来家业，一方面要受众生的排挤，还不能跟众生计较。没有大丈夫的气概，没有顶天立地的精神，抢袈裟有何用？真正荷担如来家业，拿到袈裟，也绝不以此为荣，而是要承担一个非常沉重的责任。如果以极强的自我来做佛的事业，人我都不受益，反增其害。以我执之心来做佛事，亦是魔。佛家所言的大丈夫不在于冲锋杀敌，伟业建功，也不在于满腹经纶，经世致用，却在于能对自己的根本局限不断地去超越。相当于儒家说的“苟日新，日日新，又日新”，不断地打破自我的束缚，而进入更广阔更崭新的天地。这是一个修行人应该具有的心态。

惠能问五祖：“我到什么地方去？”五祖告诉他：“逢怀则止。”“怀”是广西梧州的怀集县，到那里停下。“遇会则藏”有两个说法，一是后来追杀六祖的队伍中，第一个追上的叫惠明。惠明一来，六祖藏到山石后面。二是指广东的四会县，在那里要藏起来。于是，惠能趁着黑夜，拿着衣钵，跟五祖说：“我是南方人，从来也没走过山路，也不知道怎么才能走到九江口。”五祖说：“你不要忧虑，我会亲自把你送出去的。”

祖相送直至九江驿，祖令上船，五祖把橹自摇。惠能言：请和尚坐，弟子合摇橹。祖云：合是吾渡汝。惠能曰：迷时师度，悟了自度。度名虽一，用处不同。惠能生在边方，语音不正，蒙师传法，今已得悟，只合自性自度。祖云：如是，如是！以后佛法，由汝大行。汝去三年，吾方逝世。汝今好去，努力向南，不宜速说，佛法难起。

五祖将惠能送到九江驿站口，并让他上船，拿起橹来准备摇。这时候惠能就说：“请大和尚您坐下，弟子我来摇。”五祖说：“应该是我来度你。”这句话从字面上理解是浅显的，说我渡你过江，然此话却是禅机，处处都是禅的机锋。惠能说：“在我迷失的时候是师父度我，在我悟了以后就应当自度。虽然同为度，但是用处却大有不同。我惠能生在边地，发音又不正，承蒙师父付予我法要，令我彻悟自性，我当自性自度。”五祖说：“很好，你悟得很好，就是这样，就是这样。”

我们连着前面一起看，六祖开悟共分三个阶段。第一个阶段是卖柴的时候，听人诵《金刚经》，这是第一次悟。这第一次所谓的“悟”其实不能叫作悟，充其量叫“有醒”。许多人都是误将有醒当做悟。第一次的醒就打破樊笼第一关，出家了。这里言的出家，不是落发为出家，是离开家为出家，心离为出家。

第二次悟是五祖专为他讲《金刚经》，讲到“应无所住而生其心”，他言下大悟。此是真悟。悟的是什么？自性与佛性、自性与本体、自性与万法的无二无别，因缘起而显空性。当时惠能感慨万分地说：“一切万法不离自性。何期自性本自清净，何期自性本不生灭，何期自性本自具足，何期自性本无动摇，何期自性能生万法！”显然他这时悟的不仅是一切法空的中观境界，还包括自己的心体。一悟大悟，他这个悟是非常彻底的了悟。

这里，惠能说：“迷时师度，悟了自度。”这是第三次的悟。他这已经是大悟后面的小悟了。你不要认为这个悟算不了什么，此悟是由小乘转大乘的关节。前面的开悟他没有离开师父的指引，但到此时，他的心念已经完全独立了。只有先自我承担，然后才能去承担众生，才能去承当荷担如来家业。如果你没有自我的承担，你说我要去承担天下人，要去广度众生，怎么可能呢？后来，惠能在猎人堆里待了十五年，之后能够广度天下有缘，这个种子就是在这一刹那已经种下去了。从醒悟到开悟再到自性的完全独立，他经历了一个完整的过程。

宗门确立的中心，就是要让人认识自己的心体，也就是明心见性。一旦明心见性，之后的悟后起修跟师父一般关系不大，基本都是你自己的事情。六祖把空作为条件而与自心相合，最后五祖的开示才将他心体的全部与空相合。现在他所悟的自性自度，已经是全体妙用的开始。准备用了，才会有这种悟性的开始。

那么今天我们所读到的唯识论，即是八识论，如此复杂，却被六祖一句“一切法不离自性”所包括，全部说完。整个的唯识论铺开的面那么大，最后的结论就是一切法不离自性。你把这个悟透了，整个的唯识论就看完了，你不需要花那么多的功夫。

我们回过头来再看中观。中观论是以否定自性独立存在而建立的，中观学的观点就是缘起性空，通过缘起去体察性空。六祖开悟的那一刹那说的便是："何期自性本自清净。"他的悟境告诉我们，自性是清净的空性，正因为是空性，所以能生万法。六祖将中观、唯识对立的观点融为一体。大家知道中观、唯识打了多少年的架吗？各说各的对，千百年来不得安闲。六祖惠能既不知中观，也不知唯识，第一句话说到中观里面，第二句话就说到唯识里面。可见得，法不是学来的，不是读书读多了，变成书痴以后才出来的，那样你会被书累住的。

禅宗的开悟就是将中观、唯识的理论变为实践的行动。你不要在那里讲中观，也不要在那里讲唯识，就是在那里干活。在干活的过程中能忍辱负重，不断放下，这就是中观，这就是唯识。当下一念即心即佛，悟了就可以走了，就可以自度了。我们回过头来说，以六度行天下，观照当下一念，即心即佛，就是今天我们这个法门所具有的特质。

真正的祖师禅是法法都契入的，都是叫入心的，这一刹那放下，这一刹那便转了，当中可以没有过程，它将中观、唯识统统地包含在此之中。并不是祖师禅不讲缘起性空，不讲六度，也不讲四谛十二因缘，它把这些全都包含进去，只是用最简单、最快捷的方式而已。这就使很多人在修行的过程当中，每遇祖师禅不敢承担。心中有疑，认为这可能吗？是这样吗？就这么简单吗？是的，就这么简单！可是这里面并不是孤立的，它是与万法相合的。我前面讲课的时候用很多经典来作比较，比如说和《心经》、《金刚经》比较，就是怕大家觉得太简单了，拿不住。拿不住的时候，你就不能够确认。

五祖到了九江口以后，继续嘱托六祖："以后的佛法将由你来弘扬，发扬光大。"因为从初祖到六祖都是口耳相传，以心印心，一个传一个，一代祖师就是这样传下来的。所谓一代祖师就是释迦佛再来，就是释迦佛又来了。

五祖接着说："我已经传法给你了，等你走后三年，我就会入灭。你要好自为之，尽量往南走，走得越远越好，千万不要以为自己已经得法了，就急着弘法利生。"你还需要继续含藏积蓄力量，你得了法，下边还需要福德资粮。福德资粮具足了，才有可能把佛法弘扬出去。否则，尽是魔说。

如果是你自己还没有见性，或者说你自己的能量还没有完全具足，就开始往外传法了，很有可能产生误导。并不是说，在明心见性以前，就不能传法，只是你说的话毕竟有我执，毕竟有他想，毕竟有分别念头。这里六祖已经明心见性了，五祖还告诉他不要马上急着说法。

六祖明心见性了，尚且在猎人堆里待了十五年，这十五年就是积蓄能量，含养含藏。在此，五祖说："佛法不是你得了法就能弘法的，让它兴盛是一件非常困难的事情，它是要有一定的因缘和合的。"

达摩祖师也是如此，在他师父入灭后六十七年才来到中国传法。二祖慧可也是见性四十年以后才传法，这里面都有很深的积淀在。此中就提醒我们的后学要注意，不要认为明心见性了就万事大吉了，何况你还没有悟。这悟后起修才为真修，悟后所行才有真功德。否则，你只是在积累福报，积累资粮。那为什么悟后还要修呢？就是因为功德、资粮、能量不足啊！这些不具足，你怎么向外迸发呢？只是自己见了，何以让他人见呢？

这里，我问一下大家，一个见性的人，有没有烦恼呢？有啊，有烦恼。那么他与没有见性的人、没有开悟的人差别是什么呢？这之间的差别并不在于有无烦恼，开悟者面对烦恼有力量转化，有智慧观察，他能瞬间转烦恼为菩提。都有烦恼，就看能不能转？转的速度和转的能量，这是他们的差别。如果在烦恼面前没有力量去转，没有智慧去观，碰上问题了只是一味逃避、遮掩，那就说明他的见性是不真实的。你自己掂量一下，当你遇到问题时是逃避还是迎着它去了，还是面对这种状况深入地去观察它的因果然后当即转掉了。这是每一个修行者修行的关节点。你有能量转，就是有智慧的人。你去遮蔽，就是没有智慧的人，就没给你自己机会。

修行人应该是日新月异，每天都要有新感觉，每天都会有新生命出现，就是儒家讲的："苟日新，日日新，又日新。"佛教认为烦恼就是我执。因为有我，所以才会有烦恼。一个见性的人见的是空性，这个烦恼便是在空性下去转的。如果在我执下转烦恼，会越转越烦恼。烦恼你要在空性下去转。

修行的过程就是不断放下。譬如说，世人最容易烦恼的一件事情就是金钱。如我想买房子，钱不够；想做生意，钱不够；想供孩子读书，钱不够。这时候心中就因为钱开始烦恼了。那我就开始观察，果真是有钱，这个孩子就能读好书的吗？你往下追，就是任何一件事情你都往下追。我果真是因为买了房子就会快乐吗？我今天有了一个房子，明天我又想换一个更好的房子，始终在折腾，没有完了的那一天。这时，当我们深入去观察自己的烦恼，把自己观空，你就知道，其实并不是钱的本身给你带来的烦恼，而是我执给你带来的烦恼。你这样入微地去观察分析，你会把很多相状的东西放下，这时，你才能说放下。

转烦恼的第一步是先观烦恼从何生起；第二步是分析细微，不要往外找，用因果的观点去看，皆是自己造成的；第三步才是如何转化。用这三个步骤把烦恼转成菩提。可能在刚开始时，你这样想这样做很不习惯，很生疏，可是你时间长了，习以为常时，你会觉得很自然，一切都在种善因结善果，转化总要有一段过程。

众人舍法夺衣钵　惠明舍衣现本性

惠能辞违祖已，发足南行，两月中间，至大庾岭。（五祖归，数日不上堂。众疑，诣问曰：和尚少病少恼否？曰：病即无，衣法已南矣！问：谁人传授？曰：能者得之。众乃知焉。）逐后数百人来，欲夺衣钵。

惠能辞别了祖师，向南方行去，经过了两个月，到了广东南雄处的大庾岭。五祖送了惠能回来，好几天都不上堂为大家说法。众人都非常疑惑，于是问五祖："您老人家是否是生病了，还是有什么烦恼的事情？"五祖说："我没有什么病，只是我五祖的衣法已向南行去。"众徒问："您传授给谁了？"回答说："能者得。"谁有能力是谁得。众人知道是惠能得了。

五祖座下有位法如法师，他是后来五祖的十大弟子之一，就是他猜到是惠能得了。众人听后纷纷反对，怎么能叫一个蛮夷又是个居士得了呢？于是，数百人来，夺其衣钵。

五祖大师料事如神，他就知道这些人不会放过惠能，所以才将他远远地送走。大家想，法是抢了衣钵得的吗？以心外求法为魔道之法，你说在一代祖师处修了这么多年，连这一点道理都不懂吗？其实不是不懂道理，是境界现前，道理用不上，理与行两面皮，谁与谁都不搭界，这就是诸多人修而无成的原因。

许多人拘泥于世情，如在人前讲面子，在朋友处讲义气，在凡情上讲善，这本身就是障碍，是在修束缚，不是在修解脱。几年修下来，你要自问是越来越轻松，还是越来越复杂、沉重？如果是越来越轻松，起码可以肯定你以往走的路是正确的解脱之路。事越做越大，人却越来越轻松。如果是越修越累，那就要停下来看一下，是什么障碍了你。要直面这些障碍，要不断有解脱感，最后才能完成彻底解脱。如果是不断有压力感，那终究是要被压倒，成为堕落的生命。学禅是为着超越眼前的局限，因此一定要有夺天之志。以夺天之志勇敢地面对自我，这也是为何说修行是大丈夫行为，不是小人可为的原因。道家祖师吕洞宾曾有诗一首："独上高楼望八都，墨云散尽月轮孤；茫茫宇宙人无数，几个男儿是丈夫。"

此一瞬间，五祖的徒弟们皆被衣钵传人的名号所障。这一障莫谈见性，无边的罪业都会造下，对事情就看不清了。他们一定认为这五祖是老糊涂了，怎能将衣钵传于惠能呢？他们必须先将别人的行为定论为错的，于是自己的行为才是合理的，下面的杀惠能、抢衣钵才是合理的。

一僧俗姓陈，名惠明，先是四品将军，性行粗糙，极意参寻，为众人先，趁及惠能。惠能掷下衣钵于石上，曰：此衣表信，可力争耶？能隐草莽中。惠明至，提掇不动。乃唤云：行者！行者！我为法来，不为衣来。

这一段描写得非常精彩，叫精妙绝伦。有一个僧人俗姓陈，叫惠明，出家前是个四品将军，性情行为都比较鲁莽，又非常冲动好事，于是他跑在了这几百人的前边。可见得他要抢衣钵的心，也在最前面，是心行推动的。他最先追赶上了惠能。我们回忆前面五祖说："遇会则藏。"看到没有，惠明过来了。惠能将衣钵抛在石头上，说："衣钵只是为了让众生信而设立的方便，是用力量就能争取到的吗？"惠能藏在草丛中。

惠明到了，一看衣钵就放在石头上，心里太开心了，心想我也不要跟他厮打了，他已经主动地缴械投降了，我现在拿了就可以走了。这样想着，就赶紧去抢，没想到他这等壮汉，竟没有拿动。你想那袈裟是木棉的，非常轻柔。惠明往那一拿，拿不动，这时惠明才觉得不对劲，心想原来法不是这样夺的。他有所悟，于是当下一念转，高声喊道："行者！行者！我是为法来的，不是为衣钵来的。"

他拿的那一瞬间是为衣钵来的，对不对？可是他拿不动才有所悟的，并不是一下没拿。因为他拿了，并且没有拿动，所以他说是为法来，不是为衣钵来，转的这个快呀。所以到时候能不能用上，这是水平啊。那都得看这一刹那，你装什么都没有用。这个机锋来得这么快，这个速度来得这么快，它可以是见性的资粮，也可以是无边罪孽的开始。如果他没有这当下一转念，何以有后来大彻大悟的惠明，这不是太可惜了吗？一念之差就是无间地狱，就差一点点。夺衣钵的时候，你想想，跑了这么多里路追赶，定是非常辛苦，这一路夺衣钵的心叫苦海无边。衣钵没有拿起来，放弃的一瞬间叫回头是岸。要是没有尝尽这个苦，没有追求的这个欲望，这一瞬间转的都不值钱。值钱就值钱在这一路跟着跑，跑到地方然后没拿起来这个过程，这个值了大钱了，知道回头。

其实原人之心，皆具佛性。一切经文都在指示：自性中本来具足真佛。达摩西来，直指人心，见性成佛，告诉世人修佛不离本性，但人人不敢相信，不愿承当，所以向外驰求，认为自性之外另有别佛。因此一代祖师说法开示，无非要人省悟自己的本来面目，不假外求。一念外求即为魔，一念向内就有无量大功德。禅门中就说："见相即见鬼。"

惠能遂出，坐磐石上。惠明作礼，云：望行者为我说法。惠能曰：汝既为法而来，可屏息诸缘，勿生一念，吾为汝说。明良久。惠能云：不思善，不思恶，正与么时，那个是明上座本来面目？惠明言下大悟。

于是，惠能从草丛中出来，坐在石头上。惠明这时候一想，原来法是不能抢的，于是赶紧地给惠能顶礼，希望惠能给他说法。顶礼有两层意思。第一是谢罪，第二是求法。如果心不生忏悔，他是没有顶礼这个行为的。照理说惠明不该跪下来的，虽然他不是一个上座，但也是五祖座下的大弟子。惠能才来了几个月，还是一个居士，惠明的这种行为是很反常的。

惠能说："既然你是为法而来，现在你就息灭诸缘，一念不生，我来给你说明。"过了很久，惠能才跟他说："不思善，不思恶，与此当下，哪个是你惠明法师的本来面目？"说到这句话时，惠明言下大悟。

我们来分析一下惠明的心路。他从要杀了惠能抢衣钵，到此当下一念转，已向惠能磕头。这刹那的转变，说明惠明也是好生了得的大机大用之人，他是典型的放下屠刀、立地成佛。何以让他有所初悟呢？衣钵提掇不动，使他初悟，这是他第一次悟。接着惠能让他屏息诸缘，勿生一念，使他再悟。这时候惠明求法的心情那么强烈，惠能没有跟他说法，惠能说，你先坐下，你先喘喘气，你什么都不要想，你先把自己空掉。你不要跟我说忏悔，也不要跟我说求法。没有法，什么都没有，你现在先坐在这里，把你的气息调整好，把你的心思放平静。然后惠明坐在这里老半天，良久啊！惠能不是马上跟他说什么。你想想惠明的那颗心，有求和外驰的心这么强烈，什么法他能听得进去？所以，等他心完全静下来，在寻思这一切的时候，他在等待惠能说的这一刹那，我们回想一下《金刚经》一开始时的那个场面。

长老须菩提，合掌恭敬而白佛言："善男子善女人，发阿耨多罗三藐三菩提心，应云何住，云何降伏其心？"佛言："汝今谛听，当为汝说。"须菩提就在等待释迦佛说法，那一刹那，须菩提空了，什么想法也没有。这时，释迦佛才说："如是住，如是降伏其心。"释迦佛说完这话，其实已经把法说完了。须菩提那一刹那，呆着个脸，什么想法也没有，就等着释迦佛往下说。其实他不知道，这时候的空性其实就已经是了。须菩提显然没听懂，看释迦佛半天也不说话，没下文了，于是他为了提醒释迦佛，又说："唯然世尊，愿乐欲闻。"哎，您老人家怎么不说了？是须菩提没有明白，安住在他前面那一刹那的那个状态就是。

六祖惠能也是用的这个办法，就是让他心里提着一个状态，然后要有求法之心，更要万缘放下。这一刹那之后，惠能感觉他一切都平静了，然后念头也不生了，惠能看时机已成熟，于是石破惊天，才又问了一句：不思善，不思恶，哪一个是你的本来面目？你想一想，这个时候他思善思恶吗？他来不及啊！他求法都来不及，法一句都还没有说呢，所以一个相也没有。六祖这一问，他回光返照，往自己心里一找，一下子花开见佛，言下大悟，明心见性就是这个状态。

这里"不思善、不思恶"否定了一切思维活动中的相对概念。所有的二元意识，当你从内心深处去掉的时候，人我是非才能去除。人的习性就是总要找到一个对立面和自己相峙，似乎这样自己所做的才有方向。比如说，必须要对方的错误来肯定自己的正确，"你看看他表现得真差"，这一句话的含义是什么？就是我在这一点上做得很好。如果把别人的长处拿出来和你的短处一比较呢，你不是也很差嘛。二元意识是不能入禅之境的。

惠明实际上是以大恶而来，以大善而去。不思善、不思恶，两边都让他放下，惠明是典型的放下。因为他先放下了，所以他有了明心见性的先决条件。惠明喊惠能出来，说为法来，不为衣来，这话不是骗惠能的。他没有拿起衣钵来，马上有感悟，马上自己就转向，无边的烦恼在那一刹那转成求法。如果他心是假的，是想把惠能骗出来，你说他有戏没戏，他还能不能明心见性？肯定不能。他说自己不是为衣钵来的，就是因为没有拿起衣钵的那一刹那，他已彻底地把衣钵放下了。这个放下是从心灵深处放下的。这时，惠能才出来开示他。这一刹那，惠能看到了他的不思善、不思恶，于是问他这个时候你的真实面目是什么呢？这时惠明才有了大悟的可能。

六祖这个公案还限制在思维范围，而大慧宗杲禅师则是把它推广到一切的思维与行为动作之中。大慧宗杲禅师有一个竹篦子的话头。他手中常常拿着一根竹条，所以禅门里见性的人，就是让人感觉到疯疯癫癫的。他拿着这根竹条，干什么的呢？看谁打谁。打人的时候把竹条往人头上一顶，让人快说快说。人家都不知道说什么，不知道他要干什么。有时他还说："你就是一根竹条，我还问你干什么，你跟那个竹条一样，没有脑子，没有思维，所以我也不理你。"

但当他问你的时候，你不得有语，你还不得无语。问你不讲话不行，但是你又不能说，你还不能唱，还不能作女人拜。不要像个女人一样，我一说你，你赶紧给我磕个头，我就拿你没办法了，你这叫耍赖。你还不得作绕床转，不得造妖捏外，就是你不得用特异功能。你还不能装腔作势，明明没明白，还说我知道了，这个也不行，一切总不得。

这是什么？这个很厉害，他把一代祖师六祖不思善、不思恶的公案发挥到了极致，将思维推广到一切言行举止中。他那一根竹条就是见性的法宝，往头顶上一立，往喉咙上一刺，快说！你一张嘴，不许说，就这么干的。你唱？不能唱。你有思维？不对，一直把你逼到墙角，最后那个生灵活泼的"你"出来了。

大慧宗杲有一个徒弟就说了："老师，你这个话头没有人能参得了，您老就是一个棒客，把人家全身都抢光了，还让人家拿钱来。"大慧宗杲说："好，那你拿不来钱，就拿命来。"就这样把他逼到墙角。这就是想方设法把你思维的路子统统堵了，你不要开口，你不要说话，你也不要想，什么都没有，不给你这种机会，一下子把你闷到那里，你说什么都是错的，把你的分别思维一刀斩断，把你逼到绝境。这时候，突然铁树开花，一个真正的"我"才跳得出来。回头你再体会何为不立文字，教外别传？三藏十二部说了这么多，都在说这个，都不离这个，快慢随你。哪个！就这个，就现在就这个！认得就是它，不认得，万劫迷惑。

复问云：上来密语密意外，还更有密意否？惠能云：与汝说者，即非密也。汝若返照，密在汝边。明曰：惠明虽在黄梅，实未省自己面目。今蒙指示，如人饮水，冷暖自知。今行者即惠明师也。惠能曰：汝若如是，吾与汝同师黄梅，善自护持。

惠明大悟以后，又接着问六祖："你刚才当机之语使我见性开悟，对我来说太重要了，是我修行的一个里程碑，太微妙了。可在此之外，还有更微妙的吗？"你看看，他都见性了，可习性没改，依旧向外求，越省事越省事。惠能说："我能说出来的，就不是最妙的密意了。如果你能反观内照，真正的密意在你自己那里。"

惠明说："我虽然在黄梅五祖座下修行，实际从来也没反省过自我本来面目。今天承蒙你的指示，让我看清自己，就像人喝水，冷暖都在自己心中，你就是我的师父。"惠明真是太聪明了。惠能说："你如果这样说，我们同是在五祖门下的，我们是同一个师父，我是替师父传法于你，只要你好好地善自护持佛法，不令它断绝就行了。"

你看看惠明，虽然当下他见性了，可他当下问的这一句话里说明他贪心未断，疑心未了，怀疑祖师有所保留，肯定没把最后的密意交给他。所有的贪瞋痴慢疑，并没有因为他的明心见性而消失。这就是谈悟后起修的重要性。惠明本来想杀人的那种歹心和想抢衣钵的向外求法之心，万劫没有成佛机缘的，也是没有明心见性的可能的，在师父的慈悲下这一刹那明心见性，让他少走了多少的弯路。他都不知道，这个弯拐过去是要累劫千生的，法的机缘一埋永无复加之日。但是他还不知足，看看悟后起修上，还有没有顿教法门。理可顿悟，事需渐修，必须要有磨砺。他的这个心真是贪得无厌，不仅是贪，还有疑。

今人在修行中也是如此，像猴子捞月亮一样，今天这里灌顶，明天那里法会，总疑他没有拿到最密的、最好的。说来了一个师父去灌顶，灌的什么顶不知道，什么法门的不知道。那你干什么去，这有什么利益？浪费你的道资粮。不仅没有任何利益，反增其害。

六祖惠能从开悟的那一刹那跟五祖就说了："何期自性本自清净，何期自性本自具足"，哪里有半点的密意呢？若要舍内求外，那重重无尽的密意就让你迷失其中了，你是出不来的。而一经回光返照，当下的领受，只有自己知道，说与人也稀松平常。自知人不知，即是密意，那即是你自己真实的密意。

只管张开嘴能说出来，皆不为密。不管是什么样的咒语，不管是何等的法，统统如此，只要能张开嘴来说的，统统不叫密意。要言语道断，心行处灭。言语道断，就是言语说不出来。心行处灭，是指心到了这个地方，走投无路，那一刹那，那个感觉就是见性，说出来就不是了。

我们看六祖从得法到后来的说法，中间经历了十五六年的时间，实际上是他进一步护持进修的阶段。把自己的习气陶炼得净尽圆融，最终才能荷担如来家业，弘法利生。一代祖师尚且不能离开这个过程。我们想一想，六祖的根器肯定不会差，但是这个历练的过程依旧是不能缺乏的。就像释迦佛，六年当中的苦行，如果丢失了那一段，释迦牟尼佛的成道也是不真实的。可见得这个过程都有，我们凭什么不需要这个过程呢！

明又问：惠明今后向甚处去？惠能曰：逢袁则止，遇蒙则居。明礼辞。(明回至岭下，谓趁众曰：向陟崔嵬，竟无踪迹，当别道寻之。趁众咸以为然。惠明后改道明，避师上字。)

惠明又问六祖："惠明以后向何处去呢?"六祖说："你到了袁州这个地方就住下，到了蒙山就安居。"惠明给六祖磕头顶礼，辞别而去。惠明下山就跟追赶的那些人说："山顶上我已经看过，没有任何的踪迹，应该向其他道去寻。"因为他是一个身先士卒者，谁也没有想到他在山上如此这般演绎了一番，下了山打了一个无量功德的大"妄语"。所以在禅门不拘于相，只问你的起心动念。大家都信了惠明，所以都改道到其他的地方去找六祖，自然是找不到的。后来惠明把自己的法号改为道明，来避讳六祖的法号。

惠明过了三年才去蒙山，在蒙山他遇到了一个鬼。这个鬼的前生是个秀才，虽然作了鬼，但诗情还在。晚上惠明在打坐时，这个鬼吟作了一首诗："寂寂荒郊梦亦长，古今成败懒思量；野草鲜花捻多少，苦雨酸风几断肠。夜与荧光同出入，五更鸡唱影形藏；悔不当初修心地，致堕青山泪两行。"很有诗情才情，悲悲切切这样一个诗情鬼。惠明大师听到了这首诗后，就给他说法，将这个秀才超度了。所以直到今天庙里讲的放蒙山，就是专门来超度鬼魂的。

如果不是惠明的"妄语"相救，六祖当时只怕是在劫难逃。一下子上来几百人围着这个山头，那么猛烈的心，六祖肯定是凶多吉少，九死一生。追赶六祖的队伍追了两个多月才罢休。

韬光养晦十五载　不二之法立顿教

惠能后至曹溪，又被恶人寻逐。乃于四会，避难猎人队中，凡经一十五载。时与猎人随宜说法，猎人常令守网，每见生命，尽放之。每至饭时，以菜寄煮肉锅；或问，则对曰：但吃肉边菜。

后来六祖到了曹溪，就是南华寺，又被恶人追寻，来到了四会这个地方。为了避灾躲难，他和猎人生活在一起。追赶害他的人，怎么也不会想到一个修行之人会和猎人在一起生活，所以他才活下来了，这一下就是十五年的光景。

所谓人间正道是沧桑。大凡在世上能为人类有所贡献的人，无一不是经历种种艰难险阻、种种坎坷的，这是一个人提升人格、完善人性所不可缺少的。假如做事的时候，你首先看重名利，那你就会被名利所困。如果不能如愿，拿不到名利，你就会痛苦烦恼。这在“八苦”之中叫求不得苦。如果你能如愿，拿到名利，则更是凶险，更加可怕。因为盛名之下，其实难副，这便是灭名。灭名便有杀身之祸。我们看这一代祖师，见性以后还要有艰苦的磨难，更何况到了末法时期我们这些凡夫呢？所以不要做一点事情就觉得了不起，我们应该继续努力去积累丰厚的资粮，他日才能有大机大用。

一日思惟：时当弘法，不可终遁，遂出，至广州法性寺，值印宗法师讲《涅槃经》。时，有风吹幡动，一僧曰风动，一僧曰幡动，议论不已。惠能进曰：不是风动，不是幡动，仁者心动。一众骇然。印宗延至上席，征诘奥义，见惠能言简理当，不由文字。宗云：行者定非常人！久闻黄梅衣法南来，莫是行者否？惠能曰：不敢！宗于是作礼，告请传来衣钵，出示大众。

有一天，六祖大师思惟，我不能总是在猎人堆里藏着，是我弘法利生的时候了，就是机缘成熟了，总不能始终隐居在此，于是到了广州法性寺。当时正好是印宗法师在那里讲《涅槃经》。现场正好有两个僧人在议论风幡的义理。风吹幡动，一个僧人说是风在动，一个僧人说是幡在动，二僧争执不下。这时六祖上前说："是仁者你的心在动。"所有的人都被六祖的话所惊骇，所谓语惊四座。

于是印宗大师请六祖到上座，问了他一些奥妙的道理。印宗大师听六祖讲道理言简意赅，且不著文字相。所谓不著文字相，是他不引用经典，为什么？因为他没读过。他压根就没读过，他上哪里去引用？但是他说的语言从来也不违背经典，这就是用境界说话，这是关键所在。所以印宗大师对六祖说："你一定不是平常人，我久已听说黄梅的衣钵会向南而来，是不是您老人家啊？"

六祖说："我不敢当。"不敢当是一个客气话，不敢当就是正当。印宗大师一听说是五祖大师的衣钵传人到了，立即磕头顶礼。不得了，这是一代宗师啊，他请求六祖将五祖所传衣钵拿出来，让大家看看，昭示大众。言下之意，我们来验明正身啊，境界上我们感觉你很了不起，但你是不是衣钵传人呢，拿东西出来印证。现在非常遗憾，也拿不出什么东西来印证了。

经历了各种磨难，一代大师终于又面向众生，广度有缘，延续佛灯，照亮黑暗，使佛种代代相传至今，要不怎么会有你我在这里一起学习《六祖坛经》的因缘呢？

这本书的前面提到《金刚经》，这里又提到《涅槃经》。印宗大师正在讲《涅槃经》，为何印宗大师会一下就认定来人就是六祖？这与他讲《涅槃经》是有相当大的关系的。

《涅槃经》的内容是什么？禅宗在修证上旗帜鲜明地提出：一切众生皆有佛性，皆可成佛。这对所有的修行人而言，无疑是一个巨大的鼓舞和促进，对后来佛法在世间的兴盛起到了决定性的作用。那么他的理论依据是什么？他说这句话的理论依据就来自《涅槃经》。《涅槃经》是大乘佛法的根本经典之一，是佛在涅槃前一昼夜讲完的，可以说是佛对自己四十九年说法的大总结，也可以说是对他的弟子以及后世众生的最后嘱咐。有机会大家应该好好读，因为那是一个大境界大结局。

小乘佛教遵循空、苦、无常、无我为信条，而《涅槃经》是以常、乐、我、净为依据，和小乘佛教正好反过来。一边是观烦恼，一边是观菩提。小乘是观烦恼，《涅槃经》是观菩提。而这一切全部体现在自心本性之中。《涅槃经》的义理正好给六祖说的“何期自性本自清净，何期自性能生万法”，作了一个最好的注脚。经文说印宗大师正在讲《涅槃经》，刚好又是对六祖的一个法上完备的印证，所以六祖话说出来以后，立即得到了印宗大师的认可，顶礼膜拜。就是因为六祖的思想境界跟他讲的《涅槃经》境界是一致的。

那么回过头来，我们看风动和幡动这个公案，大家都很熟悉。凡是有一点佛教基础的，几乎都知道这个公案。但是真心地心领神会的人还是很少。也就是知道这则公案的人很多，解得的人很少，悟得的人就更加稀少了。到底他在说什么，从字面很容易理解。我们先来看这种自然现象，风吹动了幡，幡迎风摇曳，这是客观现象。然而幡遇风而动，风遇幡而吹，两者必须因缘和合，互为因果，强调一边就是边见。边见就会产生主次、前后。主次、前后一出来，二分法即出现。佛法是不二法门，二分法一出现就已违背佛道。如果看到他们的互为缘起，没有主次，即见空性。把二元同时包含在此中，叫不二法门见空性。

所谓仁者心动是一种境界。憨山大师当年在五台山入定时，由于风太大无法入定。妙峰和尚对他说，境由心造，是你没有真正静下来的缘故。于是憨山大师就找了一个水涧边坐下来，将万缘放下，专听那水声。这是不是有点像观世音听海潮，证耳根圆通而悟道？憨山大师也是走的观世音菩萨的这条路，也是证耳根圆通而见性的。他听这个水声，最后一念不生，水声听不到了，风声鸟声都听不到了。

为什么会听不到？当我们有时间感，把时间分成阶段的时候，世间的一切我们都可以感知到。但当时间成了一个一个孤立的点时，时间在这种意义上是不动的。它是点，不是线段，不是从哪里开始到哪里结束，然后你的不动与时间的不动合一，这便是《楞严经》讲的“能所双亡”，你就可以听不见。这是心灵对外在世界的感觉起了变化以后，于是世界也开始发生变化。境与心是一种微妙的关系，是活的。时间和空间对人而言不是固定不变的。

当憨山大师感悟到这一切以后，他起身来走出去，就感觉风吹过来，身体好像是空的，对风没有阻力，风是穿过他的身体而行的，他已经和山河大地融成一体。尽管他有一个色身，但是色身对他而言，已经没有了滞碍。他走着走着，感觉生命原来是这么奇妙，突然间一念脱落，得大定。他在行走当中得大定。真正的定境来了，挥刀上阵都在，不拘于一种形式。得定之后，他发现外境与自己的内心是分不开的，内心即外境，外境即内心，整个宇宙世界与他融为一体，时间与空间都不存在了。因此说不二法门不是一种理论的立意，是一种境界。不是你要分开，是到时候你分也分不开。

憨山大师出定以后，想起刚才吃的饭碗还没洗，于是拿起饭碗一看，上面落了一层厚厚的灰尘。他感觉的那一瞬间，竟是二十多天过去了。所以说，天上方一日，人间几千年。这叫虚空粉碎。你不能破，你就在虚空里面；破了，你就在虚空外面。我说的这个里外你去感受，这一切都摄于一心，所谓“仁者心一动，万法从此生；烦恼轮回苦，皆因不了道。”了了以后，时间和空间与我们关系都不太大。

六祖出言，一座骇然，直杀痛处，没有回路。所以印宗大师赶快请他上座，这都是有大的机锋，大起大落，这种才能用的。

我想，大家都是有缘人，到了末法时期，整个社会道德沦丧，我们还能有缘坐下来学习佛法，来谈心性，这实在是在座各位巨大的人天福报，是当珍惜，也不要错过此生。

风幡的公案在禅门下，甚至是在整个佛教里面，都占了很重要的地位，你务必要参透它。就是说你不要落于边见，你要是落于边见，然后就出现了风动幡动。当你的思维方式调整到没有对立的时候，你和万法是相融的，万法和你的自性是不相离的，万事都不会有对立。这是我们需要在生命当中去不断体验的，不断地出现对立，不断地去放下。坏的我应该放下，好的我也应该放下，全体皆要放，没有不可放处。这才是一个真正的见道者应见之道。

宗复问曰：黄梅付嘱，如何指授？惠能曰：指授即无，惟论见性，不论禅定解脱。宗曰：何不论禅定解脱？能曰：为是二法，不是佛法，佛法是不二之法。

这几句话说的好得不能再好了。《坛经》其实没有什么要翻译的，文字不那么晦涩，很平白。因为我们看六祖本身就是一介平民布衣出身，再加上他的文化水平也不高，他说出来的话，普通的百姓都能听得懂。不像《心经》二百六十个字，包罗万象，整个佛法的命脉都放在里面了，这时候你要有很好的底蕴才能把它读懂。《坛经》放得很低，却把整个佛法包在其中。你看佛多么慈悲，从方方面面来演化。

这时候印宗法师又问六祖："五祖在黄梅传你衣钵的时候，都是怎么指点传授你的呢？"六祖说："没教我什么。"真的是体现无一法可得。"只论明心见性，既没有讲如何禅定，也没有讲如何解脱。"就一个普普通通的修行人而言，禅定和解脱是最基本的，也是最根本的。连解脱都不论，连禅定都不论，可见得祖师禅门下明心见性是多么至关重要！什么都别谈，这一个就够了。

六祖这样一说起来，印宗法师都不大相信，接着问："为什么不论禅定解脱呀？"六祖说："因为禅定和解脱是二分法，佛法是不二法门。"说禅定和解脱是二分法，千万别解错了，不是说禅定一个法，解脱一个法，是说把禅定与解脱两个同时孤立的是二法。禅定和解脱统统叫二元意识下的二分法，我通过禅定去解脱，我通过消业去解脱，就是说它总得有一个东西，然后和你的生命牵挂着。这个时候惠能说，连这些统统不需要。你就知道，顿教的法门它顿体现在何处，在刹那转向，没有过程，连禅定的过程都没有，连解脱的过程都没有，就刹那转向。真正的佛法是不二的法门，连转身的功夫都没有，当体即是，连最短的那一刹那的距离都没有。

我们看印宗大师正在讲《涅槃经》，他一定认为五祖是教给惠能什么特定的咒语或者禅定的方式了。他犯了一个什么毛病？和前面的惠明一样。惠明说我明心见性，当即了悟，这后面是不是还有别的？

这就说明在明心见性这一刹那下不敢承当。我们再看印宗大师和六祖的对话，会发现一个状况，印宗大师不像惠明那样言下大悟。那就说明，惠明在夺衣钵的过程中，本身就是彻头彻尾的一个迷人，是因为被六祖惠能的几句话点拨了以后，然后大彻大悟。

而印宗大师本来就是一个明白人，在和六祖对话前，已经有了很好的证悟，只是没有大放光明。他已经明心见性了，但是他还有一点不敢承当。这就相当于六祖大师在舂米的时候，说米久已熟了，就欠筛一下了。印宗大师只是一直没有谁来指认他的历程，因为祖师没出现啊，谁还能来印证印宗大师呢？因他不敢承当，所以回过头来再问惠能，五祖还教授什么？六祖非常明确告诉他，不论禅定解脱，就只论明心见性。回答得非常直接，非常明白，没有任何拐弯的地方，没有任何遮遮掩掩的地方。

我们再回忆下惠明和六祖大师前面的对话。六祖说，要论密意，密在你那里，我说出来的统统不为密。如人饮水，冷暖自知。印宗大师和六祖的对话过程，就是他在反复认证的过程。此中，印宗大师法性的光芒不断放大。所以你在看书的时候不要僵死地去读一本经，必须去把经典变成一个活的多维立体的。我每次读经典的时候都在想，什么时候把它变成一个电视剧，我来给它作导演，每一个角色心中的想法，全部都是清清楚楚的，非常明了，非常生动，让未来的修行人一看就知道，他在想什么，他在做什么，他证悟的是什么。

我们回到佛法的根本意义上说，一切佛法的妙用皆从定中出，因为定能生慧。所谓的禅定，从清净心开始一念不生，然后让自己的生命从现实当中进入四禅八定的状况。我们看五祖传六祖的时候，什么时候教他禅定了？没有。五祖传六祖不仅没传定，连解脱这么根本的事都没有提。禅定解脱皆不谈，只言明心见性，这会让社会上普通的修行人对此生疑。

六祖惠能以明心见性作为祖师禅立意下的根本，他把一切的空相说完了，最后留下一个色身给你看，在南华寺留下一个真身示现给后人，你看证悟没有证悟，这实在是一代佛菩萨大悲心，就怕你生起怀疑。只论明心见性，不论禅定解脱，能不能解脱？你看，让你自己去看。你想一想，假如今天没有六祖真身在那里，你有没有可能那样想？六祖的示现就是为了让后人不要有任何的想法，明确告诉你明心见性后的悟后起修就能达到这样的境界，你不要认为顿教里这个色身的转化，是不是还需要很久时间，不要，一刹那即可。千万年的黑暗，一盏明灯即可以照亮，不需要千万年再去照亮。这实在是一个非常殊胜、非常了不起的法门！

为什么五祖传六祖只论明心见性，不论禅定解脱？因为首先明心见性中就包含着禅定和解脱。其次，没有明心见性以前，所修的禅定与解脱都是虚妄的，都是不真实的，只有明心见性后修的禅定与解脱才是真实受用的。换言之，见性以前所修的禅定解脱的一切法，皆是为见性服务的，是见性的资粮。我们把顿教改成渐修，只能这样去理解。

当年临济大和尚，被一个河北的长官问：“你们庙里的僧众平时都念什么经？”临济和尚说：“不看经。”河北长官愣了一下说：“那你们打坐吗？”临济和尚说：“不打坐。”这位长官很是惊讶，又问：“你们不念经，不打坐，那一天到晚还干什么?”临济大和尚说:“叫大家成佛作祖去。”厉害吧!我的徒弟念经打坐都不干,只是去成佛作祖去。这便指的是明心见性。这是宗门的特质,教下没有,所以称教外别传。

六祖这里讲的“只是见性,不论禅定解脱”,这是无上佛法与那些似是而非见解的分水岭。所有的法,我们在修的过程都是在去接近明心见性,相当于一直在敲边鼓。譬如说打坐、念经、念咒,以至于放生、布施等行为,这一切皆为边鼓。敲边鼓的目的是为了敲鼓的中心的。很可惜的是很多修行人边鼓敲惯了,只知道敲边鼓,不知道还有心,就是敲不到中间去,皆在外围转。我经常跟一些同修说,你围着佛绕来绕去,绕不成佛。为什么?因为你绕佛的那一刹那,就是一种希求心,不是去做佛,而是去拜佛,去求佛。

佛是不二法门,有二即不是佛法,“惟此一事实,余二皆非真”。只有这一件事情是真的,剩下的都是为这服务的,并不是说不是法。

当年二祖慧可见达摩要求“为吾安心”。达摩说:“将心来,我与汝安。”你把心拿来,我给你安。二祖说:“觅心了不可得。”达摩说:“我已经为你安好。”这是二祖与达摩祖师之间的对话。三祖见二祖时说:“望和尚慈悲,乞予解脱法门。”二祖说:“哪个把你束缚了呢?”三祖说:“没有人束缚我呀。”二祖说:“既然没有人束缚你,你求什么解脱呢!”没人束缚你,你的解脱从何而来?三祖于是言下大悟。

所以祖师说:“佛说一切法,为度一切心,既无一切心,何用一切法!”这是关键啊。在这个上面用功夫是真正的修行,要不了三年,大放光明,剩下的事情都搞定了。如果这三年你不用来明心见性,你只用来学儒家经典,你只能学一点点的皮毛。你把生命的问题解决了,学问的问题也可以解决。你想要解决的问题,统统在明心见性的后面才对。祖师这话的意思是将凡夫头脑当中一切的对立皆粉碎,无立锥之地,尽显自性。开口就打,动念就乖。你不开口都打你,为什么呢?你有念头,因为妄念下必生妄相。我们也是一个大妄想下的生命,可我们是那么真实地感受到它的存在,接受着它的痛苦。把那个虚妄粉碎了,当下的痛苦统统解决掉。

禅定解脱是为见性服务的,见了性,本不需要这一切。《金刚经》云:“知我说法,如筏喻者,法尚应舍,何况非法!”我们把禅定解脱权且当成法,但是法尚应舍呀,何况非法。见性即禅定,见性即解脱,所以只要见性,一了百了，这就是禅宗的教外别传，祖师禅下的最大特征。那么还有《金刚经》说的“善护念”，还有佛最后涅槃前说的“以戒为师”，这些和明心见性是不是相矛盾的呢？参！

当年释迦佛临涅槃前，佛对阿难说以戒为师。佛在说这话的时候，阿难见性了吗？没有。他要是见性，他就不问这话了。他什么时候见的性？是后来被迦叶逼的，把他开除出僧团，不允许他集结经典，那个时候他一下子急了，明心见性了。

《金刚经》说：“一切贤圣皆以无为法而有差别。”就是不论禅定解脱，不论以戒为师，不论善护念，只论明心见性。因为明心见性当中，全体全包。如果此中没有戒体，你可能明心见性吗？什么叫戒体？我告诉你，就是那一刹那你把心拎起来，想到那件事情，所有的疑团都集中在这里，那个戒体是能量齐发的。它的作用起在什么地方呢？是你在犯错误的时候，才能体会到戒体的存在。

诸如，当你去杀生的那一刹那，心中所产生的那个颤抖，你能够看到自己要犯戒了，要违背佛法了，这个东西叫戒体。戒体是在皈依的那一刹那就在你的生命中存在了，是作为你的第二个生命。然后等你出现问题的时候，它会自动蹦出来，提示你这个做法、想法是不对的。这就是戒体所发挥的作用。

但凡可以明心见性，此中就包括了善护念，包括了以戒为师，包括了禅定解脱。这一切法都与之是不相违背的，实际上法法都是互摄互入，都是不相违背的。一切贤圣皆以无为法而有差别。什么无为呢？就是我奔着明心见性去，可能我最主要的就是需要戒，你最主要的是需要布施。因为我们每一个人的业力不一样，我这个人行为比较放荡，所以我就需要戒，你比较吝啬，所以你就需要布施。这个布施和持戒都是为了明心见性，都是前行的基础。我们皆以无为法而有差别，最后证得的是无为。

我们前面的行为也不是框定的，比如说我们看书。我明明头三章都看过了，我还有必要一个字一个字地看吗？我已经知道得事情没有必要再看了，我专看那个我不知道得。尤其是我们在学传统文化时，我告诉大家，很多书内容都是重叠的。重叠的我就不看了吗？你依然要看，看的是那一点点差别。把那一点差别找到看完了就值了，这一个观点一句话就足够了。就是说，我们看的书要有选择性。当然对初级人来说，应该是努力去看书，应该是全方位去看，因为你全然不知。看不了两三年，你的看书方式就应该改换，就不是你看书，而是书看你了。因为你已经有了丰厚的东西，拿来去印照，印照的过程就是一点就明。

大家知道维摩诘是一个大居士，在《维摩诘经》中有这样一个故事。维摩诘当时生病了，佛派他的弟子们去探望维摩诘，派不下去。派谁去，谁都不敢去。为什么呢？怕维摩诘一句话就把他们问倒，没有回身处，面子没地方放，很难堪。最后，佛派最具有智慧的文殊菩萨带着一帮大菩萨前去看望。维摩诘果然提出了难解的问题："你们都是大菩萨，告诉我什么是不二法门？"在场的三十二位大菩萨皆作了回答，维摩诘皆认为不行。最后文殊菩萨说："你也别难为我们了，还是你来说给我们听吧。"结果维摩诘一语不发，半晌没说话。这时文殊菩萨深解义趣，上前合掌，知道维摩诘已经把法说完了。维摩诘大士的意思是什么？只要出口说不二，就已经是二了，出口就是二法，已经不是不二了。

寂照，恰恰是不二法门的最高注解。我说出来已经是二法，你照出来的才是不二法门。这是在告诉大家一种思维方式，你用这种思维方式去思考人间的事情，在刹那对立的时候能不能包容，你当时能不能转烦恼为菩提。老觉得自己很能，老说我对了，那你就是狗屎。只要一有对立，我执、瞋恚必在。这两点都在，然后才会具有争执。如果还有争执，就真的是粗猛的东西都没有解决，还谈什么细微？你说，我这不是谈修行，我是谈的工作。都一样，不要分开，告诉你不二法，修行和工作怎么能是两面皮呢？修行即工作，工作即修行，我们更不能分开。因为我们这个道场是开在世间的，更是如此。

印宗大师还不过瘾啊，被六祖惠能破了一下相以后，紧接着他又问了。

宗又问：如何是佛法不二之法？惠能曰：法师讲《涅槃经》，明佛性是佛法不二之法。如高贵德王菩萨白佛言：犯四重禁，作五逆罪，及一阐提等，当断善根佛性否？佛言：善根有二，一者常，二者无常；佛性非常非无常，是故不断，名为不二。一者善，二者不善；佛性非善非不善，是名不二。蕴之与界，凡夫见二，智者了达，其性无二。无二之性，即是佛性。

印宗大师又问："到底什么是佛的不二法呢？"六祖说："法师你讲《涅槃经》，你若是见性讲《涅槃经》，即是佛的不二法。"那我们换一句话说，如果没见性呢？你还是讲《涅槃经》，便是讲的二分法。六祖大师告诉他，就像《涅槃经》中说的，高贵德王菩萨白佛言：若犯了四重重罪，即杀、盗、淫、妄，犯这四种根本戒。“作五逆罪”，就是杀父、杀母、杀阿罗汉、破和合僧、出佛身血这五逆。梵语“一阐提”为“信不具”，就是对佛法没有信心。诸如此类罪，在佛教之中，皆属于不通忏罪。不通忏就相当于说定业不可转，带有这个含义。

通常在现实生活当中，不仅仅是修行人，包括非修行人做错了事情然后忏悔了，一样具有忏悔的功德，只要忏悔便有消业的功效。我们时常在世间讲，滔天大罪不过一个悔字，有时候僵持在一件事情上，会僵持很久，但是一念忏心起，这个事情马上就烟消云散，就像冰遇到火。常怀有这样忏的心，修行起来是很方便的。常怀有傲慢心，心里很坚硬的，不愿意放下自我的，修行起来是比较慢的，这在现实当中都可以看到的。

所谓的不通忏非常微妙，凡是犯上述这些重罪的，基本上是不愿意面对忏的。所谓的不通忏，首先是自心不通忏，其次才是没有忏的机缘。自心不通忏，就是这个罪业一旦犯出来了，通常都不愿意忏，包括修行人在内。照道理讲，忏是修行人的法门，在执著和痛苦之中转念就为忏，没有对错。谁对谁错啊？世间用二分法去看待的时候，已经存在问题。

这时就看谁的本事大，看谁转念转的快，看谁的修行有资粮。转身转的快，说明你的能量具足。一个人在修行的过程当中是否有利益他人的心，怎么检验呢？就是出现事情的时候，境界现前的时候他能转的很快，不愿意僵持。能够包容别人的时候，你就知道，他前边做的事情是以无我的精神利益他人了。我们在这刹那去体验是即因即果的，这一刹那你所表现出来的情态，是对前面好一段时间的总结。

每个人当在遇到坎、遇到困难时，随着各自所走过的历程，所积累下来的道资粮不同，有的人会觉得非常轻松，没有感觉就过来了；有的人会稍有感觉；还有的人要非常努力才能把这一个坎攀过来。每一个修行人都会在修行过程当中遇到诸多的问题。在遇到问题的时候，谁能显得比较超然呢？就是做事的人，做事的人能占大便宜。为什么？因为他有更多的机会使他的心灵与现实去碰撞。

在碰撞的过程当中，你一定要想清楚自己是怎么想的，是不是用了二分法的方式去思维了，二分法在生灭之中，即便我再对都要死。我把二分法破除以后，就进入了佛的不二法门，我就受用无穷。通过这件事情，我有了一个更好的思维方式把自己提炼出来了，这个事情就已经过了。为什么这么说呢？因为人超越了。

如果说最后事情都做得很好，人却是一塌糊涂，还在矛盾和是非之中，这个事情已经败了，不要再做了。因为你做所有的事情最后都是为了救人，不是为了救物。千万年的楼房都有塌的那一天，再高的庙都有最后塌的那一天，但人的超生是真实不虚的。不是为了造船，是为了度人，千万不要搞错掉。不要在造船上拼命用功夫，有船就能过，过了就很好。彼岸、此岸就是如此。

当有重罪的时候，往往是不通忏，不愿意面对，会给自己找很多的理由，这样就会一层一层地蒙蔽起来。在平时、在过程之中，要不断地放下，不断地放下，大的事相来的时候，才能放下。如果是在平时都斤斤计较，事情都卡在上面，最后遇到大是大非时就能过去，那是不可能的。

在佛法中有一个发露忏悔法门。这个发露忏悔实在是一个很慈悲的法。就是当着所有的人把自己最丑恶的那一面说给大家听，说出来当即就可以忏，当即这个业就消掉了。你一想，这个太便宜了，只要说出来，业就消掉了。方便吧？但是很困难，你不信我们搞一场试试。说到自己最关键、最痛处时，真的是要痛哭流涕的，说完以后顿然之间感觉自己身体轻盈得要往上飘，这就是消业的感觉。

可是它这里面问题多多，到了末法时期，这么殊胜的一个法却很难实行。为什么？诸如我们这里面谁要是有勇气站出来发露忏悔，说了一番，要不了明天他的事情就传出去了，那还叫发露忏悔吗？忏悔完了，新的烦恼又增加了。这是周边人的德性不够，这里面实在会有很大的问题。所以你依止哪个法门去修行，最好去跟你的上师去忏，这个是来得最快的。忏的方法是很多的，但如果心不愿意去忏，去回避问题的时候就很难办了。

这里六祖引用《涅槃经》中高贵德王菩萨问佛的一段话："如果是造了四重禁、五逆、一阐提等这样的重罪，是不是佛性善根就断了呢？"佛回答说："所谓善根有两种，一种是常，一种是无常，可是佛性没有常与无常的分别，所以佛性依然不断，这就是不二法门。其次，五戒十善是善，五逆十恶为恶，佛性不善亦不恶，所以是不二法门。"佛性不言这种善恶，因为为善是升天的。那你就不为善吗？那你又错了，还是不对，佛性不论善与不善。

“蕴之与界，凡夫见二。”蕴即是色、受、想、行、识五蕴，界是六根、六尘、六识，一共是十八界。五蕴身碰到外在的世界就会起相，起了相就出现了你的状态，你的状态便是你现在的命运，但这都是虚妄的。可都是虚妄的，你还在承受着，都在承受着虚妄。你看多别扭，但确实就是这样。

六祖说：“凡夫的蕴和界都是二见，凡夫看这五蕴十八界是遇缘即染的，不管是什么缘分，统统是对立的，不是合的。而智者看五蕴十八界无二无别。”看你的包容性，并不是看你的矛盾、善恶、真假、好坏。六祖说：“无二之性就是无分别性，即是佛性。”当五蕴面对十八界无分别心，不起任何的分别执著时，即是见到佛性。现在以五蕴不染十八界来做六度万行的事情，这即是可以明心见性的。这里六祖回答印宗法师的话，既肯定又简明清楚。你以明心见性的状态去讲法，即是不二法门。

我们这里说公案，讲禅门的经典，我们对法的态度决定了我们每个人听的档次，如人饮水，冷暖自知。这一刹那你所听到的，你所吸收的，如果仅仅是结了一个善缘是远远不够的。当下你要有一个心态，你要在这里获无上智。你把万缘都放下，其他所有的想法都不要有，只想着自己要明心见性，需要把这个理放到自己的生命当中去实践。这一刹那实践，这一刹那明心见性；下一刹那实践，下一刹那明心见性。当中你只要有遮挡，便有了时和空的距离。时空一拉开距离，那么你的见性就遥遥在他日，拉得越远，这个时间就越长。这一刹那什么想法都没有，这一刹那就应该见。

所以，我在讲了这么多的内容，下等的人将它当教训去吸收；中等的人把它当成故事，可以提前警示自己；真正的参学者必要疑情、移情，只有当故事的主人翁成为自己时，这一切才与真正的生命相契合，就是你才真正用得上。

譬如说我现在在谈六祖惠能和印宗法师的交道，这一刹那你听我讲，然后你只好把我当成六祖你是印宗，我们之间彼此映照来映照去。你要有这种映照的心情，疑情移情，先是提了一个疑。像印宗法师所问的问题，都是你想问而问不出来的。你没有这个智慧问，他提前替你问了，他已经把你往前大推了一把。这时候你连印宗法师的境界都达不到，你何以谈明心见性啊？印宗提疑，你务必把它当成你的，把他变成你自己，这一刹那，在你和我契合的这个过程中，你去体谅、感悟一下他的心情，然后那个东西出来了，这时候你才与经典契合。如此，我也没白费劲，你也没白费劲。

在禅门中修行没有任何的标准答案，一万个人一万个答案，一万个人一万个见性的方式，也没有一个应该同修什么的概念。在禅门中，在禅师面前，同一个人会有不同的说法，不同的人会有同样的答案，统统是用境界说话，装不得、欺不得。思虑、推理都不是境界，只有在剑锋相交、电火石光间，一个人的真实境界才会显露。就是刀架在你的脖子上面，这一个电花一下子刺过来，那一刹那，你的心灵的状况去与它契合，然后才能进入禅的思维。我讲到这里，才算是沾到所谓祖师禅的一点边。

因此，我们回过头来去体验德山棒、临济喝，都是两刃相交，棒喝临头，你究竟如何？也即是生死面前，你究竟如何？一棒打过去就是使你死，不要等到真死的时候你死，那个就没戏了。这一刹那你提了满肚子的疑情问："师父，什么是佛？"师父这"啪"的一棒子就是往死里打你，一点都不留情的。这是什么？就是生死面前看你想的是什么，死到临头这一刹那你都超不得，你就没戏了。他是这样逼你的，把你赶到这个境界中，然后让你去体悟。

我现在打不得，打一个跑一个，因为这是灭命。师父让徒弟去灭命时，都是逼到那个你真的不想活的那个时候，那个东西才容易迸出来。但是不是果真都需要这样的呢？这只是一种情态，它可以进行一种转换。我们这里就不可能用这种方式。那种速度肯定快，我们现在这种速度肯定慢，这是毫无疑问的。在任何时候都是省力不省功，省功不省力，你就得拿时间去换，你就得把顿教变成一个渐修。渐修的任何的一个过程只要有机缘，刷的一刀就过去。但是这种机缘，还要大家在日常广修福田。

印宗闻说，欢喜合掌，言某甲讲经，犹如瓦砾；仁者论义，犹如真金。于是为惠能剃发，愿事为师。惠能遂于菩提树下，开东山法门。

印宗大师听了六祖如此说法，非常欢喜，恭敬合掌，说："我从前讲经就像砖头瓦块一样，没有光彩，照本宣科，死气沉沉，没有生灵活泼的东西。为什么这么说呢？六祖讲法叫不假文字相。

假文字相是个什么状态呢？比如说，我现正在讲《金刚经》，《金刚经》里的"善护念"是什么意思呢？按照自己的境界翻译一遍，就是善自护持自己的念头。说完了以后，接着就说了，在唐朝的时候，玄奘法师说"善护念"

是什么意思，到了宋朝，某某法师又说是什么意思，后来某一法师又说是什么意思，一共搞了十几个“善护念”，就这样的，“善护念”讲完了。所谓的如瓦砾之讲就是这样，看上去讲得很全面，很负责任，把人家的都交代出去了，自己没有问题，这实际是自己不敢承当。讲的时候没有激情，没有在自己的证悟下去讲，光想着自己少承当一点儿，那还不如不讲呢。

印宗大师看六祖讲法不假文字，以心印心，什么都不立，就把道理讲出来了，所以欢喜合掌，高兴得手舞足蹈，高兴得情不自禁，因此说：“哎呀，我过去讲的经，就像瓦砾一样没有光彩，而您讲的道理就像金子一样闪闪发光，生灵活泼。”于是，印宗大师为六祖惠能大师在法性寺落发，并拜六祖为师。六祖大师随后就在法性寺的菩提树下开东山法门。

从中我们可以看到一代大师的高风亮节。印宗大师是那一片佛教的领航人物，但是他没有知见，没有固化的东西，没有自以为是的东西。否则的话，你惠能连发都没落，连皈依都没皈依，出家都没有出家，然后你就跑到我这里来，我还得拜你为师，我的徒弟都得让给你，这算什么事啊？但是，印宗大师没有这么想，而是欢喜合掌。印宗大师所有的世间凡情都不论，只论明心见性，只论众生是否受益，这实在是很伟大！

惠能于东山得法，辛苦受尽，命似悬丝。今日得与使君、官僚、僧尼道俗，同此一会，莫非累劫之缘，亦是过去生中供养诸佛，同种善根，方始得闻如上顿教，得法之因。教是先圣所传，不是惠能自智，愿闻先圣教者，各令净心，闻了，各自除疑，如先代圣人无别。一众闻法，欢喜作礼而退。

这是六祖大师把他自己的生平用最后一段话又概括一遍，告诉大家：“我在黄梅东山弘忍大师处得法，受尽千辛万苦，生命像游丝一样危险。今天我能和大家一起同在此聚会，这是我们多生以来，曾经在佛前同种善根的因缘。”我们看这个人员结构，官僚、僧俗，当时的佛法在社会上已是非常昌明。我们把六祖的这话搬到我们现在的这一堂人，搬到我们的网上听众，也可以用，因为我们同种善根，所以有此因缘。

六祖说：“一定是过去劫，过去生中供养诸佛，同种善根，才能有机会闻这无上顿教法门，这是累劫久修得法之因。佛教是以前的佛菩萨所传，并不是惠能我自己的智慧。”这就是说，他是依教修行的，是有前人可以作印证的。

在我们这一劫当中，只有释迦佛是自觉，剩下的人都依教修行，都是有印证的。不管你是怎样修，都不是自我觉悟的。只有释迦佛是自觉，后人皆因佛法而修行。

六祖说："如果大家愿意听闻佛法，应当首先清净自己的心念。"说要清净自己的心念，说这句话有一个历史背景要交代。在当时中国的社会，文化昌明，达官文人几乎人人都懂易，都通道家、儒家的经典，都有自己的见地，同时也有很多修行的法门。在这个时候，六祖来传顿教。这顿教法门是因六祖而弘扬光大的，在此之前都是以一传一，到六祖之后，才"一花开五叶，结果自然成"。

所以，这里六祖强调："大家听法后，便应该去除你对佛法种种疑惑。"最主要的是去除什么疑惑呢？就是对顿教法门的疑惑。在当时的社会环境下，大家对渐修法门是不疑惑的。六祖说："对顿教法门，大家应该建立起绝对的信心，不要去疑惑，就好像是佛菩萨所讲的一样。"因为六祖讲的是祖师禅。什么叫祖师禅？就是释迦牟尼佛再来！没有佛再来，祖师禅是言不得的，顿教法门是无法言的。

与会所有的大众听了六祖的讲法，都非常欢喜，恭敬合掌。"一众闻法"，所谓"一众"，就是一堂人，所有的人闻法欢喜作礼而退。我们超越了时间和空间让我们与顿教结缘，我们一定是有累劫千生的这种因缘，所以我们是当珍惜今世的生命，一定努力修行。我坚信你们人人可以见性！

般若品第二

般若是梵语的译音，是指自性中本具的无漏智慧，超越世间普通的智慧，大乘佛教称之为“诸佛之母”。对何谓般若之智，如何修习般若之智，世人存在种种的误区。针对这种情况，六祖强调说：菩提般若之智，大家本自具足，在佛不增，在众生不减，就因为有执著，所以产生了诸多的迷惑，不能够悟得自己清净的本性，须依靠大善知识来指示引导见性。心量广大的人可以周遍法界，心含万物，当用之时，全体了了分明，物来则应，便知一切的来龙去脉、因果缘由。一切即一，一即一切，去来自由，心体无滞，即是般若。

开演般若波罗蜜　摩诃自性含万法

次日，韦使君请益。师升座，告大众曰：总净心念摩诃般若波罗蜜多。复云：善知识！菩提般若之智，世人本自有之，只缘心迷，不能自悟，须假大善知识，示导见性。当知愚人智人，佛性本无差别，只缘迷悟不同，所以有愚有智。吾今为说摩诃般若波罗蜜法，使汝等各得智慧，志心谛听，吾为汝说。

讲完行由品的第二天，韦使君请六祖开示佛法。于是六祖升座对大众说："现在大家要净心念摩诃般若波罗蜜多。"他说的净心念并不是口头念的意思，是你要用智慧之心去念。

六祖接着又说："善知识，菩提般若之智本来大家都是具足的，在佛不增，在众生不减。就因为有执著，所以产生了诸多的迷惑，不能够悟得自己清净的本性，须依靠大善知识来指示引导你见性。当知在世间有愚人和智人的差别，而愚人和智人的佛性却没有任何差别。只因为迷和悟的程度不同，所以才分出了贤愚优劣的差别。"

不是说一个智者就具有巨大的能量，一个愚者就没有能量，菩提自性都是平等的。只因为迷和悟的程度不同，并不是本自有的差别，其本质是相同的。

六祖在开坛讲法的第一天讲的是行由品，就是讲他整个得法的经过。第二天就讲般若，可见宗门下般若第一。他先要对自己的身世有一个交代，否则，人家怎么知道他是六祖呢？我们可以作一假设，假设五祖当时怕别人伤害他，没有讲清楚，当时没有对众人讲："我的这个衣钵已经南行，能者得"，那大家就可以栽赃他了，说是你惠能把袈裟偷走的，这能说清楚吗？说不清楚。所以五祖大师要给他一个明确的认证，这个袈裟就是我传给他的。因为六祖是一代祖师，他要明确地把这些交代清楚，给他后来说法铺下一条道路。所以等到他开坛讲法时，他先把自己的身世交代清楚了，然后首先就讲般若。

般若在宗门下是祖师才讲的，其他的讲经都是渐修，如讲唯识，讲中观，讲四谛十二因缘。宗门下言般若不仅在文字上、思维上、理论上，更可贵的是在师生关系上和生活中时时刻刻的那种碰撞。所以往往宗门下叫口耳相传，是写不得书的。这种东西你写成书然后一读就不是了，和你当时心性的切入点就不是了。我们在生活中也会有这样的体会，可能我们在读经典的时候会有所感悟，然而没有与高僧大德面对面交流时契合你的那几句话来得真实受用。

佛是因病而开药。佛是大医王，因为你有病，所以他开出药方。我们在药房里买的中成药，大家普遍地吃。这和医生给你把了脉，然后专为你开了药方，能是一回事吗？肯定不是一回事，这之间有很大的差距。医生把脉开出的药，更切中于你。真正的成药带有普遍概念，不具有个体化的差异这种概念。在宗门下依然如是。这个带有普遍性的东西，通常离见性还有一段距离。所以，千百年以来在这个传承之中，一直强调的是口耳相传。

作为一位具格的上师是用般若智慧心，就是空性的没有执著的这颗心去影响后学，以一种生灵活泼的状态让他的徒弟、周边的人，去接受禅的这种状况，在动身发语、扬眉瞬目间尽显佛法。所以禅门是行门，不是解门。说我理解了，通常理解和禅没大有瓜葛，是你要身体力行的。宗门下是让学人直接转身，没有过程，不要拖泥带水，不要绕来绕去，不是在理论上、学问上、打坐上、念经上，而是在自心上。那是否就不需要打坐念经，不需要理论实践了？打坐为了心灵，念经为了心灵，学问为了心灵，这一切都是为了转化心灵。如果离开自心，然后心外求法，那即不是佛法下的修行。

六祖说："菩提般若自性，世人本自有之。"菩提般若自性，世间的人从根本上都是有的，是没有差别的，让你不要去怀疑，当下认证。菩提自性是本自具有，为何不能显了自性呢？就因为心有执著而迷失自性。像桌子、木头的本性都是一样的。你盖上布了以后它看上去感觉不一样，但是桌子它木的本性没有差别，也不会变，只是外在蒙上一层东西。那么生命的自性只是蒙上不同的外在，而产生了各自不同的差别。

因为把自性蒙蔽了以后，所以看不到自己是与伟大的宇宙合一的。怎么办呢？那只好依靠大善知识来引导你去开悟，去见自己的本性。大善知识其实没有什么玄妙的密意相传，只是往心内去指，并不是往外去指。一切法的建立都是为了让你证心的，也都是为着让你能够超越的，他只是一个指路人。他把他的心理路程指证给你，帮助你的心回到自己生命本有的家园，让你认识自己而已。

在佛教中，小乘讲缘起，讲四谛十二因缘，大乘讲中观、唯识，而禅宗不言这些，是将这些问题直接向上拎，在实践中去观照你当下一念。我根本就不要跟你讲这个属于中观，那个属于唯识，根本就不要这样去分别。当你观到当下一念的时候，即是唯识即是中观。当观到当下一念，说“我已经空掉了”，只空掉了不行，你这个还只是唯识，你把中观要跟它合一，你不要执著于空相，这时你回到了中观。即当下这一念既包含唯识又包含中观，大乘佛教的义理都在这一刹那的心性当中可以全体体现。

譬如说，我拿起这个茶杯，把它从麦克风这儿绕过来往这一放。这个动作很简单，但是你要用文字把我这么简单的动作去描述出来，要很多文字。与其我去描绘动作，不如做给大家一看，一刹那大家就可以明白了。唯识、中观是一样的，你要把它放在文字上去谈心性的时候，它会很复杂，它会分析得很清楚，然后让你一点一点地去剥落。其实到现实当中就这么简单，你不需要再把它推究到一个道理上，然后这个道理再回到自己的实践当中。

在密教修金刚萨埵百字明咒法时，前面有很长一段偈颂：“于我庸俗头顶上，白莲月垫之中央，吽成金刚萨埵师，皎洁受用圆满身，双运慢母持铃杵……”每一句话就是一个观想，非常复杂。你如果一刹那能全体想起，就不要念，念就是为了引发你的观想，它就是观的一个门。前面的偈颂是拿来撑托你的观想的，一旦你观想熟练了，你觉得还有必要去执著于那个文字，不断地去念吗？文字的意义不是要你拿来执著的，它是一个桥梁，法尚应舍，何况非法！

禅宗是在实践中观当下一念，它并不摒弃缘起、中观与唯识，而是建立在此基础上，不是纸上谈兵，不是说我把它流于文字然后反过来再映照我。文字的本身是来提示我这个生命怎样去做的，你只要做到了，这个文字我可以放下。你不要忘了，凡所有相皆是虚妄。一切法都是筏喻，你在修行当中要懂得举一反三，要懂得翻来覆去，去历练你的智慧。缘起、中观与唯识是本体的作用，一切都不离自性，不是离开自性还有一个缘起法被设立在心性之外。缘起即空性，空性即缘起，它和心性是合一的。这才是真功夫，要实修实证。

六祖说："佛性没有不同，只缘迷悟不同，所以有愚有智。我现在为你们说般若波罗蜜多法，使你们每个人都能得到自性之般若波罗蜜多智慧，你们专心致志地听着，我说给你们听。"

善知识！世人终日口念般若，不识自性般若，犹如说食不饱。口但说空，万劫不得见性，终无有益。

六祖说："善知识，世间所谓的修行人，一天到晚口中念着般若，却不知自性即是般若，这犹如一个人饥饿时不断地说，我要吃饭，我要吃饭，这终究是不会饱的。就像修行人口中说的是空，但是却不去实行，万劫都不得明心见性，最终对你没有任何益处。"

有一些人，嘴上说着我这也空了那也空了，可是遇上一点鸡毛蒜皮的事就跟人扯不清，一点事情就放在心头放不下，不要说再跟社会人去谈六度万行，无缘大慈，同体大悲了。别人说两句不好听的，都要记他几十天，乃至于现在到了中年了，小时候谁欺负我一下，都能记住，都耿耿于怀，那修什么啊？根本就不要谈修，普通人都不如，根本就不是修行这个队伍里的人，因为他连基本的感悟都没有。

我们都问下自己，经历了如此这般的人生以后，真的放下了吗？骗别人是没有用的，不干别人的事，最后你要带着这个包袱和业障离开这个世界。所以如果你只是口上说着空，可以骗得了世人，但是骗不了自己的生死。因此说，口但说空，却不去实行，万劫都不得明心见性，终于对你没有任何的益处。口中说着自己是一个修行人，在修般若，但是万念放不下，事事执著，修什么？没有用的，这对你的生命不会有任何的好处。

很多的修行人在修行的过程之中，自己的事情都担待不起来，还需要别人帮助，那么怎么谈回向呢？这不是钱的问题，也不是物的问题，你能不能拿出自己的能量给别人呢？拿不出来啊，因为自己还没搞定，自己还需要别人帮忙，这个时候你有什么力量给众生呢？所以要自问，自己修了这么多年，转化没转化？转化了，就应该有个转化的迹象在。譬如说，我从前身体不好，现在身体好了；我从前命运不好，现在命运好了；我从前周边都是违缘，现在都是善缘了。这就是谈转化呀。我们必须如实地去面对自己的生命，如实地看自己，哪些转了，哪些还没转，哪些是业力深重的地方，我尽管用了很大的力量，但是还没有转成，那正是要努力转化的地方。

禅门的重点即在于识自性般若。所谓证得实相就是彻底地认识了自己，也彻底地认识了宇宙。没有彻底地认识宇宙，是因为没有彻底地认识自己。如果你不从认识自己入手，而去认识客观宇宙世界，你认识完吗？宇宙大千世界，万类霜天，你去认识哪一点？你学完物理去学化学，学完了化学再去学生物，学完了生物再去学哲学，然后你要全能，全能以后你再看，噢，原来这个学科是这样的，来得及吗？来不及，你不如先把自己搞定，就是先回到自心当中去认识自我，认识生命，回过头来看生命和宇宙是一体的，然后去认识这个宇宙世界，一览众山小。这是禅门的伟大之处。如果你是建立在认识宇宙世界上面，而不是从认识自己下手，那你就慢慢来吧，一点一点走吧，所以六祖说，不识自性般若，万劫不得见性，终无有益。

唐代有个和尚问长沙岑禅师："亡僧迁化后，什么去处也？"就是你圆寂后打算去哪儿？长沙岑禅师就作了一首偈，回答他的问题："不识金刚体，却唤作缘生；十方真寂灭，谁住谁复行。"长沙岑认为问他的比丘因为没有认识到这个金刚本体，就只有从现象上谈谈缘生法而已。如果真正达到了寂灭大定的境界，缘起又在什么地方进行呢？空性不离缘起。

明白这个道理，可以用来改变我们的命运，回到空性当中，重新建立新的缘起。比如说我们重新开始为善，重新开始修六度，重新开始修行，一切的行为都是重新建立缘起。然而，什么都没有，在空性当中不生缘起。当缘起无住，就是无所安住的时候，解脱在即！缘起为什么无所安住？我只要动身发语，举手投足，便缘起，便是空性下的缘起，为什么无所安住？因"应无所住而生其心"啊！就是我做，当下我做完了以后全了了，全体放下，什么都没有，则全体放下全体有。

生命是空性的，但是不断地安住缘起，然后不断地让你产生命运，产生阶段。如果你想把这个缘起灭掉的话，那就是此一刹那的空，彼一刹那的空，然后是瞬间的空，这时候我们的生命将超越时间和空间对我们的限制，三心不可得，"过去心不可得，现在心不可得，未来心不可得"。当缘起无所安住的时候，我们的解脱在即。这里再重复强调一遍，提醒大家。

我觉得还是雍正皇帝的办法好。雍正是皇帝，也是一代禅师，他的很多臣子就是他的徒弟。他的徒弟在打坐时，他手里就拎着一把宝剑，看哪个徒弟在那里东想西想，就把宝剑往他头上一搁，要么见性要么死，就是这样。就是说你可以死在这里，但是你不可以不见性，因为这个事大呀。

善知识！摩诃般若波罗蜜是梵语，此言大智慧到彼岸。此须心行，不在口念。口念心不行，如幻如化，如露如电。口念心行，则心口相应。本性是佛，离性无别佛。

六祖说："善知识，摩诃般若波罗蜜多是梵语，这句话的意思是用大智慧到达解脱的彼岸。这个法的前提是放下万缘，空了一切，口念与心行要相应。"我在讲《金刚经》和《心经》时一直在说，心口之间盈尺皆不相应，叫口是心非，何以通天呀？所以首先要把自己搞通，然后才能去通天。当知自性便是佛，离开自性向外找，是没有佛可以寻到的。如果离开了你的般若的自性，到外边去寻找一个佛，希求一个法来给自己加持一个佛的感应，这个状况我给你讲，见相即见鬼，不管你见的是什么相。这是宗门下的特征。如果你口中说般若，心却不照着般若去观照，自性被无明所遮，这样的修行终无益处。

"摩诃"，翻译过来是大的意思。不是虚空宇宙广大，而是将虚空宇宙的大能够放到心中，这个大有弥合之意。所谓芥子纳须弥，一粒谷子它可以把整个的须弥山容纳进去，那么你的心也照样可以把广阔的宇宙容纳进去，这叫芥子纳须弥。因为一切虚空的广大，都体现在你的心中。我们会感觉我们生命很狭小，很窄，那是因为我们的心窄。

密教里秋恰堪布是二十世纪伟大的成就者之一，他这一辈子就待在一间小木屋里，只有四五平方米，空间非常狭小。他没有积累任何财产。他的生命可以在很小的环境里面生存，但是他的心量无比广大，虚空也约束不了他，最后虹化而去，完成了生命的超越。

我们再来谈芥子纳须弥，一切虚空的广大都体现在人心之中。如人站在广阔的大草原上，蓝天白云一望无际，可心中的烦恼障碍，并不因为眼前的辽阔而有丝毫的改变。很多人痛苦的时候说去旅游，你躲得了境，躲得了心吗？换环境是没有用的，要换心呀。可能你在看到大草原这一刹那心里很舒坦，但是心不转，回来烦恼依然如是。相反，一个人身居斗室，却可量包天地、心含万物。

当然最终这个虚空也是要粉碎的。虚空只是我们心中所呈现的一个相，终其根本也是你的念头变现的。如果你的念头变了，虚空也随之变化。我们认为它窄，它就无比的狭窄；我们认为它宽，它就可以无比的宽阔。你的心有多宽，你的道路有多宽，你的生命就有多大的意义，是相得益彰的。反之，你的心是窄的，你的环境就是窄的，然后你所具有的生命的意义也是非常狭窄的。

这是佛教的一种理论，但今天的科学对它有所验证。在爱因斯坦的相对论中谈，时间与空间不是固定不变的，而是一个变量。佛家讲，时间和空间确实是一个变量，它依着人心而变，依着人心的大小而去变。你的心有多大，你心中认知的宇宙就有多大。

有很多人没修几天，说看见这，看见那，你千万不要上这个当。凡是所见到的，都是有限的。我们的心等同虚空，是广大的，很多的事相是通过我们的心进入虚空的状态去转化的。连虚空都要粉碎，所以《金刚经》说："凡所有相，皆是虚妄。"因此说，当看到这个，看到那个时，你不要执著，让它轻松地过去，它可能在某一阶段对你有一定的提示，你千万不要执著，执著即停止，执著即有缘起。

《金刚经》还说："若以色见我，以音声求我，是人行邪道，不能见如来。"六祖就是让你确立自性真佛，自性解脱，离开自性没有别的佛好言，没有别的佛可以去承当。所以你自心才是真正要拜的佛，一切往内求啊。外在的一切形式，从来也不是佛的需要。

比如说你磕一个头，磕三个头，磕一百零八个头，关佛什么事！是你自己在修行的过程当中，要不断地放下我慢。当你的头贴住大地的时候，你的慢心就放下了，磕头是在消你的傲慢的业障。当你磕头的时候，没有磕到底，只差一点点，只差一寸，那这一寸，就是你的傲慢的业障。进到庙里布施的时候，是在放下我们的贪欲，是在对治我们的贪。佛教所建立的一切仪规、方式，行门下的东西，统统都是为转变你的自性而设立的，并非是佛菩萨的需要。佛是不作为，他没有什么作为。佛不持戒，因为佛不犯戒；佛不禅定，因为他时时在禅定中，这一切的状况他已经超越了。

真正地建立在解脱自性上的修行，才有真实意义。我们周边的同道、老师、高僧大德，都是我们的一面镜子，我们应该主动地自照。面对这个社会，我们有很多的障碍，这些障碍你要自己清楚地看到。并不是你犯了所有的错误，老师都会给你指出来的，你有太多的不可说的地方。当你心中尖锐的时候，别人还有什么好说的呢？说的目的也不是为了嘴痛快，是为了让你改正，如果你不能接受，说它干什么！所以你如果是一个聪明的有智慧的人，所有的人都是你学习的榜样。

子曰：三人行必有我师。我告诉你，人人都是我的老师。因为你可以从他的正面去吸收，也可以从他的反面去吸收。当他犯错误的时候，也是你的老师，在警醒你千万不要犯这样的错误，这不是你反面的老师吗？所以，你只要长了一双智慧的眼睛，就时时可以修行。你自己要好好地观照，要有一颗灵明的心，要懂得自转。

你如果能够自转，就念念在修行，这哪有不成的？我们在念念的转化过程之中，不离自性，不离缘起，不离空性。要把不善的缘起依着空性去转化，你要知道它是空的。当你执著这件事的时候，其实这件事是空性的，因为万法的本质是空的。你能在万有的因缘之中看到万有的空性，当即去转化，我们才能像六祖说的确立自性真佛，自性解脱，离性无别佛。

你的自性如千江有水千江月，外面的一切都是对你的一个映照。今天我们有一堂人坐在这里听课，网上还有比我们这一堂人还多的人在听课，这都是我们自性所显现的。实际上终其根本，当我们的心性转化的那一刹那完成了，这一切也依然是空性。离性无别佛，一切相都是不可执著的。我就谈对境界追溯的一种状况，大家依旧会犯这样的毛病，那就是“猴子捞月亮”。听到这一句好，就认为下一句肯定会更好，看书的时候看到这一句好，紧接着就往下面更深入地去捞，其实这种心态皆不是修行人的状况。这非常像惠明和印宗大师的状况，就是已经见性，但是不敢承当，就问了，还有什么法没有？都见性了，剩下的就是你自己去保任了。

何名摩诃？摩诃是大　心量广大，犹如虚空，无有边畔，亦无方圆大小，亦非青黄赤白，亦无上下长短，亦无瞋无喜，无是无非，无善无恶，无有头尾。诸佛刹土，尽同虚空。世人妙性本空，无有一法可得。自性真空，亦复如是。

六祖说：“什么叫摩诃？摩诃就是大的意思，心量广大，就像虚空一样无边无际，没有形状，也没有颜色，也没有尺寸可以衡量，也没有瞋恶，也没有欢喜，无是无非，无善无恶，无头无尾。所有的佛土与虚空等同。世人的根本妙性本来也是空的，没有一法可以得了。自己的真如本性也和虚空一样本来无一物。”

这一段话与《心经》的义理吻合。“观自在菩萨，行深般若波罗蜜多时，照见五蕴皆空”，所以才能“度一切苦厄”。能够转一切苦厄的前提是照见五蕴皆空。如果五蕴不空，怎么度一切苦厄？“是故空中无色，无受想行识，无眼耳鼻舌身意，无色声香味触法，无眼界，乃至无意识界”，这是从证量上去谈佛的境界，把一切的有相统统地破掉，将这一切世、出世间法一扫而空，你不要执著任何一法一相。这一切的一切，亦无所得故，都是无所得的。世人都是空到如此的时候不敢承当。

很多人在跟我讲，修行太复杂了、太难了。我说你正好说反了，它太简单了，不是复杂，是你简单不到那种程度。如果用我们思辨的意识去想，就越想越复杂，越往高度去追加的时候就越不得其门而入，所以他就感觉到愈发复杂，愈发困难。其实真的不难，你只要去简单试一试，放下试一试。当你越简单的时候，你和法越是相融的；你越复杂的时候，你和法越是拉开的。所以《心经》说：“以无所得故。”世人当下是不敢承当的，修行明明就是为了要得法成佛，都是以有得之心来修的，怎么能说是无所得呢？

《道德经》中说：“为学日益，为道日损。”为了学习，要不断地去增加知识；但是为了修道，要不断地丢弃。这是说的一体两面，实际上它是一体的，就是你在增加知识的同时，会不断地丢弃，这个过程是同时的。当体即是增加，当体即是减少，你增加的目的是为了减少，此中我们去体验。

世人为何空到如此会不敢承当，那是觉得没有依靠，没有抓手。你想，我空，法空，六度空，佛空，这可怎么修啊！全空了，我们还正在行六度，可是六度也是空的，这太可怕了。这很可怕的感觉是因为没有抓手。没有抓手本身是什么？是挂碍啊，就是我们说的心有挂碍。人家告诉你了，“无挂碍故，无有恐怖”，这样你才能“远离颠倒梦想，究竟涅槃”。这说得非常明确。你不要寻找这个抓手，你就往下减，减到最后看还剩什么，你有多少放不下的东西。

其实你放不放得下都是这样活着，你放不下，除了影响你自己，使你增添了更多的挂碍，对事情本身一点补救都没有。任何事情都不会因为你放不下而得到转化，只有你放下了，你才能得到转化。把一切的无常想到前处，你就会坦然地去对待，去放下。你现在就学会去放下，放下的时候才真正拥有。那如果你说，为了拥有我放下来，那是拿起来，不是放下。你要去体量。你认为是很美好的东西，假如它要是没有了，你会怎样？你的希望是什么？试着把希望拿掉，你会怎样？

不要建立希望，在人间一切生灭法下建立的希望都是不可靠的。唯有依靠你的自性解脱，才是真正的解放。一切都是无常的，你把一切都放下，把一切的不好都想清楚，然后你再去生活的时候，会突然间感觉生活得很轻松，怎样都可以，怎样都行。虽然我们都置身在自身所拥有的环境和福报之中，周边有许多的善缘相加，假如这些善缘都不在了，你怎么办呢？一定要作如是观。

这样你在修行的时候，才是那种独坐大雄峰的心境，跟任何人都没有干系，修行就是你自己的事情，任何的依赖都没有用的。假如有一天你没有了工作，你家里的人也不供养你了，你没有饭吃，沿街乞讨，依然要修行，不吃饭也照修行。其实人可以不吃饭，只要一不吃饭了，还有什么烦心的呢？无所谓了。一切都要进入这种状态当中，把自己心识当中很多隐藏的依仗拿掉，你才是一个孤立的人，然后去谈什么是你赖以生存的。当它变成唯一的时候，你才能开始转化。

这在佛家叫灭命。现在可能已经做不到了，没有环境。过去都是师父给你灭命，把你放在山上，没有吃没有喝，就把你放到悬崖上，你没有出路。你说什么都不对，笑也不对，哭也不对，最后让他逼的就只想死，得能死了啊！一头扎下悬崖，半截又飘上来，又坐在悬崖上，死也死不了。最后，万念放下，再也不想寻求什么，再也没有可以寻找的东西，不寻求生，也不想死，也不想摆脱痛苦，我就这样，你看着办。如此，没招了，业无从起。你试啊，凡是有粘连处、扶手处，皆是业的附着时。你要让人折腾了你，说明你还有得折腾，你的喜怒哀乐还在别人手里，不是吗？你的喜怒哀乐如果在你自己手里，谁也折腾不了你。

善知识！莫闻吾说空，便即著空，第一莫著空！若空心静坐，即著无记空。

六祖说："各位不要听我在这里说般若是空性的，你就著到空相上，空相也不可著。假如你一切都空了，心也空，身也空，世界也空，你静坐在那里，这就著了无记空的相。"

什么是无记呢？就像是死了似的，但是又没死。人虽然活着，可是枯木一个，修了个枯木禅，变成了一个无情生命，他的转化点日后可能会成为一棵树。这个状态就如同植物人一样，所谓朽木不可雕也。

这实在是一代祖师非常慈悲，两边打。这个空，是空有不二之空，空中含万法，毕竟万法空。六祖说了这么多的空，可是又怕后学之人执著空相，执空为相，所以说："莫闻吾说空，便即著空。"在佛教中有一个比喻，叫"以楔出楔"。楔，就是钉子，木头里有一个钉子，为了把这个钉子取出来，砸进去一个钉子，把这个旧的钉子顶出来，结果又把那个新的钉子留在里面了。说空是取钉子，而著空是砸进一个新钉子。

证悟和解悟的分别就在这里。如果是证悟，是真正的空性了，这个木头里的钉子是出来了。如果是解悟，就像是我们嘴上谈什么是明心见性，那就相当于里面有了一个钉子，用另外的钉子把世间的贪瞋痴慢疑顶出来了。可是你那一大堆的钉子又进去了，比原有钉子还要大还要多，乃至于还要难以搬，还要更难弄出来。当得到空相的时候，禅门里说："荆棘林中下足易，月明帘下转身难。"著到空相的时候想转身，更加难。在世间你是一个乱七八糟的人，看到自己满身的业障要修行，这个大家能接受。为什么呢？因为被命运拨弄了，因为看到自己的业障了，这个相对比较容易。而等你空了，清凉了，让你再回头来重新染，那是万万干不了，会是非常难的一件事。

证悟和解悟的分水岭就在这里。真正地证悟是在修行里，在本分上直接把这个空感受到，所有的概念统统要脱落，如数家珍。如同我问你家的厨房在哪里，不需要有人告诉你向左还是向右，你自己非常自然地就走到了，乃至于你都没有辨别左右，就在那里，就那么明确。真正证悟的空性就这么明确，根本不需要谁指证你，说这个是空那个是不空。而解悟就是这样的，是在证。什么叫证？就是告诉你，你刚才那一刹那是空的。你解悟的东西一定是持不住的。

前几年有一学生问我："易老师，我正在努力地让自己保持空灵的状态，对不对？"这语言一出来你就知道对不对，还有一个空的概念。我反问他一句："努力保持是什么意思？"他答不上来了。很多的人在打坐的时候都是认为什么都不想，我什么都不想，其实这是大错的。我们的心有一种自发性，只要你想到什么事情，就黏滞在这件事情上。“什么都不想”，本身就是一个想，就是对空境的一个执著，是在原有的状况下又多加了一个东西。不仅没有空，反而越来越多。长时间的黏滞，行为上就会表现出来。

任何的事情当它形成习惯以后，就会表现出来，刚开始的时候可能是不经意的。没有一个人在抽第一颗烟的时候说，我很执著抽烟，刚开始的时候就是玩一玩。然后时间一长，行为翻来覆去，就粘上面了。生活中有很多事情被我们这样粘上。譬如说，马上到中午了，我们要吃饭了，我们被吃饭粘住了，我们被吃饭挂碍住了。我得吃完饭再干什么，这吃饭已经成为我们生活当中的前提。这时候，我们就被吃饭这件事剥夺了自由。你再想一想，生活中有多少事情黏滞住了你，太多太多，仅仅是吃饭吗？

我们所谓要下手空的地方，就要空这些粘住你的东西。就是你的心在跟着什么跑，什么就是你该空的。引申开来，万法皆空，空与缘起是共生共存的，缘起不离性空，性空不离缘起。从心物关系的概念讲，从心不离万法的角度来看，心本来是空的；从万法离不开心的角度看，万法本来是空。能够在此处转身，值得祝贺。

打坐的时候，你的那个想和空性本没有差别，你越是和它斗，你心越不得清净，所以你要放松。你要知道任何的杂念都是没有根性的，杂念也是空性的。你用一颗空性的心看着一个杂念的你，这样看着就行了，你不要去做任何的动作。相当于你们家跑来了一个小偷，你不要拿着斧子去跟他拼，你只要看见他了，让他知道你已经看见他了，他就吓跑了。这个道理是一样，关键是你愿不愿意看，你保护的是什么东西。时常是把自己的贪嗔痴慢疑当成一个法宝保护起来，不能让人碰，我要是去掉这个，我还有什么呢？本来什么都没有，你硬要说有，那有什么用。你空下来看一看，你自己能不能自在。一个人的一生，哪怕能感悟一刹那的自在，我都觉得很值。只可惜，我们的很多人连一刹那的轻松和自在都没有感觉到。

云门大师曾说：“转山河大地归自己，转自己归山河大地。”这个时候你才脱底，你才是见性，你才能得到真正解脱。我即是佛，佛即是我；我转成佛，佛转成我，万法都不离自性这一念。所谓什么都不想，六祖说即是无记空。这样久了，记忆力、智力、思维都会严重退化，还以为这是得道。所以六祖告诫大家，此一类人不可与语，为邪见故。如人中毒，常人不如，绝不是禅门境界。

善知识！世界虚空，能含万物色像，日月星宿、山河大地、泉源溪涧、草木丛林、恶人善人、恶法善法、天堂地狱、一切大海、须弥诸山，总在空中。世人性空，亦复如是。善知识！自性能含万法是大，万法在诸人性中。若见一切人恶之与善，尽皆不取不舍，亦不染著，心如虚空，名之为大，故曰摩诃。

六祖说："善知识，这虚空世界能包容万相，种种物像无不包含，日月星辰，山河大地，泉源溪涧，草木丛林，恶人善人，恶法善法，天堂地狱，一切大海，须弥诸山，总在空中。"六祖说了，物理世界一切的色相，都包含在虚空之中。虚空没有任何的排斥、迎合、拣择，说我选择了善人，我摒弃了恶人，没有。善人恶人、善法恶法，虚空都不排斥，就这样含藏着万物，也没有任何的亲疏远近，也没有喜怒哀乐。

六祖接着说："世人的本性，也是如此。只有空才能够含藏万法。你的自性能如此含藏万法，才名之为大，万法都纳于人的本性之中。如果看到一切人恶人善，都不取不舍，也不因此执著污染，心就如同虚空一样广大，这样才为大，能够容纳一切法，一切须弥山，一切物质色相、精神物质。佛经称之为摩诃。"我们经常称大菩萨为摩诃萨，大菩萨的境界就是这样的。

所谓修行注重的是知见和行为，你确立一个怎样的知见，然后你就有一个怎样的行为，正确的知见引导下的行为才算是修行。有一句话说，你不能光埋头拉车，不抬头看路。修行亦复如是。你要把自己现在做的事情看清楚，给自己一个确定的认识。俗话说："瞒心昧己，罪莫大焉。"违背良心干坏事，是最大的罪恶。你想欺骗别人的时候，实际上是要先瞒住自己的心，这个时候是最大的罪过。

在禅门中有这样一句话，沩山大师所言："只贵子见证，不说子行履。"只贵在学子有正确的见解，不问你做过什么。因为做事当起心动念不对时，你的行已谬之千里了。你做什么，一定要问好起心动念，为什么在做。正确的思想确立了，做什么有什么。如果没有确立正确的见地和思想，只是给自己的行为一个合理的解释，然后就做了，从外在看也是做事，但这个是偏的，是为邪见。

当邪见出现时就不可能有正行，比如说放生这个行为。你也放生，我也放生，但每个人心中不同的想法会产生不同的后果。我什么也没想，只想到去解救他们，给他们自由，让他们皈依佛法。我只想到这些，打住，下面不要再想了。如果下面再想，我放生，敢问我有福报吗？我这次放生又成就了多少功德呢？这些统统是障碍。

所以有时人们在讲话的时候，我说打住，不要再说了。其实不是不要再说了，是不要再想了。因为你再往下多一步，你的想就出来了。本来好不容易干了一点好人好事，一下子被你的这个想抹掉了，最后买的不够饶得多，又饶回去了。因为你没有看到任何一个起心动念下的业，妄念下必生妄相。妄念一出，妄相即生，生命便在妄念妄相之中一直轮回，出不来，所以你就能体会《金刚经》里须菩提与释迦佛的一段对话。

须菩提白佛言："世尊，颇有众生，得闻如是言说章句，生实信不?"须菩提是在问佛，如果末法时期有人怀疑这部经典怎么办？释迦佛听到须菩提的问话当即喝住："莫作是说!"释迦佛对须菩提说，你千万不要这样说。然后释迦佛把话反过来说："如来灭后，后五百岁，有持戒修福者，于此章句能生信心，以此为实。当知是人不于一佛、二佛、三四五佛而种善根，已于无量千万佛所种诸善根。闻是章句，乃至一念生净信者，须菩提，如来悉知悉见，是诸众生得如是无量福德。"释迦佛是把须菩提的念头当即打住，从正面来说这个问题的，不说反面的，因为动身发语、起心动念也是有能量的。

行者只有见地到了，才不会错用功，才不会错会意。否则，就是盲人骑瞎马，用功愈勤，错失愈大。这个错会意是很要命的。有一个司机去加油，恰巧他帽子掉了，于是他跟师傅说："我去捡帽子，你给我加油。"说完他就跑了。他一跑，那个师傅就在给他喊："加油！加油!"其实他是让那个师傅给他的汽车加油，这就是错会意。在佛法当中这样错会意，那就不是加油快慢一点的问题了，问题就太多了。

记得我早年在学书法时，老师告诉我，一天写字不要超过十六个字，我当时甚为不解，不是勤能补拙吗？后来才会师意。就是若起手没有对，笔笔皆是错。如在错处勤，勤后是大错。错误的习性一旦养成，哪里还能改呢?

修行亦复如是，正确的见地往往要经过许多的过程才能够建立，是要到现实当中来回去碰撞，不断地磨合，不断地历练。就像鹅卵石，本有棱角，是被大海的水不断地侵蚀、冲击而成。我们的生命也必须要回到现实的人生当中不断地冲刷。李冰在建都江堰时采用的方法是“遇弯截角，逢正抽心”。在遇河流弯道，在凸岸截去锐角，减缓冲势，使水流顺直一些，减轻主流对河岸的冲刷。治水是这样，修行也是如此，只要有棱角处，必须给截掉。

一切处行到彼岸 烦恼本来即菩提

善知识！迷人口说，智者心行。又有迷人，空心静坐，百无所思，自称为大。此一辈人，不可与语，为邪见故。善知识！心量广大，遍周法界。用即了了分明，应用便知一切。一切即一，一即一切，去来自由，心体无滞，即是般若。

六祖说："善知识，迷的人只口上说，实际上不去做；有智慧的人是实实在在去实践，不说空话，不论口头禅。还有另一种迷人，什么都不想，只是空心静坐，还自称这是虚空广大，这些都是落于顽空。"这种人，你不能跟他讲佛法，因为你的理论水平远不如他，论理他比你知道得多。可是理归理人归人，他知的理与他本人的境界毫无关系，这说明他所知的理是邪知邪见，不是正知正见。所以，六祖说："此一辈人，不可与语，为邪见故。"顽空和执相是修行人的两大障碍，执顽空相，顽执相空。

六祖说："善知识，一个真正心量广大的人可以周遍法界，心含万物。当用之时，全体了了分明，物来则应，便知一切的来龙去脉，因果缘由。一即一切，一切即一，知自性生万法，万法还归自性。物来则应，物去不留，心中没有任何沾染，没有滞碍，来去自由，无不通达。这种境界即是般若。"

真正的修行人、有见地之人，不会把客观世界与修行对立。很多人都对我讲环境不好，不能修行。这话正好说反了，正是因为环境不好，才需要改造，才更应该去努力修行。真正的修行人，他不会逃避现实当中的一切，一切现实中景象的现前都是拿来历练自己、提高自己的。作为一个修行人，心应该永远是敞开的，遇到什么问题解决什么问题，一切问题的出现都是因为自己的境界不够，要借着景象往上提啊。你不断地放大自己，不断地用这种智慧之心对待一切，然后智慧之心有了，广大的心量有了，修行有了，事业也有了，它是一体的。

一切境界的现前都看你能不能超越，都看你能不能迎着这个困难走下去，把它变成道资粮，不然它就是你的业障。它可以障你三辈子五辈子，甚至于累劫千生，也可以这一刹那，转贪瞋痴为戒定慧，都随你。世间没有绝对的好和坏，淤泥中照样可以长出莲花。如果你没有贪瞋痴，你拿什么来转？烦恼一转，即是菩提。所以讲放下屠刀，立地成佛。惠明就是一个明确的例子。他作为一个武士，去追六祖，那个心态就如同拿着屠刀，可就一刹那的机锋直转，马上明心见性，都是能量。

所以在佛家不言善恶，不是说，你是好的，你就能明心见性；你是一个不好的，你就不能明心见性。不是看你好和坏，就看你能不能转。当然当下能转必有无限的资粮在背后，没有资粮，就没有能量。反复做功，才会有德。这个能量用来干什么？转烦恼，转生命啊，这是我们修行的根本。如果离开了这个根本，我们修什么？打坐、念经、磕头，统统都不是，这一切都是为了转变你的心性去服务的。心性不转，说一切皆枉然；心性转了，一切都不要说。所以才会有禅门的不立文字，教外别传，直指人心，见性成佛。不管是在教下，还是在宗门下，这些统统是法宝。

我们在世间修行的时候，都应该将世间的一切景象和外缘看作自性的外照。客观现实的不圆满，都是因你的自性不圆满而带来的，统统是你的自性里欠缺的，没有什么好讲的。我今天有一个不好的工作环境，有一个不好的家庭，那亦是自性显现的。包括我有一个不好的身体，我有一个不好的心态，这些统统是自心显现出来的，是自心影子的一个投射。我们如果能明了这一点，我们就可以做自己的医生。当我看到景象出现的时候，我就知道自己里面有什么问题。当然人看自己是最难的，一照镜子，总是感觉自己怎么那么漂亮，总是这样看自己。告诉你，不能这样看，你必须深入生命中去看。

心量广大、含藏万物是修行的前提。我作一个比方，一包砒霜，我们把它倒在茶杯里，然后喝下去，结果肯定会被砒霜毒死。那我们把它倒到江海湖泊里，扩大了，我照样喝，也喝那么一杯，还会不会死？当然不会死。如果你的心量扩大了，你能容纳的能力就强了呀。那么所谓的业障放在一个很小的杯子里和放在广阔心胸里能是一回事吗？那是截然不同的。所以心量广大、含藏万物是修行的前提。你体会到这里，你就抓住了修行的根本。

正因为自性是空的，所以你才能有机会去重新建立一切。当我们读到这些经典时，没有一处不是言空的。《金刚经》言四相空，《心经》言“色即是空，空即是色”。这是佛菩萨在告诉我们诸法实相，是把用世间的智慧所不能达到、所不能看到的那个相，说给我们听，说给我们看。我们就是来利用“万法皆空”的特征重新建立我们的生命，不管怎么样，我们都推倒重来。前边是什么因缘，曾经有过什么业，前缘有过什么，统统不要管。从当下这一刹那，知道自己是空性的，从现在开始重新建立我的生命，因为缘起性空。所谓的“照见五蕴皆空，度一切苦厄”，就是这样告诉你的。要知道正因为空，所以才能建立一切。你如果不能够空，就不能包容一切，也就没有建立的机会。这需要你拿到生命当中去实践。

我们后学所谓的修行，就是完成这样一段心路历程，这个心路历程要在自性上建。自性虚空广大，无所不包，自性著任何一境都是障碍。当然空境最终也是障碍，也需要破掉。中观论中说：“大圣说空法，为离诸见故。”为什么要说空呢？就是为了让众人离开诸多的见地，然后等到你进入离了诸见的时候，你就开始行菩萨道了，到这个高度再去谈空也是不可确立的。所以面对初学者，或者是面对真正的见地没有建立起来的人，是去谈空性的，然而最后空性也是不可执著的。

六祖大师的伟大之处就在于，让我们拿着经典去做生命的实践，直接去指导我们的生活，指导我们做人，指导我们当下这一念应该怎样想。这样去做，没有不成就的。你离开生命的实践，只是把经典作为一种理论去研究，拿来磨嘴皮子，磨来磨去，这一辈子都没有消息，下一辈子还没消息，因为种子就不好。所以大家应该努力精勤，人人奔着一个见性的目标去。

善知识！一切般若智，皆从自性而生，不从外入，莫错用意，名为真性自用。一真一切真。心量大事，不行小道。口莫终日说空，心中不修此行。恰似凡人自称国王，终不可得，非吾弟子。

六祖说：“善知识，一切的般若正智都是从自性中来的，不是外求的，不会从外而入，不要错误地领会了佛的心意，用自己的真性方显般若。以真心向内寻，以真心观万法，心即真，万法皆真，这是以大心量为基础的。这个大心量是以不断地放下自我的名、利、我执这一切作为基本条件的。你如果寻小道，走偏门，你便得不到般若正智。”

想真是很不容易的，因为我们在日常的生活当中，已经习惯了说虚妄的话，说没用的话，那种虚妄离真心很远。一见面：“你好！”这是一个简单的问候，心中不见得说好，出于礼貌，为了人情，说到这里我觉得已经够了。如果再往下说，你今天真年轻，你今天的衣服真漂亮，你看起来很好，这下面的话统统是虚伪的，口是心非，已经是业了。

六祖说：“空不是在口头终日讲的，口上说空，心中却不空，什么都放不下，这就如同一个普通的百姓，自称是国王，但终究是不可能的事，这种状况的人就不是我佛的弟子。”

般若为智，能彰显出来让人看到的，皆是方便智，它是从空性下而生。凡夫的思维为识，认识、了别。智是当下会意的，所谓千江有水千江月，当下就映，什么过程都没有。识就是譬如人情、推理、逻辑、哲学等等，善恶、好坏、对错、你好，这些都属于识的范畴。识在生灭之中，属于无常。修了无常法，便在轮回中。那你说我这一世能不能不再轮回，有没有这种可能呢？有，就是中阴解脱。但是非常不保险，这需要善根、福德、因缘都具足，到中阴身时能够保证有上师来接引，有同门兄弟送你，而且当中的善缘要聚合得很好，包括你的家人要配合得很好。

你怎么知道自己是否超越轮回了呢？就问你自己这一刹那，你的思想是否在轮回之中。如果你的思维时时刻刻都是人情的、推理的、逻辑的、哲学的、你我的、人我是非的，这肯定在生灭法中，没有什么好讲的。你的思维是轮回的，你的生命便是轮回的。什么时候你的生命是不轮回的呢？就是你的思维不再轮回了，那你的生命才开始不轮回。

你要好好观照自己，如果你的思维现在还没有达到完全没有推理，没有人情，没有逻辑，没有哲学，还达不到这种状态，但作为一个修行人，你首先要清楚看到自己的状态。如同家里有贼，看到他，贼就跑了，你不一定要跟他拼命。执著了以后反而生大病。你应该明辨出你哪件事是用识做的，哪件事是用智做的。让你智的状态不断地彰显，不断从你的生命当中迸发和体现出来，没有思维，没有思量，应无所住而生其心。用这种心态去做事，便是智，便是和般若相应的。

关于用智和用识的问题，很多人只能在理性上解决，不能在现实当中实行。真正修行有见地的人，不会把客观世界抛在一边，更不会去逃避眼前的种种善恶因缘。譬如说一个修行人到了庙里就很开心，一回到家里就烦恼，他就一天到晚地躲在庙里，尽量减少回家的次数。你认为他的烦恼解决了没有？没有解决。他只是逃避了，他没有去转化，烦恼依然还在那里，所以逃的不是环境，是心境啊。

一个真正的修行人，是善用周边的一切善恶诸缘。你说在工作单位跟人关系不好，你一定有问题。因为你是修行人，说明你不够圆融，真正的般若没有生起，还属于凡夫。你说，我跟单位同事处得很好，跟修行群体处得也很好，就是跟家里人不好，那还是你的问题。不要问为什么，不好就都是你的事情。因为你是修行人，你明白了这么多的道理，还去斤斤计较，去论善恶对错，这说明你还不能够包容。我们周边的人凭什么愿意修行呢？不就是因为你是一个修行人，被你感化了然后愿意修行吗？我们周边的人之所以有恶，就是因为你以恶待之。他人一直以恶待之于你，然而你却善待他人时，没有不能转的。

作为一个真正的修行人，不会去逃避眼前种种善恶的因缘，相反他会以很放松的心态将这一切处理得很好。如果你不能处理得很好，说明你是一个没有智慧的人。修行就是为了提高人生境界，来圆满人生的。那么我们在单位就应该是顶梁柱，在家庭是家人的依赖，在社会是一个良性细胞，这是最起码要做到的，否则你不要说自己是佛弟子。作为佛弟子，应该处处圆融，忍常人难忍，行常人难行，所有的事情都可以承担，所有的亏都可以吃，这才是一个佛弟子在社会间的状况。并且，由于自己的忍辱，便有一份功德，这份功德便有一种信赖力。当别人信赖你的时候，你才能指引他航程。

真正的修行人，不是将修行与现实生活去对立，而是把现实生活当成修行，生活即修行，修行即生活。换句话说，只有当境界现前与生活相融，融于世间万象，都与空性不相离时，你修的境界才是真实的。这要拿到现实生活中去检验。如果检验不得，感悟是一回事，等到一做事什么境界都没有了，这叫语言的巨人、行动的矮子。等到这种状况出现时，你就知道自己没有任何的证量，就等于没有悟，只是懂得了一个道理，多了一点知识而已。而且这个知识不是随便可以得的，是拿你的福德资粮去换的，业障起，很快又不知了。

你每次的感悟是那么深刻，能不能持住呢？你每一次的悟境如同是你生命当中的鲜花需要滋养，你在日常生活当中一切的行为就是你悟境的滋养。你如果不给它滋养，这个悟境很快就凋谢。你在不断地栽种，然后不断地丢。如果不丢的话，每一次的感悟都放到你的心中，你现在早已经见性了。为什么还没有见性？因为你没有层层深入啊，买得没有饶得多，一面修有所感悟，一面在造业，翻来覆去。你不是面对一个状况穷追不舍，一以贯之，这就如同封着的炉子上温着的水，永远没有开锅的那一天。

讲一个公案。元代有位禅师叫高峰原妙，他日常修行的时候参话头。他参的话头是："万法归一，一归何处？"就是所有的万念聚于这一念，到底一归于何处？自己盯在这一句话上，然后把所有的念头统统忘掉，这就是参话头。不是说没事就拿着这一句话念来念去，那不叫参话头，是把心提起来的。提起这一念的疑情，他七天七夜不倒单，此中将生命中的一切障碍、万般疑团都交给了这句话。

有一天，他随着众人上堂，猛地一抬头看见堂上挂着一个偈："百年三万六千日，反复原来是这汉。"人活一百年啊，就三万六千天，翻来覆去也就这么一个人，生命只是无限地重复。这个时候，他豁然之间全体脱落，大放光明，开悟了。所谓的破本参即是！

他感悟了以后很高兴，下来后就去找他师父，跟他师父说："师父你以后可不能再打我了，我孬好也是一个见性之人了。"师父一看他这样，偏偏一点面子也不给他留，说："你虽破了本参，但还没有了。"这徒弟不服气，说："你什么都没问我，怎么知道我没了呢？"师父便问："日间浩浩时做得主吗？"就是你白天应付一切俗务时，你做得了自己的主人吗？也就是说你能如如不动，依旧见到自己的本性吗？高峰原妙说："我当然做得了主。"师父不饶他，又问："夜间梦境时，也能做得了主吗？"这一问，大家想一想，不容易的。他说："做得了主。"

很多人跟我讲梦境，普通人的梦境是不做主的。如果是做得了主，事先是要有一个指令的。今天晚上试一试，睡觉前说我到阿弥陀佛那里转一转，我到七宝池八功德水去转一下，看看自己能不能做主？如果梦境里你能做得了主，我觉得你离了生脱死已经不远了。梦里做得了主已经很不简单了，只怕我们在坐的都有做梦的经验，但是做得了主的人就不多了，白天的所思所想与夜晚的梦境会大相径庭。为什么？因为睡觉本身就会使灵明之身蒙昧，你生命诸多的能力不能迸发出来，当你生命的这些能力不能迸发出来，能做主谈何容易！

高峰原妙已经能梦里做得了主，可这师父穷追不舍，不肯放过他，又问："无梦无想时，你做得了主吗？主人公又在何处呢？"这一问，将这个徒弟一下逼到绝境，再也杀不出重围。师徒之间机锋转语就是这样。禅是双刃剑，一剑刺过来，你回不了身就死在剑下。

后来，高峰原妙到天目山去闭死关。什么叫闭死关？就是不开悟，不把"无梦无想时，我做得了主吗"这句参透，就死在这里，不出来了。高峰原妙闭死关五年，才打破牢关。所以修行来不得纸上谈兵，是要心行的。来不得心外求法，那是不得真实解脱的。

善知识！何名般若？般若者，唐言智慧也。一切处所，一切时中，念念不愚，常行智慧，即是般若行。一念愚即般若绝，一念智即般若生。世人愚迷，不见般若，口说般若，心中常愚。常自言我修般若，念念说空，不识真空。般若无形相，智慧心即是。若作如是解，即名般若智。何名波罗蜜？此是西国语，唐言到彼岸，解义离生灭。著境生灭起，如水有波浪，即名为此岸；离境无生灭，如水常通流，即名为彼岸，故号波罗蜜。

六祖说："善知识，什么是般若智慧呢？般若，唐朝人将它翻译成智慧。"这一句话实际上暗含指的是三藏法师。"不管什么时间，也不管什么地方，念念不迷，了了常明，以智慧去行，而不是以识心而行，这就是般若。"

所谓一切处所，一切时中，就是你做人的时候见性了，做鬼的时候还能见性吗？到任何时候，你能不能都带着你的见性走啊？如果你果真是见性了，是不怕死的。回头你再体量一下地藏菩萨发的愿："地狱不空，誓不成佛。"我不下地狱，谁下地狱！不要说怕死，连下地狱都不害怕，你想一想他见到的是什么？他是照破万法皆空，自性皆空，然后才能说我下了地狱会怎样，能奈我何！

六祖说："一念生起愚痴之心，般若智慧便在你心中断绝；一念智慧心在心中生起，般若便生。刹那生灭，刹那相续。世间普通的人愚痴迷惑，看不到般若，口中说着般若，心中却常常愚痴，还经常认为自己在修般若正智，时刻都挂在嘴边说我这个也空了，那个也空了，就是不知道何为真空。”

真的空了，连说空的心都空了。其实当一个人说我这个也空了，那个也空了，拿什么说的？是拿不空说的，说空即不空！别说，说了还是有，还带有种种的情绪。在现实生活中，经常会看到有人心里气得要命，口头上却说，我才不在乎它呢。是真的不在乎吗？太在乎了，说出来的和心里的挂碍都是正相反的。所以不要看说的怎么样，真正的空连说都想不起来说，那才叫真的空了。冤枉不知道，好处不知道，坏处不知道。

六祖说：“般若是无形无相的，我们的智慧之心亦是无形无相的。如果能这样去理解修行，你就具有般若正智了。”

般若是无形无相的，但凡有相便与般若离，一刹那的无相，便与般若合。六祖惠能这段话，将口是心非之人与真实修证之人划清界限，告诉大家什么是真修行，什么是假修行。这是让后学自照，对号入座，已经做对的继续发扬，没有做到的赶紧改正。子曰：“过则无惮改。”转了，即是菩提妙用；不转，即是烦恼无边。

不管你对谁有成见，障碍都在你自己。你有了成见，不要说与人，跟别人没有任何关系，是你心中有了障碍。自己转了即是菩提，不转即是无边的烦恼，时间长了就变成了业。更不可以将自己无边的烦恼传播给别人，去影响他人的般若正智，去影响别人的思想，拉别人下水，加重自己的业。你若不把这些道理拿到生命当中去实践，而是将这一切当成学问，这个学问可能你日后讲课时能用上，但解脱生死时用不上了。你要让它解脱生死都用得上，这一刹那就把它放到你生命里面去转化自己，然后到时候，你的生命就会得到转化，生死面前、解脱面前都能用得上。如果念念有分别，时时有思量，皆是在二元意识下造业，不是六祖说的般若行。

有个和尚问法眼文益禅师：“如何是佛？”禅师说：“我不告诉你，因为说出来你不会信。”那和尚说：“大和尚你是大善知识，不打妄语，我完全信。”禅师说：“你要完全信了，我就告诉你，你就是佛。”这个和尚当下见性开悟。你想如此简单的一句话，他就会开悟，为什么？就因为他完全信了。如果此中有分别，有思量，用二元意识去思维，有可能见性吗？当然不可能。往往疑虑、思量一起，还不够他造新业的呢，还见性？

前一念迷，问话时还是凡夫，后一念悟，悟即是佛。学人千万在修行路上不要因小失大。学佛就是为了解脱，为了了生死。什么面子、人情，统统没有你成佛这事大。这叫“一悟千万年，一误千万年”，都在一刹那之间，想清楚。不要用一时去耽误千万年，要让自己念念之中转识成智。看到自己有意识之心时，立即用智慧之心去转。这个智慧心转起来很复杂吗？不是的，就是放下。你不要说我什么时候能证到转识成智，这也是有过程的。这个过程是要你在人间观照好自己每一刹那，是在用识还是在用智。如此，念念观照，我不断地用智慧之心去取代我的意识之心，最后大放光明，一念出，念念皆为智，哪有不成就的！不成就你来找我。找我，我就问你，你见过笨死的吗？只要笨不死，就生般若智。

六祖又说：“什么是波罗蜜？波罗蜜是印度的梵语，唐朝人将此译为到彼岸。如果解波罗蜜意，就到彼岸离生死。如果执著外缘生境相，即不离生死。就像水有波浪，当你掀起生命的波浪，这便是此岸。如果识得波浪的假相，便无生灭，生命无滞碍，如水常流通，这就是彼岸，这便名为波罗蜜。”

这段话也就是说，修行不假外求。万水千山去找佛，佛说你要求自己。烦恼、菩提，此岸、彼岸，都在当下一念转。这只是一个心理路程，可以千万年，可以一刹那，可以连一刹那的距离都没有，当下即是，烦恼即菩提。与万法不对立，不认同，不分主客观，不在二元意识下，这便是般若行。这样烦恼就会逐渐减轻，智慧就会渐渐增长。这是六祖告诉后人，般若在你的生活当中怎样使用，说得非常简单，就看你用不用。

善知识！迷人口念，当念之时，有妄有非。念念若行，是名真性。悟此法者，是般若法；修此行者，是般若行。不修即凡；一念修行，自身等佛。善知识！凡夫即佛，烦恼即菩提。前念迷即凡夫，后念悟即佛；前念著境即烦恼，后念离境即菩提。

六祖说：“善知识，迷惑的人只是口中说，当他口念时有妄念，还有不正当的念，这就不是正念。”什么叫正念？此一刹那在扫地，你便想着扫地，这便是正念。在扫地的这一刹那你想到了擦桌子，这就不是正念。你念经时只想着念经，做饭时只想着做饭，这就是正念。正念地修行是禅定的基础，一个人学会正念地生活会非常幸福。六祖说：“如果念念都依照般若去行，就是依着自己的真心本性去修行。在自己的真心本性下的修行，才是真修行。明了这种法者，就是般若法。以此而行，就是般若行。如果不依照这个修行，你就是凡夫。一念用真性修行，就是与佛等同。”

六祖接着说：“善知识，凡夫即是佛，烦恼就是菩提。”只系乎当下一转，你怎样认知。就像水结成冰，冰融化成水，这个冰的本质还是水。

我们的思想意识也是这样，因为有了固化的概念了，于是成冰了。当你的固化概念多了，你说我想通经络气脉，你心中有这么多的意识作为你的阻碍，怎么能通呢？是通不了的。所以，你若使自己通畅，心中应常使自己是空性。你不要带着这么多的知见，带着这么多瞋恨，这一路走过来会遇到很多冤亲债主，实际上都是往昔所造。所以，你不要去怨恨他，因为你这不了，又结新的缘分。所谓儿女是债，有讨债有还债；夫妻是缘，有善缘有恶缘。这都是自己阿赖耶识种子地里的再现，本没有什么好怨的。你只要怨就会不了，只要怨就会有来世，就一直牵着。如何才能了呢？就是反过来，以德报怨，把自己的心放平，放下一切人情下的执著。

六祖说：“前一念迷即是凡夫，后一念悟便是佛。前念执著幻境即是烦恼，后念离境即是菩提。”有能力转境是修行，有能力转境才有可能成佛。面对我们今天的人生状况，一切的不如意都在当下转。遇境能转，你是修行人；遇境不能转，随境而去，你就不是修行人。

善知识！摩诃般若波罗蜜，最尊最上最第一，无住无往亦无来，三世诸佛从中出。当用大智慧，打破五蕴烦恼尘劳。如此修行，定成佛道，变三毒为戒定慧。

六祖说：“善知识，摩诃般若波罗蜜法是自性本自具足的，此法是最尊贵、最上乘、最无与伦比的。自性般若是没有任何执著，也没有来也没有去，也即是如如不动的。三世一切诸佛都是依般若波罗蜜多，得阿耨多罗三藐三菩提。三世一切诸佛都从般若波罗蜜中生出来。一切修行者应该用大智慧，去打破五蕴烦恼对我们生命的遮蔽。就是照见五蕴皆空，才能度一切苦厄。你如果能如此修行，决定可以成佛，就可以把贪瞋痴三毒转成戒定慧三学。”

就道家而言，无论你练什么都是先通周天。所谓的“大周天”就是奇经八脉，乃至全身七万两千个脉。“小周天”就是任督二脉。何为周天呢？循环不息、畅流无碍为周天。当气息畅流无碍的时候，这个周天通了。普通人的周天是不通的。从病理上讲，有炎症或者是受风寒，皆会导致不通，不通则痛。于是便有一些导引术、中药、按摩，或者是导引一些静态的观想等种种手段。但以上的手段即便是使周天通了，也有很多问题。

比如说导引术，你每天都必须练，不可间断。这问题就来了，临死前还能练吗？这实在是个很大的问题。这些方法你始终要用，不可间断，这说明你的通是依通，是不真实的，是依着一种外在的力量而通的。真正通了周天，他的身心性命自有不同寻常之处，这个色身会有大用。

在佛家看来，通与不通皆是业障与否。所谓业障，便是执著。念念都有二元，都在分别之中，身上的气息是不可能畅达的。当你的心有阻滞，你强行地用气去通的时候，这个通只是短暂的通。所以，心无挂碍，广行六度，以慈悲广大之愿，照样可以开脉通周天。这种通是最真实、可靠、安全的。我们在今年上半年的禅修班上，曾专题讨论过这个问题。因此我们强调心性的修炼，并非是让你放弃色身的转化，而是心性的修炼中包含着色身的转化，心转万物，这是真实不虚的。这便是禅宗强调的无相周天。我们看到高僧大德圆寂后会留有很多舍利，这就是心可以去转万物。

在我们行菩萨道、生命转化的过程之中，你会发现身体有诸多业障的生起。比如说突然间感觉身体什么地方疼，什么地方生病，那便是给你示现出来业的状况，提示你要转化的。你可以用一万年的时间去转那一个问题，也可以用一刹那的时间去转。这就是说，你要能明确地看到问题出在何处。能清楚认识到自己的业，说明你是一个有智慧的人。如果你看不到自己的业，总是找外在的原因去解释，那永远不得而知。当人的心灵有障碍的时候，便出现生理的障碍。你也能通过生理的障碍，反过来去觉察心灵的问题。不管发现什么问题，你赶快地转，那是你的障碍，放在那里就是你的疾病，就是你未来的业。通过生理可以发现心灵的障碍，通过心灵可以发现生理上的障碍，不管是从哪里发现，都得赶紧地转。第一要看到自己何处有障，第二是要有能力迅速转化。这样，你才是修行人。

我们往往谈到修证时，大家很执著于方法。其实究其根本不是方法的问题，还是心灵的问题，方法都是可以随缘的。近几年在世界各地有很多的法会，佛教徒们都以各种形式在世界各地弘扬佛法。一位上师讲了这样一段话："现在很多的修行人到处去求法灌顶，不去追求佛的教理和心性的证悟与解脱，只认为某某活佛灌了顶这便是修行，我不主张这样。我如此说，一定会有人问，你现在不是正在举办灌顶法会吗？我告诉大家，这是我的无奈。因为如果我告诉大家我要讲经说法，就没有人来听，甚至我的弟子也不愿意过来。但我如果说是灌顶法会，就会有许多人从世界各地来到这里，我便借此机会，可以给大家讲佛的教理与经典。我在这里告诉大家，心性的证悟与解脱才是正途。”

虽然世人普遍认为密教有很多咒语或方法可以解脱，但心性的解脱与证悟依然是密教的根本，这不是外求的。所以学人不要会错意而耽误了人生的大好时光，不要去凑热闹，要真正踏踏实实地完成心灵的解脱。

智根差别有大小　迷悟不同现顿渐

善知识！我此法门，从一般若生八万四千智慧。何以故？为世人有八万四千尘劳。若无尘劳，智慧常现，不离自性。悟此法者，即是无念，无忆无著，不起诳妄，用自真如性，以智慧观照，于一切法，不取不舍，即是见性成佛道。

六祖说："善知识，我现在所宣的法门，从究竟合一的般若而生出八万四千种智慧。为何生出八万四千种智慧呢？因为世人有八万四千种烦恼。如果没有烦恼，就可令智慧常现，万法不离自性。能悟得此种法，才是真正的无念。没有对过去的忆念，也没有对现在的执著，不起任何的诳妄之想，用自己的真如自性，以清静的智慧去观照，面对世间的万法不取不舍，即是见性成佛之道。"

此处讲的无念与执著空相、无记空不是一回事。这里讲的无念是真正的修行人应该达到的状态，而执著空相、无记空是凡夫在修行的道路上偏离的状态。烦恼、智慧从根本上是没有差别的。如果智慧常现，烦恼即转；如果常生烦恼，智慧当然被遮蔽。如用智慧之心去观照时，万法本空，烦恼便没有依托之处，这便是六祖所言的无念。这个无念是能生万法、生灵活泼，不是全然的空空荡荡。著空相与无记空的空，是不能生万法的枯木禅，此中是没有智慧的。我们说朽木不可雕也，就是这个意思。

六祖所言的无念，是无住但可生心的。并不是说，无住我什么都不执著了，我也没有智慧，我也没有救度众生的情怀，如此就废物一个，已经偏离佛法的大道了。应该怎样呢？你自身平时是空空荡荡的，等你救度众生的时候，你有一番情怀，有一番热情，同时还要有智慧，都要从空性下即生即灭，做完什么都没有了。再要做的时候，突然间又能生出万法。

所谓的无住但可生心，此中的任何一念都可彻万法缘，通一切智。这个无念称为见空性，所以无忆无著，不起诳妄。用自己的真如自性，而不是用分别的、二元的意识，以智慧心去观照，于一切分别万法之中不取不舍，能瞬间产生无上的妙用，这即是见性成佛。

智慧心的基础地是慈悲，有一个救度众生、愿意为众生服务的心，你的智慧才能生得起来。所有的成佛者没有一个不是般若解脱的，没有一个不是因智慧圆满而修行成道的。你不去面对众生，去生起慈悲方便下的智慧，那么你就没有机会成就，而且你也不会具足福德和资粮。

善知识！若欲入甚深法界，及般若三昧者，须修般若行，持诵《金刚般若经》，即得见性。当知此经功德，无量无边，经中分明赞叹，莫能具说。此法门是最上乘，为大智人说，为上根人说。小根小智人闻，心生不信。何以故？譬如天龙下雨，于阎浮提，城邑聚落，悉皆漂流，如漂枣叶。若雨大海，不增不减。若大乘人，若最上乘人，闻说金刚经，心开悟解，故知本性自有般若之智，自用智慧，常观照故，不假文字。譬如雨水，不从天有，元是龙能兴致，令一切众生、一切草木、有情无情，悉皆蒙润。百川众流，却入大海，合为一体。众生本性般若之智，亦复如是。

六祖说："善知识，如果你想修入甚深法，及得真正的般若妙定，就应该在行门中修般若，同时持诵《金刚经》，就可以见性。"

在行门当中修般若，就是说你要把法动感地去修，不要僵死地去修，你不要把法当成一个固化的形式。比如，修行是打坐，是持咒，还是念经？这些都是形式。当你入真正的甚深妙定，修行在一切的形式当中都有，行住坐卧、二六时中皆在修行，时时刻刻都在修行。修的是你这颗心，心在任何一个刹那都可以修。

当我们在日常生活中做一切事情的时候，我们的心是如实地显现在外边，叫愚人不自知，就是自己感觉不到。实际上，每一个起心动念都昭然若揭地放在那里。但有所遮蔽，都是自己的愚昧和业障，只是把自己遮蔽住了，没有遮住任何人。儒家都讲“人之视己，如见其肺肝然，则何益矣?”你心里怎么想的，所有的人都知道，不是说非得一个有大智之人才能知道。

修行是一个自力更生的法门，没有一个固定的模式，任何一个环境场都可以修行。不管你是从事任何一个职业的，都可以拿来作修行。因为修的是心，不是修的外在。你自己去体量，这一刹那的心究竟是不是在修行呢?你在世间最好对照了，就是六度，布施、持戒、忍辱、精进、禅定、般若。没有别的，就拿六度来衡量自己的行为。这一刹那你够不够精进，自己问。在我看来，你们此中虽有好坏优劣，但都不够精进。我们现在拥有一个这么好的修行环境场，我觉得我们的福报和条件真的太好了。在这么好的条件下，如果还不懂得精进，就是在堕落，简直不是在修行，因为这种机缘，并不是人人都有。你有了这么一个殊胜的机缘，然而你没有去努力，这不是罪孽吗?那你不如把机会让给别人。

修行的环境场是用来干什么的呢?是用来督促我们远离懈怠、懒散、不能够正面面对修行的心。这就是众人在一起修行的重要性，彼此能有一个照应，互相督促。比如说，大家都在忙着做事，我坐在这里闲着，一会儿就不好意思了。于是，我也站起来做事去了。这要是在家里，我就不做了，可是在这里就不行了，因为大家都在努力。这就是团体修行的好处，大家能够彼此督促，这就叫互为善缘。

六祖在这里不仅讲了一个行门，还讲了一个修门。六祖说：你一边在行门中以六度去指导你的行为，一边持诵《金刚经》，这样就可以见性了。你看这个法门，简单到了不能再简单的程度了。持诵《金刚经》的功德是不可思议的。

持诵时要声声不断，不要把那个标点符号念出来，要学会换气的方式，不要有铿锵的声音。念经不是诗朗诵，不需要那么多的感叹，一直保持一个平和的音念下来。声声不断，才能念念不断。当你的声音有高低起伏时，你的念头便有高低起伏。声声不断，念念不断，是在历练我们这颗心，是在练这样一种气，也是在练我们的念头，这一切都在修行之中。虽然我们说这是在持诵，你只要观照好心，亦在行门之中。念经时，不能有妄想，更不能夹杂任何其他话语。否则，连最起码的恭敬心都不在了。

这里说一个小故事。有一个修行人，常在山后的一座废庙里修行，夜梦见一鬼。鬼说："我就在你庙的后边，请你超度我。"修行人刚修没多久，说："我没什么能量，不懂如何超度你。"鬼说："你给我念一卷经，将持经功德回向与我即可。"修行人说："《金刚经》可以吗？"鬼说："可以。"到了晚间，他开始给那个鬼念经，正在念着，谁知他的佣人端来一杯茶。他对着佣人一挥手说："不要。"于是接着念。

第二天夜里鬼又找他，说："你是一个修行人，怎可以言而无信呢？你没给我念经，所以我没得度。"这位修行人说："我昨天给你念过了。"这个鬼说："是的，你念了一半就说不要，所以护法神就没算。"这位修行人才明白，晚上又念了一遍。隔日，鬼又来到修行人面前，叩头顶礼说："多谢！我已得度。"

可见，一遍完整的经文就可以超度一个亡灵。我一再警示周边的人，念经的时候，不能加闲言碎语。要不然你就不要念，念了你就要认认真真地念，一个字都不能往里面加。那加进去的，到底是经典，还是你说的话呢？所以念经要专心致志，要声声不断，念念不断，没有妄想，不夹杂任何的闲言碎语，这样才能圆满念经的功德。否则，好像天天在念经，实际却没有功德可言。你自己没有利益，别人也没有利益。

六祖说："要知道持诵此《金刚经》有无量无边的功德，《金刚经》中对持经功德作了很明确的说明。这样的修行法门是为最上乘，为最大智慧之人、为上根之人说。"哪样的法门？行门与持经。换句话说，这样的法门只有上根之人才敢修，才敢去承当。禅门是顿教法门，顿教法门是至简至易的。如果是小乘根性，执著于文字，执著于法，他心中会认为这怎么可能，就这么简单？所以，六祖说："小乘根性的人听到这个法，心中不信，叫狐疑不信。"《金刚经》说得很好，叫："是经义不可思议，果报亦不可思议。"由于心中不信，于是修起来就会有很多障碍。

一边修着，一边怀疑着，这时候你就不要再修了，你要停下来，好好地观照一下自己，应该用一个如实的心去修行。我看到很多的修行人，都修了很久，却在信上出问题。信是基础，信为无上菩提本。我们讲仁义礼智信，信是大地，是土壤。如果信的基础不好，到高处，就像盖楼一样，早晚有一天非塌了不可。你去问问自己，现在究竟信了多少，信因果了没有。如果信了因果，这一刹那你所有的坏事都不敢干，所有坏的想法都不敢起，每一刹那就会善自护持着自己。信的问题不解决，就会一直出问题，在任何一个点上都会出问题。

是什么原因使小乘根性的人不信的呢？这里六祖说："好像天上的龙下雨，所有的城市房屋都被水淹没，都被水所漂流，就像漂一片枣叶那样。但是这个雨如果下在大海里，我们却不曾看到海水有所上涨。大海就仿佛是大乘人。大乘人、最上乘人闻说《金刚经》，便心生欢喜，心开悟解，心胸开阔，如大海纳雨。因此我们心中可以知道，般若之智是本性中本来具足的。"

就是凭什么你一听到这个法就心生欢喜呢？因为刚好与你心中本有的智慧相应。每一个人都是自性佛，你得往内看。当你的自性佛被开发出来以后，自然会显现出来。这自性中本自具足的佛性在没有大放光明、明心见性以前，我们拿它小小地行一下观照，让它逐渐地放大。就好比一间黑暗的屋子，只有一支蜡烛，不能全亮，但是这根蜡烛已经足以让我们摸索着把所有的事情做完，然后我们逐渐地让光亮起来。犹如我一进门，现在是黑的，我拿着一根蜡烛去找灯，然后把灯打开，蜡烛已经足以照亮。

这个行观照的心，就是我们人生在茫茫黑暗中的一支蜡烛。这个蜡烛要被你吹灭了，你连内在的观照都没有了，就彻底的黑暗，就找不到电门了，就找不到能够大放光明的根源了。虽然行观照的这个光亮非常微弱，但是它给你未来的大放光明带来了无比的希望。如果没有这一支蜡烛，你就不要再谈大放光明。所以，六祖说："般若之智要拿来行观照，这不是你识了多少字，读了多少经典的问题。"般若之智可不用任何外在的因缘而被开发出来。我们看六祖就是一个例子。

六祖接着说："又比如，雨水不是天下的，而是龙兴的，它可以令一切众生，所有山石草木、有情无情，都能得到雨的滋润。百川众流，所有的大小河流，都归入大海，而成为一体。众生的般若智慧就像雨下到大海之中，不曾有增减。"

六祖这里讲上根之人和小根之人。佛法是等无差别的，这里为何分出大小高低呢？这就叫权教，是应因缘而说，只因众生迷悟不同，便产生了差别。究其根本，都是迷失了的佛，本没有任何不同。《法华经》中有个故事。如来将要说《法华经》，在讲之前，佛说："我过去讲的法都是对小根小器的人讲的，今天我要重开大法。"下面五百罗汉听佛这一说，立即退席。佛弟子上前问怎么办？佛说：“让他们去吧！我如把大海倒在小容器中，他们何以承受。”此时我们再来体味一下马祖的“等你一口吞进西江水，我才能告诉你”的公案中的深意。

这便是根器不同，所设的法即不同。禅门是为上上根器的人所说，非小智小根之人所修。小根之人一旦遇到这样的大法，顿生烦恼，业障顿起，然后在现实的人生当中就会到处碰壁。因为心中气量太小，或者是说福德比较薄，然后遇到大乘法门时，转脸走掉。日常修行中谁愿意承认自己是小根小器之人呢？所以平时是看不出来的，只有当境界现前时，你的态度、心态才能说明一切。你有没有容量，在现实的人生当中能够说明一切，根本就不要再去问其他的。从根本上讲，无论善人恶人、大根小器，皆有佛性，皆可成佛，一切众生平平等等。就是你不能承当这个法也没有关系，因为每一个人的因缘都是不同的。佛说八万四千法，为众生广设方便，都可以解脱。你不能接受这个法，选择其他的法也可以修。

我们要有一个明确的认知，佛法并不是离了你不可以。道是不远人的，是你离了佛法不可以。一切随缘，但随缘不能反着说。就是说，我不修了，我说我随缘吧，那就不对了，那是随的恶缘。度众生的时候说一切随缘，随着众生不同的因缘去度众生，而在众生位是没有权力谈随缘的。你攀上一根树枝就不要下来，你要努力地向上，实在是不行了，你说那我再换一种方式。现在很多的修行人都是如此，今天试试这个，明天试试那个，到处都不错。反正到处都在试，其实最后什么都得不到。如果你带着这样一颗浮躁、捡便宜的心，从这个门跳到那个门，任何一个门都不会要你。就这么一个行为，能把你的慧命断送完，这很可怕。

那你说善财童子不是五十三参大有成就吗？是啊，他五十三参，五十三个成就他都拿到了。但前提是他在这一个法门下把所有的法都修尽了，把所有的利益都拿到了，然后再去寻下一个法修。你若果真是在哪一个法门下把法都修完了，根本不等你这样说，你的师父就会告诉你，你在这里已经学完了，让你再换一个地方，他不会保守的，扣留你不放。

佛说八万四千法，为众生广设方便，都是可以解脱的。顿教是一个法脉，如果你认为顿教不行，还有其他的教派，并不是说顿教是唯一的，都可以解脱，只是六祖这里，传祖师门下大乘顿教法门。

善知识！小根之人，闻此顿教，犹如草木。根性小者，若被大雨，悉皆自倒，不能增长。小根之人，亦复如是。元有般若之智，与大智人更无差别，因何闻法不自开悟？缘邪见障重，烦恼根深，犹如大云，覆盖于日，不得风吹，日光不现。

六祖说："善知识，小根器的人，如果听到这个顿教法门，就像小的草木，遇到大水，会被大水冲倒，而得不到生长。小根性的人，遇到顿教就像这一样。本有的般若智慧，大小根器、愚人智人是没有差别的。那为什么小根小智的人听到佛法，而不能开悟呢？这是因为小根小智之人邪见太重，烦恼根深，无明障重，自然智慧心不起。就像巨大的乌云覆盖着太阳，如果没有大风吹散，日光就见不到。"

般若智慧本无大小，因为一切众生自心的迷与悟不同而显不同。所谓众生迷性起自于我，俱生我执，生成习气，造业深重，因此自性常迷。凡迷之心都有通病，就是心外求法，向外驰求，不知自性般若本具佛性，向外求佛，愈求愈远。没有明了自己的本性即是佛，这就是小根之人。一念悟了，顿然变成大根之人。所以大器小器、大根小根，不是固定不变的，也是可变的。当下明了自性是佛，当下即转。六祖讲的目的就是希望小根之人向大根上转。

圆悟克勤禅师是宋代著名的一位大禅师。大慧杲参了一辈子禅，最终在圆悟克勤手下开悟。他开悟后对圆悟克勤禅师说："我觉得我的开悟很辛苦，要万水千山，太难了，依我的境界看你周围的人，我那些师兄弟，都还远不是那回事，可是你老人家怎么都印可了他们呢？"圆悟克勤禅师说："我的禅如大海，若用小勺小钵来取，也不能说取的不是，但未必是全部承受。我若倾全部海水给他，他就要有海量的根器。"大慧杲言下方悟。

为何在师父的眼中没有高低贵贱？佛性是无量的，你是有量的，但有量的也是佛性。一滴水和大海在质上无有区别，都是海水，只是心量不同。你若在此处转身，小器顿成大器。

其实小器和大器，不仅仅是体现在修佛法，也体现在生活中。我们说这个人小气，通常是说他吝啬，不肯花钱。但实际上小气有很多表现形式。譬如说从来不愿意去赞美别人，总是去批评别人，这也是小气。别人干活的时候，我找一个轻的活干，这也叫小气。怎么来衡量是大器呢？不仅仅干的活儿是惊天动地的，而且从不跟周边的人磕碰。是边缘才会碰，如果是虚空的，能碰着吗？小器之人，容量有限，总跟别人磕碰。一个大法你总也找不到它的边缘，你想碰一下边还不容易呢，你跳到大海里试一试。

在现实人生中，不管是工作单位，还是家庭或修行场，如果你总和别人相碰，你就是个小气鬼，不管是什么原因。即便都是别人的错，那你也是个小气鬼。大地是什么？安忍如大地，它藏污纳垢，这是一种心量。我们站在个人的点位上去修行，不要去管他人，即便碰上了一个逆缘，也是修行中可以精进的一个点。不要老妄自尊大，不要觉得离了我就不行，用一个公仆的心、奉献的心去做事，这时你就会变得谦和，心就会变得柔软，心量就会放大。你藏污纳垢有多大，你的心量有多大，你才能做多大的事情，上苍才把多大的责任交给你。你要有一个含纳万物、量包天地的心，才能够参赞天地，化育万物。你心量小了，还觉得做了一件大事，怎么可能呢？我拿一个茶杯去盛大海，我说这个茶杯已经很大了，这是蚂蚁看的。我们就是沧海一粟，就是大海里的一滴水。你只有融入大海，才有永久的生命力。

般若之智亦无大小，为一切众生自心迷悟不同。迷心外见，修行觅佛，未悟自性，即是小根。若开悟顿教，不执外修，但于自心常起正见，烦恼尘劳常不能染，即是见性。善知识！内外不住，去来自由，能除执心，通达无碍。能修此行，与般若经本无差别。

六祖说："般若智慧没有大小，所有众生只有迷与悟的不同。凡迷人之心皆是向外驰求，众生不知修行本身就是要你悟到自己的真如本性。如果没有悟到自己的真如本性，就是小根器之人。如果能在顿教法门下开悟，不执著于向外求，而是在自心常常生起正见，一切的烦恼与尘劳恒常不染，这即是见性。善知识，内外一切法不执不取不舍，这便可来去自由，能除祛执著之心，便可通达无碍。如能依此修行，这便与《金刚经》等无差别。"

修行之中有两点是非常重要、缺一不可的，那就是知见和行履。用今天的话说，有了正确的指导思想，才可能有正确的行为。知见和行为要并行，你也才有可能成功。你不断地在行的过程当中，去确立正确的见解。没有人一开始就是正确的，他必须在走路的过程当中，逐渐地将自己的见解扶正，拿正确的知见去指导行为，然后在行为的过程中，又不断地提升知见。

佛教中没有讲仁、义、礼、智、信，但此中是将其包含进去的，不讲不等于不在。就如讲顿教，顿教就是直截了当的意思，就没有其他的，但是，它是否包含中观、唯识，甚至四谛、十二因缘、三世因果、六道轮回这些佛教的基本教义？皆包含其中。

今天为何佛法难以弘扬，就是基础人格不够，仁、义、礼、智、信还没有做到，就去修大乘菩萨道了，当然修起来千难万难。我并非讲没有儒家的思想基础不能修，而是修起来难度会增加。很多修行人半途而废，并不是废在佛法上，不是在智慧不足上，而是在做人上。就是仁义礼智信不全，在做人上产生了很大的偏失。所以我们这一代人要努力，因为不光是佛法没有了，连儒家思想也没有了，要从土壤开始去做。

我们应该将弘法利生当做我们在社会中的事业，将修行改造自我当做家务，只有这样才能将这件事情做好。任何一个人只有以这种心态去做事，终究会有消息。一旦彻悟千万别觉得万事大吉，便放松忽略，要让自己的生命往更深、更宽广的方向去彻悟，要去深化放大这悟境。如果就此罢休，一切也可能退转为遥远、美丽、模糊的回忆。所以大部分的修行人修到曙光初露时，往往潜伏密行，缄默自修，如藏私密，绝不外露，免得逆缘滋生，无有了期。

这种长养圣胎的保任功夫，常常被学人忽略。你现在的悟境都是拿在佛法中修行的一切资粮换来的，你是否珍惜了。你家里要是进个小偷，偷你两千块钱，你会心疼。但是你任何一个悟境都是金不换的，所以你要知道何为重，保它应如保私家财产。

常常在长养圣胎这一阶段，看到很多学人出现问题。很多学人常常一悟便觉得自己可以入世，就想出山去做事，甚至于会误会师父怎么不给他机会出头。当年二十七代祖师般若多罗，告诉他的弟子菩提达摩时说："待吾灭后六十七载，你再出来说法。"六祖大师十五年的游牧生活，不也如是吗？都是讲你要有韬光养晦的功夫。这韬光养晦的功夫，是你要磨砺出来的。过早的外扬，会损伤你的根性。它还很弱小，叫"如保赤子，心诚求之"。刚刚有比较好的悟境，如果拿出来一张扬，当即就会有很多的魔境出现。这样一来，往往误人误己，永无出头之日。

六祖隐在猎人队伍中，从事相上讲是合了最危险的地方也是最安全的地方，从修行上而言，更是有了这段保任的功夫，悟境才日臻成熟。可想而知，身为一位见性的祖师与猎人相处会是怎样的景况。猎人呀，是专门打猎为生的，时时刻刻都在杀生啊。因此也只有经得起这样的历练，才能“百花丛中过，片叶不沾身”。别人问六祖：“你跟猎人在一起，你不吃荤吗?”六祖说：“只吃肉边菜。”这就是他的境界，他可以不沾染。

已明心地，不能轻乎保任涵养，知见与行履缺一不成修。因为见地要因着你行的资粮去建立，同时你的行是要因着见地去指导的，两者之间不可偏废。行的量越大，见地的土壤就会越好。如果行的资粮不够，一味谈见地，就如纸上谈兵，不能拿到现实当中去，是一个假的，一遇事情什么都不在了。所以经文说，内外不住，去来自由，能除执心，通达无碍。能修此行，与《般若经》，就是《金刚经》本无差别。

万法尽在本心中　因缘化导归自性

善知识！一切修多罗及诸文字、大小二乘、十二部经，皆因人置，因智慧性，方能建立。若无世人，一切万法本自不有。故知万法本自人兴，一切经书，因人说有。缘其人中，有愚有智，愚为小人，智为大人。愚者问于智人，智者与愚人说法，愚人忽然悟解心开，即与智人无别。

“修多罗”是梵语经文的意思。经者上契诸佛之理，下契众生之机，契理契机，所以叫契经、契合的意思。十二部经，非指十二部，是佛说法的十二种形式，把佛经的一切都包括了，有长行、重颂、授记、孤起、无问自说、因缘、比喻、本事、本生、方广、未曾有、论议。

六祖说：“一切的经典文字，大乘小乘和十二部经，都是因为有了种种不同的人，才有种种不同的经典，都是因为众生的智慧差别，去建立一切法。如果没有世间之人，一切法不会生起，就因为有了人这个生命的形式，才有了依照这个生命形式而建立的法。因此说，万法都因人的存在而兴起，所有的经典，也因人而说。因为人之中有愚有智，愚人为小人，智人为大人。愚人便向智人讨教，智人就向愚人说法。愚人听了法，悟解心开，便与智人无二无别。”

这里讲一切法因智慧方能建立。这个智慧有二：一是佛的方便智慧，随着众生不同的因缘说不同的法；二是众生本自具足的佛性智慧。两者要结合，才能够听懂佛所说的深意。

其实岂止佛法为众生而建立，包括整个的物质世界难道不是因众生而建立的吗？古今万法，都来自人的认识，都是人与环境矛盾的产物。万法唯心造，岂止是佛法！这个物质世界是因众生的心而生起，佛法是因众生的大烦恼生死而生起。这一切的生起皆因我们有相对的概念、二元意识，使得万法与我们相离。一个烦恼便有一个景象和你对立，也就有一个除烦恼的佛法存在，这三者的关系是可以相互转化的。你有一个妄念，就出一个妄想的境界，然后佛就有一个对治的方法，三者同时俱在。如果你站在烦恼相上，你永远被景象所惑，识不破它的真性，你永远就会在痛苦烦恼中生活。佛法像一盏明灯，让你生起智慧，顿然之间会把外景破掉。破掉的一刹那，烦恼即菩提。当你能把烦恼转菩提时，你便随之而转。所以经中说：一切万法，本不自有，故知万法本自人兴。迷时被法转，悟时可转法。上一刹那迷即凡夫，下一刹那悟即是佛。

善知识！不悟，即佛是众生；一念悟时，众生是佛。故知万法尽在自心，何不从自心中，顿见真如本性。《菩萨戒经》云："我本元自性清净。"若识自心见性，皆成佛道。《净名经》云："即时豁然，还得本心。"

六祖说："善知识，如果不悟彻心法，佛亦成为众生；一念了悟，众生即是佛。所以我们知道，万法都赖自心去体现，为何不从自心之中，顿然转身看自己的真如本性?《菩萨戒经》中说：我本来自心本性是清净的，如果能识得自心见自本性，都可成佛道。《净名经》说：顿时豁然开朗，才得本心。"

自己本来就是一本无字天书，里面包容万法，但往往不知求自己，总是向外去驰求。所以六祖在此强调："何不从自心中，顿见真如本性。"可见一代祖师慈悲心切，反复强调回到自家风光，不要向外驰求。外在所行的功德最后都由心灵来体现，外在的功德，外在的福报，一切外在的都是外道，都是向外驰求的。只有一念内心求，才是真正的修行人。

善知识！我于忍和尚处，一闻言下便悟，顿见真如本性。是以将此教法流行，令学道者，顿悟菩提，各自观心，自见本性。若自不悟，须觅大善知识，解最上乘法者，直示正路。是善知识有大因缘，所谓化导令得见性。一切善法，因善知识能发起故。三世诸佛、十二部经，在人性中本自具有，不能自悟，须求善知识指示方见。

六祖说："善知识，我于五祖弘忍上师处，一闻教法言下便大悟，顿然之间见自真如本性。所以我才将这个教法流传下去，希望后学之人能够顿悟菩提清净之心，都能各自观到自己的本心，见到自己的本性。如果自己善根不足，不能自见，须要寻找大善知识，能够解得最上乘之法，直接引导你入正路。这是你与大善知识往昔有大因缘，他才能教化引导你，令你生起正确的见解。世间一切善法，都因为有善知识才能将法流传。过去、现在、未来一切佛、十二部经，在人本性中都是具足的，但人们往往不能自觉感悟，所以才需要善知识指示与你，方能彻见。”

这一段六祖谈善知识在我们修行中的作用与重要性。五祖对六祖而言就是大善知识，他对六祖的大悟起到了很重要的作用。而悟后的六祖又成为众生的善知识，给我们留下了这样一部经典。

大道无私，佛法无为，没有秘不可宣之事。佛法是为众生而说，不度众生，法有何益？不度众生，不是佛法。我们要用一颗至诚的心，去报佛恩。佛希望我们做什么呢？弘扬佛法，普度众生。这就是最好的报佛恩。所以我们努力去将世间一切事情做好，然后又不以执著之心去做，随做随放，这样我们就在上求佛果下化众生中度过我们的一生，这将是多么美好的事情啊！如此，我们的生命才变得有意义了，才变得光明了、豁达了。

在我们没有悟彻以前，我们的人生是没有动力的。在佛法中，这个动力就是发愿，通过善知识的引导，你明了生命的方向，开始发愿。这就像给我们的生命按下了启动的按钮，将你本自具足的菩提心发动起来。如果你修了多年，也遇到很多的善知识，可就是没有将自己的生命开启，就是没有发愿，那你务必要问自己，反省自己，求道之心、求解脱之心是否正确，你真的是在求解脱，还是在求世间的生灭法中的什么东西？你求解脱的心迫切吗？还是可有可无的？道不远人，而人自远之。你果真是以真诚迫切的心情求解脱，一定会精诚所至，金石为开，必有花开见佛的那一天。而且你根本不要谈，我的前缘怎么样，好与坏都系于你这一生是否真正努力。

若自悟者，不假外求。若一向执谓须他善知识望得解脱者，无有是处。何以故？自心内有知识自悟。若起邪迷，妄念颠倒，外善知识虽有教授，救不可得。若起正真般若观照，一刹那间，妄念俱灭。若识自性，一悟即至佛地。

六祖说：“如果能够自悟，便不须外求。如果一再地执著善知识，希望他能给你全部的解脱，这对你的修行是没有任何好处的。为什么呢？因为般若智慧本来具足，须向内求。如果你起邪迷之见，都是妄想颠倒，虽然有外来的善知识指教你，但由于邪见的缘故，你终不能得到解脱。如果是真正观照般若，一刹那之间，所有的妄想都会消灭，识得自性，一悟即至佛地。”

我们看《西游记》，唐僧一路西行取经，被那么多的小鬼逮到山洞里去，想把唐僧吃了，认为吃了唐僧肉就可以长生不老。山洞里的妖怪都是邪魔外道的一种显化。这是典型的心外求法。吴承恩很了不起，他把世人修行的心态用小鬼的样子描绘出来。你赶快地观照，看看自己是不是那个盘丝大仙，看看你在唐僧取经的过程当中，扮演了一个什么样的角色。就是因为有邪见，所以得不到解脱。

前边，六祖讲了善知识的重要性。然而善知识对学人来说固然重要，可也不能一味执著，他只能起到引导你的作用。如果你把解脱的责任都交给他，而不去自我承担，认为认识了他，你就能得到所有的好处，这是邪迷，是妄想颠倒。反正所有的问题都交给你善知识，这不是佛弟子，是无赖。你自己的事情都不愿意去承担，统统地交给善知识，他又不是垃圾桶，他只是一个指路之人。我们每一个人都要自觉、自省、自立、自强。你遇到善知识确实会得到大好处。这个好处就在于，你依他指的路修行可以获得真正的解脱。他只能为你指出解脱之路，但绝不可能替你走路。当你所求和他能给予你的不能达成一致的时候，虽然他会想尽办法告诉你正确的道路，可是因为你邪见的缘故，他对你的解救，你是得不到的。

这是因为所达成的目标不一致。就像我们收看电视节目，我想看中央一台，就得把收看的频道调到中央一台。你把它锁到其他的频道，还想看中央一台的节目，那是不可能的。这就是善知识要给予你的和你想要的没有达成一致。为什么呢？就是因为见识的问题。

善知识要给你的是生命的究竟解脱，你要拿的却是福报、健康，不知道究竟解脱为何意，不知道究竟解脱的好处。就像度化一只鸡，跟这个鸡说：“我把你度成人，成了人以后，就能修行了，然后你就能成佛。”鸡说：“那好啊，成了人以后还有虫子吃吗？”这就是鸡的见解呀，鸡就认为吃虫子是它最好的生活。这就相当于人，我们说究竟解脱是一种境界。可他就会问，那我还有妻儿吗？我还有现实的人生吗？有什么样的境界就有什么样的感受。到那个境界跟现在完全是两个层面，完全是另外一种生命形式了。

同见同行勿匿法　无相偈颂皆依修

善知识！智慧观照，内外明彻，识自本心。若识本心，即本解脱。若得解脱，即是般若三昧。般若三昧，即是无念。何名无念？若见一切法，心不染著，是为无念。用即遍一切处，亦不著一切处。但净本心，使六识出六门，于六尘中无染无杂，来去自由，通用无滞，即是般若三昧，自在解脱，名无念行。

六祖说："善知识，用般若之智行观照，身心与外部大千世界通体透彻，就是内无身心，外无世界。虽内无身心，外无世界，然而身心与世界宛然存在。虽然宛然存在，毕竟当体为空。如能如此识得本心，见自本性，即是根本解脱。如能证得如此解脱境，即是般若定。般若大定即是无念。何为无念呢？若见身心内外一切法，心都没有沾滞，不曾染著，这个叫无念。般若大定有大用，用即可遍照一切，然而亦不著在任何一处，但使本心自性无染清净，使眼、耳、鼻、舌、身、意六识，在出入六门身体时，于色、声、香、味、触、法六尘中来去自由，一切无碍，这就是般若大定。另一个名字叫自在解脱，又叫无念。"这就是舍识用智。

六根出六门，不染六尘，直接和万法的实相相结合，这便是转识成智。千生累劫以来，我们都习惯用识，不用智。现在六祖给我们指明了成佛的道路，用智不用识。怎么才能用智不用识呢？那就是先将思量、推理、善恶等这些逻辑思维之心按下，也就是识不动，智才动。你的思量推理寻思一出，识一动，智便被遮掩。前面六祖说惠明的那句话："不思善，不思恶，正与么时，哪个是明上座本来面目?”六祖这就是在按住他的识，不让其动，让他自己来看那个本然之智。后来惠明非常有智慧，他发现了，看到了自己的本性，那一刹那，所以他开悟了。

这里重点要谈一下无念。先说何为念？在佛法里念有二重义：一是记忆，以不忘失为性；二是系念，即把某件事情放在心上，迟迟放不下。我们谈念佛就是这样的，叫声声不断。不是你声音不断，而是你心中念佛的链条一直在转，念念不忘。我曾经讲过思、想、念三者的关系，它们不在一个层面上。中国文化是一个博大精深的文化。思是什么呢？就是想一下，然后就过去了，没有造成任何的想法。想呢，就是深入了，持续了。我今天想，明天想，后天还想，这为想。念是什么呢？时时刻刻地想着，同时影响了我的生活了。吃饭的时候也在想，睡觉的时候也在想，干其他的事情也在想，这个时候就为念。这个念是念念放不下的意思。我把念说完了，你就知道什么是无念了，无念就是念念没有黏着。

有许多禅门下的弟子，由于误解六祖无念的意思而误入歧途。很久以来，很多学人以为般若三昧就是无念，无念就是没有任何念头。这种说法是后来禅门衰微没有后人的关键所在。就是把禅门当做无念去修，去修无念，所以我们在此强调关于六祖说的无念的问题。其实本经中所有关于无念的话题，六祖都有明确的解释、强调，你不可以断章取义。如果这个无念是没有念头的意思，那么佛法也不要修了。因为不修还无念，一修反而念来了，这样经也不要读，论也不要看，戒什么更不要管，好坏都一样。这没学佛以前还是个正常的人，学佛后反而变成了废物。因为六祖讲了要无念，后人会错意，说无念就是扫除一切思想内容。这是对禅门严重的误解，后学一定要注意。

要知道六祖大师在谈无念时说得很明白，念是一个人能有效地生活在人世间的重要功用。修行人要用这个功能，并且要锻炼这个功能朝着有利于自己和他人的方向发展。常人的念有时间与空间，在跨越时空之中，念容易亡失，像我们谈这个手机信号不好，就是信息在半途丢掉了。因念太多，干扰了我们对正确事物把握的信息，因此我们的念头变得狭隘。六祖所言的无念是让我们打通这些障碍，直接与实相相接触，而去超越所有的念头对现在的干扰，所以强调：“于六尘中无染无杂，来去自由，通用无滞，即是般若三昧。”千万莫要会错意，一误千万年。六祖说的无念，也即是《金刚经》中说的“应无所住而生其心”。无念不是没有念头，是在不住的前提条件下还要生心，否则就成废物。无念就是无住生心，生心无住。我们如果能有这种认识，就是有智慧之人。

若百物不思，当令念绝，即是法缚，即名边见。善知识！悟无念法者，万法皆通；悟无念法者，见诸佛境界；悟无念法者，至佛地位。

今天是二〇〇八年的元旦，我代表华夏传统文化学校，祝大家在新的一年里福慧双增，事业有成，身体健康！即将迎来子年，又将是一个新的十二年循环的开始，希望今年大家都能有一个良好的开端。今天没有什么可以奉献给大家的，一杯清茶敬献给大家。这曹源一滴水，专门从南华寺六祖惠能那里接来的，茶叶是我的师父刚从武夷山天心永乐禅寺送来的。天心永乐禅寺的茶，曹源一滴水，愿这个法脉流注在每一个人的心中，去绵延慧命。下面我们开始讲课。

六祖说：“如果你修行后什么都不思不想，这叫一直让自己断了所有的念头，就是你在修行的过程当中，为断念而修。其实你让自己断念的这个念头即是被法而束。”“我要断念，我要断念”，这本身就是一个念头，这个念头就叫法缚，被法约束住。你当心，这是不得解脱的。六祖说，这是边见，不是佛法的中道之见。

这段话对每一位学道之人确立正确的见地非常重要。念头不是“我要断念，我要断念”这样断的。就像我时常给同修们说，腿必须要盘，但腿不是盘出来的一样。很多的学员对我说，盘一个单盘，腿都像高射炮一样。我说，不要紧，不要去跟腿拼，不要把你的腿搞伤，要不断地去转化心灵，最好的办法就是干活，你去做事。因为在末法时期，在家修行最方便的方式就是做事，用你做事的功德来换。

你想想，让你做一个小时的事和让你盘坐一小时，哪个合算？我宁可做事，去抬一个小时的大筐，我都不盘一个小时的腿，这是方便。但问题的关键在于看你做事时的心念。修行本身不是一个外化的东西，是站着是坐着，是盘腿念经，还是打坐，这都是形式。只要心念拎起来，做什么都是修行。如果心念拎不起来，打坐时在那里妄想，也不叫修行。以一颗清净无我的心，以一颗欢喜的心在做事，亦是修行。任何一个修禅门的说不会盘腿打坐，都是一个大毛病，但腿绝对不是硬盘出来的。

怎样把每一刻都抓住作为修行呢？我讲三点，叫三依三不依。第一点，依善不依恶。譬如说一个人跟我讲了一句话，这话是什么意思，他是在讽刺我，还是在表扬我？这时就往好的方面想，他果真是在表扬我。遇到所有的事情都这样去想。

第二点，依好不依坏。与人是依善不依恶，与己是依好不依坏，就是自己遇到诸事时往好处想。譬如说自己生病了就想，疾病是把我以往的业表现出来了，我承担了，就把这个以往的业障给消了，还了一个债，所以，生病也很好。今天我丢钱了，肯定是我往昔拿了人家的钱了，现在我又还了一笔账，很好！家人生病了，我给他们念大悲咒，念药师咒。这可以激发我的慈爱之心和持咒功德，能激发出我的力量去转化亲人的疾病，这不还是很好吗？就是这种思维方式，学会把遇到的一切事情往好处想，这叫依好不依坏。

第三点，依智不依识。依了我们的智慧，不要依我们的思辨。任何的事情等你琢磨来琢磨去，那个感觉已经错掉了，你的第一念是正确的，那个是智慧。智慧是通达的，智慧之中没有思辨推理的过程，是直汇的。你要学会训练自己，学会观察你的第一念。依智不依识是究竟的，你用智慧去解决事情时，结果是最圆满的。但凡你有一个计划往前推进，统统不是依的智慧，过程之中往往会有很多的变化，可能不像你预想的那样，你会有很多的浪费。依智不依识也就是《金刚经》所说的“应无所住而生其心”，就是无住生心。

这里，六祖惠能讲：“各位善知识，如果能悟到我说的无念法的真意，万法皆通，没有障碍；如果悟到无念法的真意，你便与佛的境界等同；如果悟到了无念法，你可以达佛果地。”

这段话谈了树立正见的重要性。你想，你心中没有执著了，没有自己的知见了，你就和这个事情的本然去交会了。这个时候，就是万法皆通。与万法的阻碍产生在何处？产生在我们的心念之中。因为我们心有执著，当被执著束缚住以后，就不得解脱。

这么多年以来，我在各地讲经时有一种很深的体悟。我遇到社会上很多人都非常善良，乃至于他的善根都极好。可是他在起步的时候出现了很大的问题，就是种子地有问题，没有树立正见。如果没有树立正见就起步修行，必然要走弯路，回过头再纠偏，速度就相当之慢。种子地一旦偏离，想把它再扶正，这是一件非常困难的事情。真正树立正见，对于一个修行人来说非常重要。我们在座的各位和网上的学员，不管你以往是修什么法的，我希望你们听完《坛经》这一课后，“过去事如过去死，今日事如今日生”，去重生。重生的时候，你护持好自己的心念，不要让那些歪的邪的心念不断地出现，莫作对立想。但有对立攀比，皆是邪法，学人一定要当心。

善知识！后代得吾法者，将此顿教法门，于同见同行，发愿受持，如事佛故。终身而不退者，定入圣位。然须传授从上以来默传分付，不得匿其正法。若不同见同行，在别法中，不得传付。损彼前人，究竟无益。恐愚人不解，谤此法门，百劫千生，断佛种性。

六祖说：“善知识，以后学人能得这个法的，将这个顿教法门，与树立这种见地的人携手同行，大家一起来发愿，领受护持这个法，就像供养、侍奉佛在世一样诚心诚意。这样终身而不退转，一定能成圣果，一定能登圣位。”六祖说的这段话，给我们每一位学人树立了坚定的信心，就这样走下去，一定有光明的未来。

六祖又说：“在传法的过程中，从释迦佛传与大迦叶，大迦叶又传与阿难，直到菩提达摩初祖，到六祖，这一代一代，默默相传，传此以心印心的法门，祖师与祖师心领神会。不可藏而不宣，得法者如果你不宣法，隐于自家消受，如此世间没有正法住世，异端邪说便会横起，使人看不清正邪。如果不是共同见地，更不是同路人，不是同修，在其他外道法的道场中，不可以传这个以心印心的顿教法门，最终对谁都没有益处。世间愚昧的人没有善根，不了解此法的深意，就会毁谤这个法门。谤此法门的人，百劫千生，断己断人的佛根慧种。”

这一段话虽然经文不长，但是说了几个严重的问题。第一，悟得正法，不传于人，是为匿法。你要承担的不仅是正法没有得到弘扬的果报，还有因世间没有正法而邪法如云的果报。第二，不得与邪见人传正法。因邪见人会谤正法，谤正法的果报是百劫千生，断人断己的佛根种性。其次会损害前边的祖师，为其承担因果，最终对谁都没有益处，对你自身和被传者以及你的上师，统统没有好处。

这里不仅指的是外道，还包括善根不具足的人，也不可传授给他，因为他不能够树立信心。就像六祖在前面说的，如果想修入甚深法界的法以及得真正的般若妙定，就应该在行门中修般若，同时持诵《金刚经》，就可以见性。但是，善根不具足的人听了这话，就会对此生疑。心生疑惑就是谤法，不是说非得破口大骂。很多的人愿意走三大阿僧祇劫的路，你若说与他，他依然会谤，这是很可怕的。不谤正法，他还能步步增上，起码不会堕落。你本好心，让他更快，将顿教说与他，结果却断其佛根，永无出期，自己与他人双向都受到损害。

我们这里就有这种情况。我们这一堂人听课，各自领受的状况不同，如人饮水，冷暖自知，大家一课一课下来，都是按部就班的。有些新进来的人在这里听课，本来人家来了一课一课，听得好好的，可有些人却偏偏要去给人家开小灶，瞎讲八讲，神神乎乎，全然不知别人怎样想的，结果把别人吓跑了，断了别人的慧命，这是要承担果报的。所以，你要了解你讲话的分寸，怎样是恰到好处，这是方便般若。在你不具备这种智慧以前，你最好不要讲，自己还没有搞明白怎么回事，怎么能让别人明白呢？这不是以其昏昏，使人昭昭吗？

禅门顿教的宣法对象是那些在修行中重视证悟，重视实践，在修行的过程中又遇到了障碍的人，此时在他原有的基础上向前推进一步，这便是了。我们切记，自己不用心，不实际行，而一天到晚挂在嘴上讲，这叫败坏宗风，不是我佛弟子。永明寿禅师、莲池大师等都是修禅宗的，在顿教的法门下见性的，可是他们后来提倡念佛，就是针对那些伪禅而设立的。这类人因他不是禅门顿修的根器，未证言证，未悟言悟，结果修来修去，还是烦恼一大堆，一天到晚在人我是非中转，这样害己害人。所以，六祖郑重吩咐后学，不要将顿教法传给他们。

善知识！吾有一无相颂，各须诵取，在家出家，但依此修。若不自修，惟记吾言，亦无有益。听吾颂曰：

说通及心通　如日处虚空
唯传见性法　出世破邪宗
法即无顿渐　迷悟有迟疾
只此见性门　愚人不可悉
说即虽万般　合理还归一

烦恼暗宅中　常须生慧日
邪来烦恼至　正来烦恼除
邪正俱不用　清净至无余
菩提本自性　起心即是妄
净心在妄中　但正无三障
世人若修道　一切尽不妨
常自见己过　与道即相当
色类自有道　各不相妨恼
离道别觅道　终身不见道
波波度一生　到头还自懊
欲得见真道　行正即是道
自若无道心　暗行不见道
若真修道人　不见世间过
若见他人非　自非却是左
他非我不非　我非自有过
但自却非心　打除烦恼破
憎爱不关心　长伸两脚卧
欲拟化他人　自须有方便
勿令彼有疑　即是自性现
佛法在世间　不离世间觉
离世觅菩提　恰如求兔角
正见名出世　邪见是世间
邪正尽打却　菩提性宛然
此颂是顿教　亦名大法船
迷闻经累劫　悟则刹那间

六祖说："善知识，我有一《无相颂》，大家诵持。不管是在家出家，都可以依此修行。如果不自修，只是记住我说的语言，也没有任何益处。"

语言是用来观照行为的，离开了行为，语言便失去了存在的意义。所以，重要的是拿来观照，拿来身体力行。这段无相颂其实没有什么难于理解的地方，需要大家自己去参。虽然禅宗讲不立文字，教外别传，然而在心性的观照下又不离文字，否则的话，我们讲《坛经》干什么呢？所以这一段无相颂要求大家会背。

何为颂？就是为了给学人提供方便，便于记忆，将佛理用颂的方式写出。但是，不仅仅为了记忆，重要的是让我们身体力行，不能流于口头禅，那便会枉自蹉跎了岁月。要把禅的见地放在实际的修行生活中去，要看看自己烦恼在何处，从何而生。修行是你越来越轻松，烦恼越来越少。当你看到别人的毛病时，烦恼顿然生起。这个能看到别人缺点的能力，我们称它为我执。

我执重，则烦恼盛。我执最突出的表现就是能看到别人的毛病。我执的另一个表现形式就是具有强烈的忧患意识，一天到晚担心自己会过不下去，这个担心是我执的第二种表现。你必须学会观照。比如说我现在生病了，我很担心，感到很害怕。我怕的什么？怕死。为什么怕死？就是因为没有了脱生死，所以才会怕死。那么生命到底是什么？最后等你观照到空性的时候，我执也破除了。

每位学人必须“如实知自心”，必须如实地看到自己的心在想些什么，如实地面对自己。你可以欺瞒天下，就是不要欺瞒你自己，因为那是你修行的障碍，所以要你如实知自心。否则，就不是修行人。修行修的是什么？就是破除你累劫千生的这些习惯。如果习性未改，还修它做什么？就没有可修的了。必须面对自己的习性，戛然一刀把它截断才叫修行。习性不改不叫修行。

这个无相颂意思并不难懂，在此不再作全方位的讲解。背会很简单，只是落实到行动中不太容易，需要我们在学经典过程当中信解行证。

无相颂的第一句，就是谈心通。“说通及心通，如日处虚空。”什么叫心通呢？就是没有滞碍。什么叫没有滞碍呢？你的情绪，喜怒哀乐悲恐惊为滞碍，贪瞋痴慢疑为滞碍。但凡有起心动念，即为滞碍。心不通，便是不通宗。你在任何一个宗门下修行，都得是非常敞亮豁达的心。如果你对所修的宗门心生疑虑，这就是障碍，是不得其门而入的。疑其实不在法脉，也不在上师，就在自己的心里。这样走到哪里都会疑。心疑则心不通。心不通，就不通宗。不通宗，就不见道。不见道，还修什么？那就是盲修瞎炼。

真正的修行人不仅要说通，更要心通。真正的大乘佛法必然是宗通、说通、心通三者缺一不可。悟彻宗通的人，没有说不通的。这一切都通达了，才能像光明的太阳，照彻虚空，日光明照，见种种色。只有传了佛的正法，世间才能减少邪法的蛊惑。正法是明镜，只有明镜高悬，才能照彻黑暗。所以说："唯传见性法，出世破邪宗。"

"法即无顿渐，迷悟有迟疾。"法本来没有顿渐之分，只因众生迷与悟的状态不同，才产生了顿和渐的差别。

"只此见性门，愚人不可悉。"这样至高无上的见性法门，愚人是不能接受的。《道德经》里有一句话："下士闻道大笑之，不笑不足以为道。"就因为愚钝的人笑话你，所以才证明你言的是道，因为他的智慧达不到。

"说即虽万般，合理还归一。"虽然法有万般，千差万别，有显有密，有禅有净，如此等等，八万四千法门，但他们所言的道理都是一致的，大方向都是引人解脱的。

"烦恼暗宅中，常须生慧日。邪来烦恼至，正来烦恼除。"烦恼常常隐藏在心灵深处，不易被学人察觉，所以要常生观照智慧，来照彻心中的黑暗。一切的邪见邪法，都依你的烦恼而存在，正法是为除烦恼而设立。

"邪正俱不用，清净至无余。"我们一代祖师婆婆心肠，翻来覆去地说，正法是要你用来照破邪法的，邪法一旦破掉了，正法也不执。如果你执著了，即是邪法。所以是邪也不取，正也不执。这才是彻底的清净。

"菩提本自性，起心即是妄。"菩提是每一个人的自性本质，但有起心动念，皆是妄心所动。只要有动念，就像大海里只要一起波澜，即是浪花，浪花即是烦恼。

"净心在妄中，但正无三障。"如果常以清净心去观妄念，贪瞋痴三障的烦恼便自消除。你常以一颗清净的心，看到烦恼起的浪花，然后这个浪花自然会消掉。

"世人若修道，一切尽不妨。"一个人如果真正发心修道，那就生活处处有道场，一切皆无妨。我们在初修的阶段，一切尽是妨，到处都是障碍。烦恼来了正好修，业障现前刚好修，报应来了正好修。茶里饭里、静时闹时，无不可以修。生活就是我们的道场，离开生活没有道场可修。打坐念经时禅在，难道走路、说话、上班时，禅就跑了吗？道是无处不在、无时不在的。道不远人，只看你日用之中，在何处松手。

"常见自己过，与道即相当。"能常检查自己的人，勇于改正错误的人，就不会那么执著。平时回避错误的人，执著就重。修行的历程，就是放下、放下、再放下的历程。能经常看到自己的错误，本身就是修行。

“佛法在世间，不离世间觉。离世觅菩提，恰如求兔角。”这是普通学佛的人都能背诵的话，从字面上也不难理解。但真要身体力行，却有难度。佛法从何处来？从众生的烦恼处而来。没有众生的烦恼，何来佛解脱烦恼之法？烦恼是可以生出解脱之法的土壤。所以佛法就是在众生的烦恼处才得以体现。只有面对烦恼，你去参透它，看到它如幻的真相，烦恼才能够转化。在烦恼处转身，才是真修行。

我们不要去回避烦恼，佛法是建立在因果的基础上的，现在一切皆是往昔的果报。我们用因果的观点看待生命，来解决问题。因此，烦恼是个好东西，因为它可以转成菩提，可以让我们看到自己，这是修行人真正的下手处。众生以菩提为烦恼，佛转烦恼为菩提。一切烦恼都在世间而生，都在世间而转。所以，“佛法在世间，不离世间觉；离世觅菩提，恰如求兔角”。

很多人为了逃避世间的纷扰，认为修行要找清净的地方，要到深山老林去闭关。我们看今人去闭关的有几个成就的？以前有人闭关，不要以为闭关就省事了，其实闭关是要有大本钱的，可不是初修者或者资粮不具足的人可为的。很多人这样告诉我打算闭关，找个清净的地方去修行。我就反问他，你有这个福报吗？你有那个智慧吗？

禅门中说：“不是菩萨不住山，没有开悟不闭关。”可听懂了？否则凭什么可以闭关呢？闭关又干些什么呢？儒家经典《大学》里说：“如保赤子，心诚求之。”意思是说，就像保护自己刚刚生下的孩子，这个刚生下来的孩子不会说话，全凭母亲殷勤的呵护，凭着母亲对他的爱心，去猜测这个不会说话的孩子的要求和想法，虽然不能完全猜准，但是也离他的意思不远。这叫“虽不中，不远矣”。

为什么说见性后才可以闭关？见性后的闭关就像母亲待婴儿这般呵护、强化那见性的状态，使之成长壮大，直至大放光明。就像孩子健康成人了，母亲的心才稍稍放下来。这闭关就相当于母亲在坐月子。没生孩子你坐什么月子？没见性你闭什么关？当然，见性也不一定非要闭关，只要你善自护持，好自为之，时时提起，处处放下，这便是了。自然，就如这世间，没娘的孩子也可以长大，但毕竟要历尽艰辛，且有诸多的凶险，随时有夭折的可能。很多的修行人都已经见过性了，但那已经变成他美好的回忆了。这个回忆会越来越淡，越来越淡，这是很可怕的。就是新生儿被他养死掉了，如果再生，就难乎其难啊！因此我们今天更强调在世间觉悟，在世间保任，在世间成就。以六度的精神在世间修行，在世间成就，不管是对自己，还是对众生都有极大的益处。

时常有些人，鼓起勇气住山闭关，但往往习性来时，不能管理，强行压服，最后百病缠身，被打出关来，常人不如。其实，因为有对立想，所以才分世间和出世间。总把自己的烦恼归结给环境，归结给客观，而不自调其心。

六祖在此说明，什么是世间，什么是出世间呢？六祖说："正见名出世，邪见是世间。"如若认为住山即是出世，在家即是世间，那就错了。看来，出世和入世是谈的心，不是身。正见确立，当下出世；邪见一起，当下入尘。所以禅门强调出世不离世，入尘不染尘。

真正见性，见的是什么？见的是自己的本性和宇宙的本性是合一的。当下一瞬间，人我对立一切的矛盾统统化解，顿入不二法门。那时，不但邪见不要，连正见都一扫而空。仔细想来，深山老林就出世了吗？还在世间啊！何时出离了？所以出世、离世都在见地。所谓心净则国土净。禅门有一个偈颂，说得实在太好了："天是棺材盖，地是棺材底；无论好和坏，总在棺材里。"什么棺材？六道轮回的棺材，都是生生死死。

六祖在此又怕学人在正见上执著。一旦执著，便是邪见。六祖于是说："邪正尽打却，菩提性宛然。"很多人会在此处迷失。邪见不要，是可以理解的，正见怎么可不要呢？如果见了性，本本然了了常明，自心本性全部体现，没有正邪两面，是全体现。正还是相对，因为有邪，才有正。既然从我们的心境当中，把邪的一面去掉，没有邪了，当然就没有正了。这就如《金刚经》言："法尚应舍，何况非法！"所谓正见是达究竟菩提的路，不是终极目标。到达终极，全部体现。所以当你到达终极，就不要执著来路。因此，六祖说："邪正尽打却，菩提性宛然。"

六祖在颂的最后说："迷闻经累劫，悟则刹那间。"可能累劫千生寻寻觅觅，不知佛陀的真理和真境界，到了悟时，一刹那，原来万法皆空，一切法又无不是佛法，又无所谓佛法。所以，千万年的黑暗，一盏明灯即可照破，不需要千万年的灯过来照，而是一刹那就可以照亮，只看你的心愿意不愿意被它照，愿意不愿意那一刹那内外相应，大放光明。如果你自己遮住了，灯过来又有什么用，还是有阴影在。

师复曰：今于大梵寺说此顿教，普愿法界众生，言下见性成佛。时，韦使君与官僚道俗，闻师所说，无不省悟。一时作礼，皆叹：善哉，何期岭南有佛出世！

六祖接着说："我今于大梵寺讲说大乘顿教法门，普愿法界众生言下见性成佛。"六祖在此发此大愿，我们今天能听闻到这部经典，又能有此殊胜机缘同感同参，皆因六祖愿力所至。这时韦使君与官僚道俗，听闻了六祖如此说，无不反省觉悟。大家共同顶礼，都在赞叹："善哉，这岭南有佛出世了！"

疑问品第三

六祖生活的时代正值唐朝鼎盛时期。在这个时期，各宗各派阐释自己的观点，在修行的方法上也有不一致的地方。于是，各宗各派之间的争论会很多。争议比较大的当数禅门的“不立文字，教外别传”，认为这不符合戒律，这就引发了世间其他法门的怀疑。所以，这一品是疑问品，有对禅门本身的疑问，又有修行人在修行中遇到障碍的疑问。

梁武求福非修佛　祖示法身真功德

一日，韦刺史为师设大会斋。斋讫，刺史请师升座，同官僚士庶，肃容再拜。问曰：弟子闻和尚说法，实不可思议，今有少疑，愿大慈悲，特为解说。师曰：有疑即问，吾当为说。韦公曰：和尚所说，可不是达摩大师宗旨乎？师曰：是。公曰：弟子闻达摩初化梁武帝，帝问云：朕一生造寺度僧，布施设斋，有何功德？达摩言：实无功德。弟子未达此理，愿和尚为说。师曰：实无功德，勿疑先圣之言。武帝心邪，不知正法。造寺度僧，布施设斋，名为求福，不可将福便为功德。功德在法身中，不在修福。

又一日，韦刺史为六祖设斋供养。吃完饭，刺史请六祖升座讲法，与在场的官僚百姓等庄严仪容，再拜六祖，并且问六祖说："弟子我听大和尚您说法，真实不虚，不可思议。但我有少许的疑问，愿您大发慈悲，为我解疑。"六祖说："有疑即问，我当然可以为你解说。"刺史说："大和尚您说的法，不就是达摩大师的那个宗旨吗？"六祖说："是的。"

韦公又说："我听说当初达摩大师教化梁武帝时，武帝问，我一生广造寺院，供养僧人，布施设斋，我这样做有什么功德吗？达摩祖师说，没有什么功德。我没有明白这个道理，愿六祖您为我说。"六祖说："就是没有任何功德。你不要怀疑先圣之言。武帝心起邪法，不知何为正法修行，造寺度僧，布施设斋，这些行为都是在以有求的心而做，因此只落于人天福报，不可以将修福说成是修功德。功德在法身，功德无形，法身不可见。这些可见的行为，只感可见的福报。"

在这个问题上，许多的修行人在此迷惑，没有搞清楚，以为修福是修行的终极目标，把手段和目的给颠倒了。修行的目的是般若解脱，在解脱的过程中会出现一些障碍，于是用修福的方式去解决，但这只是手段而非目的。很多人糊里糊涂修了半辈子，还以为自己在修功德，其实都充其量是在修福报。更有甚者，连功德与福报都分不清。

我们来看梁武帝这一生做了些什么？修建寺院，供奉僧人，翻译、流通经典，为佛教兴盛做出了很大贡献。更有大家很难做到的一点，他身为一个皇帝，几次出家为僧，甘愿在寺院里当小沙弥，在寺庙里干活、出力。他出家很多次，又都被宫廷朝廷出钱把他赎出来。他在生活方面也很俭朴。但在二位祖师的眼中，梁武帝是不懂佛法的。达摩祖师说他无功无德，六祖说他修的是邪见。我们通过他一生的行为，与二位祖师对他的评价，得出的结论是心外求法为邪道，心内求法为正道。六祖明确指出，不可将福报当功德。佛法究其根本是智慧解脱，智慧的根本是见性。性本空，这一切才与成佛有关。与成佛有关的才能称得上功德。因为功德是成佛的资粮，是解脱生死的方便，不是眼能见到的福德。

禅宗所建立的修行方法，是在自己的本性中内心深处见道，以道为纲，普摄万法，创造万法。六祖所强调的功德就是回归到我们的自心本性之中，而不是外在的什么。六祖之所以说法能丝丝入扣，滴滴归源，就因为他的心在自心本性之中，能生万法，能容万法，不是做学问做出来的，是从本性中流露出来的。我们学佛便要在此处下工夫，不能哗众取宠，华而不实。也就是不要在似是而非处修，不要在外在修，如梁武帝一般，结果不仅佛没修好，皇帝当得也不好，最后被人囚禁饿死，人也没得做。

《金刚经》里讲："若菩萨心住于法而行布施，如人入暗，则无所见；若菩萨心不住法而行布施，如人有目，日光明照，见种种色。"梁武帝是典型的住于法而行布施，如人入暗，无所见啊。不见什么？是不见佛道啊，看不到脚下成佛的路。反过来，不住于法而行布施，如人有目，日光明照，见种种色，就能清晰辨别成佛的路。紧接着，六祖进一步谈什么叫功德。

师又曰：见性是功，平等是德。念念无滞，常见本性，真实妙用，名为功德。内心谦下是功，外行于礼是德；自性建立万法是功，心体离念是德；不离自性是功，应用无染是德。若觅功德法身，但依此作，是真功德。若修功德之人，心即不轻，常行普敬。心常轻人，吾我不断，即自无功；自性虚妄不实，即自无德；为吾我自大，常轻一切故。善知识！念念无间是功，心行平直是德；自修性是功，自修身是德。善知识！功德须自性内见，不是布施供养之所求也，是以福德与功德别。武帝不识真理，非我祖师有过。

六祖又说了："明心见性是功，观万法平等是德。念念都没有黏滞，对任何事情都不执著，恒常见自心本性起真实妙用，这样才叫功德。内心谦和居于人下为功，外在的行为有礼节是德；能够依自心本性起妙用建立万法是功，心常清净无杂念是德；时刻不离自心本性是功，又能应酬万物而心不染著为德。如要修功德法身，就要依着我以上所说去做，这才有真功德。"

六祖所言的真功德，没有离开自心本性，没有离心另觅他途。怎样修心呢？心合于内是心，心发于外便是我们日常的身、口、意。身口意合一为心。怎样将身、口、意提升至更高的境界，与最高的智慧相契合呢？在身为正，在口为净，在意为觉，这三者合一，在心为禅。其实质没有差别，一心可以统三。心不统一，便各自分而独立，各自起用，产生分别意识。我们说口是心非就是这样，心里想的是一回事，嘴上说的又是一回事。分别一起，便是凡夫。合而为一，便入禅境。犹如千河百川皆入大海，千河百川无论如何分流，水性不变，汇于大海后更看不出哪是长江水，哪是黄河水。正是觉，觉是净，身口意同修，即是修心。

心在内是合一的，发出来就是身、口、意。发出来的时候，身、口、意还是不是合一的？这就是修行的下手处。从身口意任何一处发出来，都应该还是心的一部分，而不能变成只是口的，只是意念的，只是身的，这就分开的。行为和思想是不通的，语言和行为又是不通的，这人不就分开了？这样分别意识就起。愚人是将身、口、意分而修之，智者懂得这个道理，合一而修，修时还要不起修之念。起念为妄想，妄想只能修妄心，不是真心。修行是难还是易，只看当下一念间。这便是经中所言："念念无滞，常见本性，真实妙用，名为功德。"用在身口意上。

"内心谦下是功，外行于礼是德。"这两句话说得很有意思。谦下与礼皆是儒家思想。谦下是尚善之人。《论语》说："恭近于礼，远耻辱也。""谦下"指人之行事持重而严谨的样子。谦谦，卑下。如《诗经》里说："如临深渊，如履薄冰。”做人做事时如临深渊，如履薄冰，要有一颗谦下之心，才像修行人。傲慢之心当然不像修行人。有所得心，就是自以为对某一个环境有过很大的贡献，这也不像修行人。何谓礼？《礼记》中说：“夫礼者，经天地，理人伦，本其所起。”所谓经天地，就是祭拜天地，在佛家就是拜佛、菩萨；理人伦就是宗庙家祭。以祭祀为礼。因为恭敬，所以便有知耻之心，远耻辱也。当一个人谦下知耻时，便生功德。这说得太好了，这能看出儒家思想与禅的密切结合。

有很多修行人之所以修行不上手，就是因为仁义礼智信的基础不好。佛教之所以能够在中国昌明，就是因为中国的社会基础、文化基础适合了佛教在这里生长。所以从这一点上讲，有了很好的做人基础，才能真正好好地修行。否则，在修行的历程中，这些问题统统会显现，不是信不够，就是仁不够，义不够，总是缺一点东西。真正仁爱之人，修慈悲很好修。因为仁和慈悲很接近，只需当下一转即是。如果仁爱之心不够，要修慈悲，就有好几步要跨。

六祖接着说：“如果想修真功德，心就不能轻慢一切人，常常是普皆恭敬。如果你心中常轻视别人，人我是非不断，这种心态自然以为自己是在修行，其实是没有任何功德的。如果常常处于妄想中，你的心是虚妄的，你的语言是虚妄的，你的行为是虚妄的，当然没德。因为骄傲自大，无视一切，轻慢他人，所以无功无德。善知识，念念没有虚妄就是功，心之所思、念之所想公平正直，不弯不绕，不曲不邪，心能够这样平直是德。见自本心识自本性为功，依见性规范行为是德。”

往往事情都很简单，不复杂，都是人为设造的障碍。本来通天的路就是一步之遥，一刹那可到，可为什么会变成十万八千里呢？就是因为自己的心给自己设造了诸多的障碍。有时一件事情本来很简单就能完成，就是因为把很多的自我的想法放进去，设造了这么多的曲曲弯弯，然后使得这件事情一直在很艰难的状况下去进行。这都是人为的，都是人心所致。

六祖说：“善知识，功德是自性内收内见，不是布施、供养等外在所能求得的，这是福德与功德的差别。梁武帝不识佛教真理，误将福德当成功德，这并不是达摩祖师的错。”

真理就是真理，三世不易其说。批判祖师的这些人都是妄自下结论，因为没有见性，才敢说如此大话。这里，六祖将福德与功德明确地划清界限。学人不要误解其义，不要把外相的行为当做功德。功德在法身中。《金刚经》说："若以色见我，以音声求我，是人行邪道，不能见如来。"前边两句都带我，这个"我"是指释迦佛吗？不是特指释迦佛，而是指佛道。"所谓如来，如其本来，无所从来，亦无所去"，你看不到佛的本来面目。功德在法身，不在色身，法身是无形无相的。

我们拿着六祖说的境界来自照，看看自己有什么问题。自性中是谦下的吗？是平直的吗？法就是要拿来对照的。如果能在这一刹那放下一切，我认为便是功德无量。所谓罪恶能改，善莫大焉，能改掉一个罪恶是最大的善。行善容易，不为恶难。行善大家都看得见，做一件善事，别人还会表扬你。但是不为恶是你本分，是你该做的。所以说，罪恶能改，善莫大焉。

随其心净佛土净　东方西方尽极乐

刺史又问曰：弟子常见僧俗念阿弥陀佛，愿生西方。请和尚说，得生彼否？愿为破疑。师言：使君善听！惠能与说。世尊在舍卫城中，说西方引化经文，分明去此不远。若论相说，里数有十万八千，即身中十恶八邪便是说远。说远，为其下根；说近，为其上智。人有两种，法无两般。迷悟有殊，见有迟疾。迷人念佛，求生于彼，悟人自净其心，所以佛言：随其心净，即佛土净。

刺史又问了："弟子常常见出家在家的人，修净土念阿弥陀佛，愿往生西方净土，请大和尚您开示，念佛能生西方极乐世界吗？能生净土吗？请您为我解疑。"六祖说："使君，你好好听着，我惠能为你说。当年，释迦牟尼佛在舍卫城中，说了引导众生去西方净土的经文《阿弥陀经》，经文分明说西方净土去此不远。如果论相状的里数有十万八千，这便是远。为何有十万八千呢？即人一身中有十恶八邪。"

《阿弥陀经》中说去此不远，其实是在当下一念转，但是因为人有业障，转不了，所以就去此很远了。

什么是"十恶"呢？就是身三恶，口四恶，意三恶。身有三恶，杀、盗、淫。口有四恶，口最坏，最难修，还最容易犯。一是绮语。说混淆是非的话，包括淫秽的语言。当今社会很流行说黄段子，修行人不可以说。二是妄言。说大话，说谎话。好事明明是别人做的，说成是自己的；坏事明明是自己做的，说成是别人的。三是两舌。挑拨离间，搬弄是非，唯恐天下不乱。四是恶口。骂人，诅咒别人。意有三恶，贪、瞋、痴。身三恶，口四恶，意三恶，加起来一共十恶。

什么是“八邪”？就是“八正道”的反面。八正道为：正见、正思维、正语、正业、正命、正精进、正念、正定。将八正道前边的“正”字改为“邪”，即为八邪。

十恶八邪就是去西方净土十万八千里的路程。大家说，净土怎么去？净宗如何修？

六祖说：“去西方净土，说远是为下根人说的，因为十恶八邪他样样具备样样深重，当然就距离很远，因为有十万八千个烦恼。说近是为上根人说的，因为业力轻，烦恼少。”

通过疑问品，我们来看当时的社会环境。六祖所在的时期是武则天的时代，净土法门盛行，就连偏远的岭南山区对净土也是家喻户晓。岭南过去是蛮夷之地，连岭南边远的地区，净土都家喻户晓，可见得净土是多么深入人心。而六祖所传的禅宗是以心印心的佛的法门。这里我们要谈一谈世人对净土与禅门的误解。在世间修净土的人很普遍，但真正了解它、认知它的人却很少。

所谓净土有三方面的内容。第一是依报净。就是指环境美好整洁，没有任何的污染。《阿弥陀经》里说，此世界金银铺地，七宝庄严，那是阿弥陀佛的净土，一尘不染。

第二是共业净。因为到那里的众生的业清净，所以没有我们这个世界的政治、经济、文化社会矛盾，要依靠生产才能去生活，这一切全无。如果没有依靠生产去生活，那当然就不会有所谓政治环境，更不会有什么一级级从中央到地方的官员。此世界的教主是阿弥陀佛，还有两个大菩萨，观世音菩萨和大势至菩萨。所有的众生都是依着这个国土去修行，去聆听阿弥陀佛的法音，不存在国家制度，也不存在各行各业，所以是共业清净。

第三是别业净。那里每一个众生的别业都是清净的，从生理到心理，每个众生的别业净，才能形成全体的共业净。而我们这个娑婆世界却是被佛家称为五浊恶世，三界火宅。

每一尊佛都有他的净土，不仅阿弥陀佛有净土，无量的佛就有无量的净土佛世界。

净土有两种。一是诸佛自受用净土，即是佛自己享受的净土。二是应化净土，是依佛的愿力为众生设立的净土。阿弥陀佛的四十八愿造就了一个西方极乐世界，这个西方极乐世界是为众生设立的。佛的自受用净土，不要说众生，菩萨也进不去。这个自受用净土叫常寂光净土，智慧安宁，光明不变。根本烦恼不断，是到不了常寂光土。如果我们修净土法门，我们要去的就是佛愿而成的应化净土，并非是佛的本地净土。

这个应化净土，因每位佛的愿不同而有差别，对众生去净土的要求也各不相同。你要去西方极乐世界，就一定要知道阿弥陀佛的四十八愿。你要去药师琉璃光如来的净土，你首先要了解药师琉璃光因中十二大愿，你依着佛的愿力去行，然后才能去得他的国土。

比如说，东方有阿閦鞞佛，不动如来，他的净土的名字叫妙喜世界，去妙喜世界的要求是空性。你如果愿意往生阿閦鞞佛的国土，那么他可以接引你，他的前提是你要具足空性。而去阿弥陀佛世界的重点是多做善事，利益众生，作为往生的资粮，不得缺乏善根、福德、因缘，这是去阿弥陀佛净土的要求。不管你去哪方佛土，关键是正报要转，就是把你的生命转化到和佛的要求一致。你若成佛，你的环境即刻会变成净土，当下即净土。转正报就是转心，把你心灵深处的那个状态转了。

佛在世的时候，大长者子阿耆达请佛及弟子数百人到他住的地方结夏安居三个月，佛陀和弟子们就来此地住下了。阿耆达却被魔迷惑，忘记了要供养佛这件事，不来供养。佛只好要大家各自化缘。当地又遇到荒年，托钵化缘没有人给东西吃。这时有一个养马的人看了于心不忍，但他也只有马吃的粮食，于是拿出来供养，大家都只好吃马食。阿难侍奉佛，看到佛吃马麦，内心实在不忍，痛苦极了。佛知道他的心意，就把自己钵里的马麦给阿难吃吃看。阿难一吃，发觉原来是天厨妙供。

等到三个月到了，阿耆达才想起请佛的事，赶快来礼佛忏悔。佛说，三月既满，该回去了。弟子问佛因果，佛告诉他们，在无量劫以前，毗婆尸佛（有说维卫佛）成佛以后，受到国王和人民隆重礼拜供养。释迦佛的前世是个外道，带了五百弟子在乞食，看到以后心生嫉妒，说这个沙门这么大排场，他配吃马吃的饲料就不错了！就因当时释迦世尊这一句话，不知道受了多少苦报，乃至成佛后余报未尽，仍受三个月的马麦之报。

为什么马麦到了释迦佛的钵里就转成天厨妙供呢？这是因为释迦佛正报转过了，佛的世界已经映前了，吃的马麦也美妙无比。正报转完以后，固然还有余报，但释迦佛已经不受了。不像他的弟子们正报没转以前，马麦还是马麦，吃起来还是很难吃。什么叫正报转呢？就是转心，就是彻底地把心转掉。

如果一个人心中没有恭敬，口中没有赞美，意念虚妄，念佛何用？只是小和尚念经有口无心，不是念念弥陀念念转。不管你准备去哪一方净土，最终还是要回到心中去论。因此修净土不离心法！不仅是修净土不离心法，在佛法中不依心法而修就不是佛法，心外无佛法。

禅门之所以被世人误解，是因为很多人以禅门自居，然而既没有禅门的风范，又不具禅的境界；既没有禅的智慧，又不具禅的洒脱与飘逸，更不具禅的真实证悟。所谓的是禅门，就留下了一张嘴。由于世人看不到禅门的真实面貌，曲解也就在所难免。

那么，净土有净土的特色，禅门有禅门的特点，它们的共性在于都是佛说的法，都会带来最终的解脱。所以不管哪一个法，你都不可以谤。它们有共性，同时又都具足各自十分鲜明的特点，各自分宗独立，这才是佛法昌盛的景象。如果现在只剩一个法了，那说明佛法已经濒临灭绝了。

不管你的本地风光是什么样子，是依什么法脉去修的，修有成就了，这都不是佛法的唯一。佛法有八万四千法门，样样昌明，这才是佛法昌盛的象征。也只有真正的佛法在世间昌明了，每个人才有了修行的土壤，才有可能修成就。所以佛法的昌明关乎到我们每一个人的解脱，而我们去含纳万法的心态，又关乎佛法的昌明与否。如果我们都是站在一点去斥他法，显然这是离经叛道，那就不是佛的弟子了。

这里六祖在与学人讨论关于净土的修行方式问题，明确地说明："人有两种，法无两般，迷悟有殊，见有迟疾"，所以才会设立不同的法门。佛说八万四千法，为度八万四千众。六祖说："迷人觉得念佛就可以求生西方极乐世界，真正的证悟之人明白要自净其意。所以佛言：随其心净，即佛土净！"

使君！东方人，但心净即无罪；虽西方人，心不净亦有愆。东方人造罪，念佛求生西方；西方人造罪，念佛求生何国？凡愚不了自性，不识身中净土，愿东愿西；悟人在处一般。所以佛言：随所住处恒安乐。使君心地但无不善，西方去此不遥；若怀不善之心，念佛往生难到。今劝善知识：先除十恶，即行十万；后除八邪，乃过八千。念念见性，常行平直，到如弹指，便睹弥陀。使君但行十善，何须更愿往生？不断十恶之心，何佛即来迎请？若悟无生顿法，见西方只在刹那；不悟，念佛求生路遥，如何得达？惠能与诸人移西方于刹那间，目前便见，各愿见否？众皆顶礼云：若此处见，何须更愿往生？愿和尚慈悲，便现西方，普令得见。

无论是东方、西方都必须心不造罪，你若造罪，只能去三恶道。六祖说：“如果西方人造业又往何方去呢？”这是一个比喻。因西方人不会造业，自心本自清净。这里是强调不要心外求法，随其心净则国土净。六祖说：“凡愚之人不明自性，更不识自身即是净土，又发愿去东方，又发愿去西方。真正开悟之人没有东方西方，随遇而安。”

我对这一点的体会非常深切。前几年，曾有个人问我：“我念过药师佛圣号，也念过阿弥陀佛圣号，现在又念了大悲咒，到时候，他们要是一块儿来接引我，我去哪儿啊？我要是去了东方药师佛的世界，不就得罪了阿弥陀佛吗？”我说：“那你就慢慢得罪吧。”这就是误解。随其心净，则国土净，根本就不是用我们世间的凡情可以去思量的。

六祖说：“如果你使君的心都是善念，西方极乐世界就离你不远；你若怀着不善之心，即便是念佛求往生，那也很难到西方。”

去西方需要资粮，这个资粮不是看你念了多少遍佛的名号，而是看你念念是否转了。所以有的人念了十万遍佛号无益，有的人临终念了十遍佛号，就可以往生。也有很多人修了一辈子，最后不得善终。为什么？就是心念没转。心念转没转，举手投足，抬眼瞬目，一眼就能看出来。心念一转，一切都是以欢喜的心去对待的；心念不转，一切都是烦恼。

所以六祖大师接着说：“我在这里劝各位善知识，先除十恶，就是行了去往西方极乐世界十万里的路程；接着再除去八邪，这便完成了八千里的路程，总共去西方路程是十万八千里。”

我们看孙悟空一个筋斗就十万八千里，可是没有办法，他得保护着唐僧一步步地走过去。你说多麻烦，他一个筋斗过去不就行了吗？《西游记》不知道大家看懂了没有？把悟净、悟能、悟空和唐僧四人合一看。悟净是自净其意，一个出家相；悟能是人的生命本能，要去结婚娶媳妇、要吃要喝；猴子是什么呢？是心猿，聪明智慧，具足能量，一会儿跑掉了，一会儿跑掉了，所以叫“拴住心猿，勒住意马”。白龙马就是那个意马。怎样拴住心猿呢？紧箍咒啊，给了他一个紧箍咒。唐僧就是他们的四合一。怎么取的经？必须四人都心念一致，一心向往，魔相就没有了，悟能也不要结婚了，也不要那么贪了；沙僧也不是那么只自净其意了，而是以无我的精神去利益大众了；悟空也终于把这个心收回来了。这时候，才是一个完整的唐僧，才有可能十万八千里取经归来，得无上正果。

《西游记》就是在告诉我们修行的心路历程，十万八千里便是我们每一个人要经历的心路历程。一会儿到了盘丝洞，一会儿到了女儿国，都看你怎么想，都看你怎样经历。你可以在女儿国一待三辈子，把那个业还完了，突然间大梦一醒，这又要取经了。你也可以一瞬间，也可像唐僧那样只在那儿待了几天就走掉了。我们每一个人现在都在取经的路上，你看看你待在哪里了？是待在盘丝洞里了，还是待在女儿国了，还是喝了那个河的水了。那段路程便是我们每一个人修行所要经历的。那歌唱得多好，说“踏平坎坷成大道”！那是非常不易的。

六祖说：“你如果念念见自本性，常常以平直的心做事，到西方极乐世界只需弹指间，便可见到阿弥陀佛。你如果行十善，不需要发愿，当下即极乐。”

十善就是十恶的反面。你现在处于娑婆世界众生的生活方式，可如果你在世间行十善，当下你的正报统统是西方极乐世界的报，你当即感受的生命现象就是西方极乐世界生命的现象，根本就不要到西方极乐世界才证，当下即可证！现在行十善，现在就给你这样的报，就是国土清净。你就不会有很多的掣肘，也不受整个社会环境的影响。比如说金融危机、通货膨胀等等，这些统统和你没有关系。因为转了你的正报以后，现在的报即是西方极乐世界的报，你就不需要为生计去烦恼，不要为孩子的升学而考虑过多。这一切都不是你考虑的，只要正报转了，这些是自然而转的；正报不转，你使劲考虑吧，有的是解决不完的问题。因此，要真正解决生命的根本问题，务必要从根本处下手。不要忘了，你的任何一个念头都会给你带来一个结果。所谓转正报，就是护持好当下的任何一个念头。所以，六祖说：“如果不断十恶之心，周身都是罪业，哪个佛又能接引你往生呢？”

六祖接着说：“如果你能明了自性无生的顿法，极乐世界即在瞬间可见。不能悟得自性，只念弥陀，而求生西方极乐世界，那西方的路程遥远，你慢慢地念吧，早着呢，怎么能到达最终的目的地呢？我现在将西方极乐世界在刹那间展现于大家的面前，大家愿意见吗？”这一听，太愿意了。所以众人纷纷顶礼说：“如果此处能见，又何须发愿往生呢？愿和尚您慈悲，便现西方，普令得见，普遍地让大家得以见到。”

读完这段经文，我们明白了一个事实，那就是修净土法门离不开心法，心外无净土。往生西方的资粮还是要靠心灵的种种转变，功德的种种积累。憨山大师晚年说：现在有很多人念佛念的不得力，虽是佛慈悲，说了易行道，但学人未见得受用，所以戒定慧三学、六度万行要齐发才行。单凭一句念佛，今人已不行。为什么？很简单，就是被世间的一切所障。现在念佛的人不见本心，不在本地心中念，何以往生？如何见本心呢？那就是戒定慧、六度万行齐发，舍此无他法。这是憨山大师在晚年的时候告诫周边学人的一段话。

我们也是当警示自己。念佛的时候，戒定慧和六度万行应该齐发，愿心救众生。如此，这一句弥陀即有无量无边的福德和功德，一句弥陀便可统摄万法，所以才能够念佛往生。因为弥陀有大愿，你亦有大愿，愿愿相合，这便同频同振，那念佛往生当属必然。可今人修行妄心不断，人我是非不断，五阴炽盛。不要说愿力，连基本的清净心都没有，何以念佛往生？现在我们必须回过头来问自己：你现在的修行是得力的吗？做得了自己的主吗？

可以一心不乱吗？这都要问的，这都是往生西方净土的前提和要求。你如果现在都不能做到，临命终时，身体四大分散，如此痛苦，你能做到吗？

这里，六祖将净土法门的修行方式介绍给大家，让大家不要误以为，修净土是没有智慧人的法门，或者是不需要智慧的修行。很多人都说：“我这也不行，那也不行，那我就修个净土吧。”这实在是对净土法门的误解。佛法是智慧解脱，修净土依旧离不开智慧，依旧需要大智大慧才能解脱。修净土亦是高妙的法门。如果你认为自己什么都不行了，就修净土吧，这叫轻法慢教！你根本就没打算用你的全部身心，尽形寿努力修行，所以找了一个简单的方便。这个心态的本身就是有业障的！

师言：大众！世人自色身是城，眼耳鼻舌是门。外有五门，内有意门。心是地，性是王，王居心地上。性在王在，性去王无。性在身心存，性去身心坏。佛向性中作，莫向身外求。自性迷即是众生，自性觉即是佛；慈悲即是观音，喜舍名为势至；能净即释迦，平直即弥陀。人我是须弥，邪心是海水，烦恼是波浪，毒害是恶龙，虚妄是鬼神，尘劳是鱼鳖，贪瞋是地狱，愚痴是畜生。

六祖说："广大信众，世间人人都有的色身是城池，眼耳鼻舌是门户。外边有五个门眼耳鼻舌身，里边有意门。心是国土大地，性是国土中的国王，国王居在心地上。性在心中，如国之有王；性不在心中，如国之无主。性在，身心都得以安；性不在，身心便会败坏。佛便是在自心本性中作的，不是身外可求的。只要这个自性一迷失，即是凡夫众生；自性觉了，即是佛。你如果能处处慈悲，你即是观音；你时时能喜舍，你即是势至；能自净其意，你便是释迦；心行平直，你就是弥陀。人我是非是须弥山，邪恶之心是大海水，毒害之心是恶龙，虚妄之心是鬼神，我们自性中的尘劳，就是我们自性中的鱼鳖虾蟹兴风作浪。贪瞋之心是地狱，不仅未来感果入地狱，但起贪瞋之心，已在地狱！愚痴的果报是入畜生道，人当下愚痴便与畜生无异。"

我一再说，作为修行人越修越轻松就对了，越修越繁杂就不对了，那就要停下来。因此要不断地观照自己：我修得对不对？观照的过程，就是不断觉悟的过程。千万不要说自己业障累累，不要老这样想。这样想了以后，就越从业障里边爬不出来。你就是为了解决业障来修行的，至于业障有多少，你就往前走就是了，能消多少消多少，消一点少一点，不要老回头看。回头看了，就会被绊倒，就会有诸多的问题。所以，不要停，一股脑地往前走，什么想法也不要有，不就是怕吃亏吗，不就是上当吗，都无所谓。

你在六道当中轮回了，作为一个生命不得解脱，这么大的烦恼，这最大的当都上了，还怕别的吗？不要去思量。思量得越多，烦恼就会又起，你内心深处不得解脱的束缚就越多。"昨日事如昨日死"，统统掀过去，千万不要留存，"应无所住而生其心"。这句话你要去实践，你要去受用。你既不要躺在成绩里边，也不要躺在错误里边，统统不粘连，统统可以上一刹那视如上一刹那死，这一刹那视如这一刹那生。每一刹那都是新的开始，新的开端，每天都这样擦亮你的生命。一定要用这种心态。不用这种心态，你这一世修不成啊！

善知识！常行十善，天堂便至。除人我，须弥倒；去邪心，海水竭。烦恼无，波浪灭；毒害除，鱼龙绝。自心地上，觉性如来，放大光明，外照六门清净，能破六欲诸天。自性内照，三毒即除，地狱等罪，一时消灭。内外明彻，不异西方。不作此修，如何到彼？

六祖说："善知识，常行十善，即便在人间，亦是受人天果报。"就是说，你常行十善，你当下不用像社会人那样拼命，去挣那一口饭吃，为生计去奔忙。你行善的量积累到了一定程度，这些福报都是具足的。不管社会人怎样竞争，统统和你没关系，因为你跟这个社会已不共业。你逐渐地拉大这个距离，逐渐拉大，一直到你死的时候彻底地拉开。彻底地拉开了以后，你好往生啊！若没有现在的相离，就像社会人这样生活，跟社会人共业，你有什么机会去成就呢？那就只好接受六道轮回。

有的人就对我说："你修行很苦。"我就说："你六道轮回不苦吗？"六道轮回要比修行苦多了！因为修行是念念增上的，是给你一个光明的人生的。六道轮回是每况愈下的。回想一下自己，如果今世没有遇到佛法，没有修行，生命一定要堕落。因为任何一个起心动念都是因为"我"而发生，统统是站在自我的立场上的，哪有不造业的。不听闻佛法，怎么有机会成就呢！

六祖说："除去人我二元的分别，须弥世界都不复存在。"就是客观世界会转化。经常有人对我说他周围的环境场不好，人际关系不好，这实际上就是业障的显现。当你的业转了以后，这一切烟消云散，不复存在。你要解决的是业，不是环境。不是说我跟单位的同事处不好，我就调到其他的单位。调到其他单位，要不了三年，你又会一塌糊涂。你能老调吗？我们今天所处的社会环境、家庭环境，一切的状况都是我们业力的一种呈现，统统是心灵世界外在的一种显化。因此，要改变的不是环境，而是心灵，是要转化自己的心。如果有能力转自己，就有能力转周边；如果有能力转了家人，就有能力转这个世界；要有能量转这个世界，你就是倒驾慈航的大菩萨！

六祖接着说："去掉邪心邪念，海水也会枯竭。烦恼不生，波浪自平。没有毒害之心，鱼龙自灭。"

有一种鱼龙，会喷毒气，人若中了这种毒会死亡，瘟疫就是毒龙喷的。如果我们把一切毒害之心都灭掉了，这一切的毒害是沾染不了你的。心中无毒，什么毒都沾不上你；心中有毒，便和外在的毒相应。

六祖在这里说："如果常行十善，除人我，去邪心，除烦恼，去除毒害之心，这样自心本性上的觉性如来就会放大光明，外照眼、耳、鼻、舌、身、意六门，都能清净出入，这样就破了六欲天门，不在六道受生，能反观自性，内照己心，贪瞋痴三毒即会消灭，一切地狱重罪一时全部消灭。心内身外，通彻明了，当下即是西方极乐世界。如果不在心灵深处修，怎么能到西方极乐世界呢?”

六道是在哪里呀？眼、耳、鼻、舌、身、意即是六道。你哪里清净，哪里不堕。所以我再次告诫大家：不要用香水！香水不好。为什么不好？假如你在人间习惯了香水的味道，当中阴身时，特别容易因鼻识而入胎，入畜生道。修行就是把所有能够让你轮回的可能，统统在这一世消灭，然后你才有可能解脱。

我们日常起用都在六识。六识出六门时是清净的吗？收回时又是否带些东西回来？染著便是在一呼一吸间、一出一入间生烦恼，生分别。如果修行人从六识出入六门时不染著上下手修行，没有不成就的。净土的方法是提持念佛。我说的这个“念佛”是念佛的愿力，其中包括念“阿弥陀佛”的圣号。提持念佛，出入都是佛，于六尘不染，西方极乐世界定去得，当下就能看见。

禅宗是当下即心即佛，讲不立文字，教外别传。但不要以为禅门没有文字。所谓的不立文字，是当下在证悟和心灵解脱的那一刹那什么都没有，是空的。禅宗的修行恰恰是从佛教千经万论当中总结和提炼出来的，并且与一切经典都不相违背，最后总结成“即心即佛”。

在《文殊师利所说般若波罗蜜经》中，佛问文殊菩萨：“如来得阿耨多罗三藐三菩提了吗?”文殊说：“如来没有得。”佛又问：“那么如来没有得阿耨多罗三藐三菩提吗?”文殊菩萨说：“也不能这么说。”大家好好去想，从字面上看，这两句话是一个并列平行的关系，但实际上是层层递进的关系。佛又问：“你见到如来了吗?”文殊说：“我见到了。”佛问：“你怎么见到的?”文殊说：“我在无相中见到的。”佛又问：“无相中为什么能见到如来呢?”文殊说：“无相即如来。”

何谓如来？如其本来呀，并不是人格化的。《金刚经》说：“若以色见我，以音声求我，是人行邪道，不能见如来。”你在修行的过程中，是否把这些相状都打破了呢？如果你没有打破，就是你修行的障碍。

所以真正佛的净土，并不是一般人以凡夫俗子的心态去理解的那样。我曾经跟许多修净土的人交流，他们从内心深处是非常推崇维护这个法门的，但是他们对净土的理解是有偏差的。大多数人都认为是因为自己没有智慧，所以选择了净土，把净土说成是智慧不具足才去修的。其实不然。我将我对净土的理解拿来跟他们交流，他们认为我说的不是净土，还是禅门的。我心中也感到非常遗憾，其实他们会错了佛意，不知道佛说法的用心在何处。各宗各派都是为天下苍生的方便而设立，但最终都得殊途同归，别无他路，心地的法门是整个佛教的归属！《金刚经》说："应无所住而生其心。"六祖说："随其心净则国土净。"这是佛教的总纲！不论修禅、修密、修净土，这是归结点。

大众闻说，了然见性，悉皆礼拜，俱叹善哉！唱言：普愿法界众生，闻者一时悟解。

在场的大众听六祖所言，都了然见性，纷纷顶礼，感叹有如此的善法善缘，于是大家一起发愿："普愿法界众生，闻者一时悟解。"

在家心净即西方　依颂见性成佛道

师言：善知识！若欲修行，在家亦得，不由在寺。在家能行，如东方人心善；在寺不修，如西方人心恶。但心清净，即是自性西方。

六祖说："善知识，若是真正的修行人，在家一样可以修成，不一定非得在寺院。在家能依心法修行，如东方人心善；在寺不依心法而修，如西方人心恶。但心能清净，即刻就是自性西方。"

很多人跟我悄悄讲，在世间很烦恼，想出家。我说出家可以修行，然而世间亦是道场，躲不得的。你可躲环境，躲不了这颗心。你可知道到了深山里，也有鸟叫；到了庙里，叫佛门非净土，亦有人我是非。到那时你怎么办？你以为到了山里就叫出世吗？你还是要受着人间的供养才能生活，那怎么能叫出世呢？你有色身在，出什么世？有本事，修到不需要色身能行于天下的时候，那就可言出世了。那就本事很大了，广行天下，一切业拘他不得，三界六道任由往来，这时可以说出世了。否则，一个人背着干粮跑山里去了，出什么世呀？没出世，还是在世间的，因为生命的形式没有任何的改变。所以说，心法不在环境，不在处所，在自心本性。

韦公又问：在家如何修行？愿为教授。师言：吾与大众说无相颂，但依此修，常与吾同处无别。若不依此修，剃发出家，于道何益？颂曰：

心平何劳持戒　行直何用修禅

恩则孝养父母　义则上下相怜

让则尊卑和睦　忍则众恶无喧
若能钻木出火　淤泥定生红莲
苦口的是良药　逆耳必是忠言
改过必生智慧　护短心内非贤
日用常行饶益　成道非由施钱
菩提只向心觅　何劳向外求玄
听说依此修行　西方只在目前

韦公又问："在家如何修行，愿六祖大师开示传授。"六祖说："我与大众说无相颂，依此而修，就相当于学人与我同处。如果不依此修，即便是剃发出家，于修道也无益。"

韦公问的是在家如何修行？这刚好是替我们问的。六祖的教导为我们在家修行人指明了方向，同时也破除了我们在修行中的一种成见。那就是许多人认为不出家是修不成的。其实修行在心，不在于出不出家。在九十年代中期，全球评佛教十大讲师，结果九个是在家，就有一个是出家，他的师父还是李炳南大居士。更不要谈历史上的维摩诘，境界与佛等同。

"心平何劳持戒"。心平就是没有贪瞋痴。为何要持戒？因为总拿贪瞋痴犯戒。如果心平，不起烦恼波，便没有贪瞋痴。没有贪瞋痴三毒，便无戒可持。反过来说，如果心没平，你一定要持戒。

"行直何用修禅"。仅仅心平还不行，这一句话是强调在心平的基础上的行为。行直就是公正、无我、奉献，大公无私，能够包容一切，含纳一切。真正的心平，才有可能行直。心平的基础是心胸开阔，吃亏、受罪、忍辱的工夫要很好。小心眼是不能行大丈夫行为的，是不可能有大成就的。本身心就是曲曲弯弯的，能行得直吗？三好两歹，喜怒无常，不能一以贯之，这叫无常性。无常性就靠不住，人就无大用。这在儒家叫"人无信不立"。信为立业之本。因为喜怒无常，所以靠不住。信在五行当中属土，在五脏为脾，与脾气的脾同一个字。因土地没有涵养，伤脾，所以往往脾气大。当一个人心平、行直时，他本身就在静中了。生命还在静中，又何须修禅？修禅的目的即在于让生命返回到静的状态，让生命返回家乡。

"恩则孝养父母，义则上下相怜。"讲到报恩，首先是父母的养育之恩。孝敬父母是人伦纲常，人之常情。不懂得孝敬父母的人，虽然有人之形，但无人之情，白披了一张人皮。孝是做人的基础。孝养父母的事情做好了，才有可能讲义、讲礼、讲信。把根本做好了，本立而道生。如果根本的做不好，其他的说能做好，那是不可能的。

“让则尊卑和睦，忍则众恶无喧”。忍让是老少关系、上下级关系和睦的基础，以平等的心态去处理上下级关系就会和睦。何为忍？忍就是不宣人恶。人前背后不讲别人的坏话，不揭别人的短处，替别人藏其私，是心地善良之所为。

“若能钻木出火，淤泥定生红莲。”钻木取火需要持之以恒，就是一直保持不变的人格，几十年如一日。像一首歌的歌词：从来不需要想起，永远也不会忘记。就是那种感觉，你不要刻意想起什么，但永远也没有忘记，它和你整个的生命是融成一体的。这样，即便你在污泥中，也能长出洁净的红莲。淤泥就是指尘世，茫茫人海，大千世界，就是淤泥，或叫五浊恶世。

“苦口的是良药，逆耳必是忠言。”这是中国的古训。我们读《六祖坛经》会倍生亲切感，因为它和儒家思想、道家思想一脉相承。在这个社会文化基础上，再去谈佛教的修行，再去谈禅的光芒就会放出异彩。之所以印度的禅光最后能在震旦生起，能够在中国传开，就是因为中国的社会文化基础可以滋养佛教。“良药苦口利于病，忠言逆耳利于行”，这是中国的古训，放到禅门里边依然适用。

借着这两句话，我在此也谈一下大家对我讲课的反映。我在讲经的时候，时常会举一些实际生活中的例子说与大家，希望大家能当下反省，有则当即放下，无则是当自勉。果真放下即菩提，放下即消业，放下即无。有的同修就跟我说：“老师，我要有什么问题，你可以直接说给我，我觉得你讲的每一句话都是在说我。”我听了以后很高兴。我理解跟我说的人这话有两层意思。第一层意思是说，你直接说我，我能够接受，你不用这样总是敲边鼓，我有这个承受力，但我心中还是有顾虑的。你想大家都到了这般年纪了，都是成年人，我要么不说，要说的都是大家的痛处。我觉得在公共环境下说，大家各取所需。我要面对面地说大家，往往会适得其反。第二层直说的意思，就是你不要当着这么多人说，直接说给我一个人听就行了。首先你们自己的任何问题，只要我看到了，大家也就看到了。其次我在此处说，是带有共性，是没有具体的人物和事件的。如果我今天坐在这个讲台上拿人说事，我就不配坐在这里。因此，我在这里不管说什么事，脑子里都没有具体的人。我是希望在我涉及具体的修行行为时，大家能各自内省，反观内照，当即消业，别无他图。

“改过必生智慧，护短心内非贤。”过为愚痴下的行为，改过自然就是转愚痴为智慧。所以说，改过必生智慧。护短就是你自己有毛病，却不让别人说。往往护短还非常有技巧。成人护短不会直接护，你说东，他说西，偷换概念。你说他有这个毛病，他会说你怎么没看见别人还有那个毛病。这种状况，你还能再往下说吗？所以这要自我提醒。发现问题，是向内心找，还是往外推，都看你自己。向内心找，给了自己一个成长的机会；往外推，就是不给自己机会。

“日用常行饶益，成道非由施钱。”日用常行饶益，就是一天的所作所为，桩桩件件都在利益他人，而没有任何的损恼。你给予别人的都是快乐、解脱、智慧，那么你日后得到的就是快乐、解脱、智慧；如果你给予别人的是痛苦烦恼，是拐弯抹角，那当然你日后得到的也是这些。

真正的成佛道是转心，不是施钱。如果施钱能成佛，岂不与买官等同了吗？官尚不可买，况佛乎？那就不要施了吗？非也！是你施的心是否转化了自己。施有功德否，看你施的心态。施的心态是怎样的呢？首先，布施在转贪，能转贪便具施的功效。其次，施后不做施想，施而没有施之念即为功德。

“菩提只向心觅，何劳向外求玄。”菩提是觉悟之道，只能向心内求索。布施、持戒、忍辱、精进，这一切好像都是外相的，尤其是布施，最是一个外相化的行为。外相的行为也是用来转化内心的。若向外求法，不转心，怎么可能成佛道呢？评判做事没有严格的对错，都是看做事时的起心动念。在做事的过程当中，时常把自己的习性拿出来，即便对了，都不值得称道。做事是干什么的？就是要转你这个习性。习性不转，修它做什么？你现在顿教法门下修行，在每一个刹那都应该是顿悟的。这一刹那不能顿悟，到明心见性的时候就可以顿悟了？不可能的。

有些人听我讲的时候，似有所悟，可是一到现实当中，他的那一套习性又拿过来了，我叫这种人为“甲壳虫”。就是有一个硬壳，水泼不进，刀砍不入，始终不往里边润化。不把那个外衣剥下来，形成生命的转化，这是苦恼的事情。做了很多的事，也有了很长的历程，但这一个硬壳在，统统没有用的。修来修去，几十年如一日，这也是蛮高的“水平”。所以修行要心内转化。心内转化的那一瞬间，不管你做的任何一件事情，还是你说的任何一句话都能显现出来。举手投足、扬眉瞬目之间，修行统统可以看得见，根本就不需要向高深莫测处找。

过去高僧大德说："平时静坐谈心性，临危一死报君王。"就是说，不要看平时持的是一个非常清净的戒律，在这里打坐、吃斋、念佛，看上去是一个很平静的生命，但是到了国家出现危亡的时候，站起身来，可以庄严国土，利乐有情，可以用自己的生命和鲜血去捍卫这个国家。这都在日常功用之中，并不是要等到大机大用。在现实生活当中没有太多的大机大用，临危一死，人一辈子能死几次？都在平时。举手投足，扬眉瞬目，去体现一个人的修行。只有心内求法才有可能成佛道，心外求法是没有可能成佛的。

"听说依此修行，天堂只在目前。"如果你依着我说的方法去修行，极乐当下即到，就是我们每一个人的心中。我们满眼看这个世界，"郁郁黄花，无非般若"，无不是广阔无垠的世界，无不是佛的世界。

师复曰：善知识！总须依偈修行，见取自性，直成佛道。时不相待，众人且散，吾归曹溪。众若有疑，却来相问。时，刺史官僚、在会善男信女，各得开悟，信受奉行。

六祖又说："善知识，大家都要依此偈修行，见到自己的本性，用自己的本性直可成佛。这个法没有可以替代的，切莫等待。大家回自家中，各自护持，自净其意。我现在回曹溪，大家若有疑问，再来问我。"这时刺史官僚，到会的善男信女各得开悟，信受奉行。

"切莫等待"说的是什么意思？你想在这个世间寻求一个更方便的、更快的解脱方法，没有了！佛不管是说显还是说密，都是权变，都是方便众生而言，并没有捂着盖着一个法，不让众生知道得。如果你要是等待，这山望着那山高，想寻求更高的法，告诉你，没有了，这是佛的究竟法，因为我们今天在谈的是祖师禅。什么叫祖师？就是释迦牟尼佛再来！

定慧品第四

将浩如烟海的佛法归纳成戒、定、慧，是中国僧侣对佛教的一大贡献。将千头万绪的佛法归纳起来，是中国佛教的特点。天台宗就将戒、定、慧归纳成止与观。止就是定，观就是慧。而禅宗呢？只论明心见性，当下一念即心即佛。这一品我们讲定慧。

定慧等持体相用　一行三昧不住法

师示众云：善知识！我此法门，以定慧为本。大众勿迷，言定慧别，定慧一体，不是二。定是慧体，慧是定用；即慧之时定在慧，即定之时慧在定。若识此义，即是定慧等学。诸学道人莫言先定发慧，先慧发定，各别。作此见者，法有二相。口说善语，心中不善，空有定慧，定慧不等。若心口俱善，内外一如，定慧即等。自悟修行，不在于诤。若诤先后，即同迷人，不断胜负，却增我法，不离四相。

六祖告诉大家："善知识，我所传授的这个法门以定慧为根本。大众不要误以为定与慧是有差别的，其实定与慧是一体不二的。定是慧的体，慧是定之所用。即当你用智慧时，定便包含在智慧之中；当禅定之时，慧便在定中。如果你了解这个意思，便是定与慧齐发之学。学道之人不要说先定尔后生慧，或者是先慧尔后发定，各有其路。如果作此见地，法便有了二相。口中虽说着种种善语，心中却是不善，空有定慧，因为定与慧不能等持。如果心与口皆善，内外能达一致，定慧便等持。"

我们通常说定能生慧，认为戒、定、慧三学一级为一级的道资粮，一级为一级之用。但在这里，六祖说的是顿教法门，不是渐修之法，所以你任何一个行为都是六度齐发，你任何一个境界现前的时候，也都包含着戒、定、慧三学。

禅门强调万法不离自性。戒不离自性，定不离自性，慧不离自性。在家修，出家修，都是这个。打破一切法的界线，这就是不二法门，唯有一心。不管你怎样修行，都是往一心去的。菩提与烦恼不二，生与死不二，身心与外在世界不二，出家在家不二，东方西方不二，这样破除一切障碍，直取大道。这种修行方式，只有宗门下才如此，就是祖师禅才如此，教下是将它们分得很清楚的。

所谓定，心不动为定。不动心就能持戒。于万法面前，于万相境界面前能够不动，这就是持戒。持戒的行为，譬如说不可以杀生，不杀生的行为叫持戒。为什么不能杀生？因为杀生有果报。这个能知因感果的便是慧。无论别人如何告诉我，吃了这个生命会给我带来多少好处，我都不动心，你说得再好听，我都是不杀的，这便是定。所以一个行为中就包含戒、定、慧的全部。时常会有人分而论之，其实没有先后，一有俱有，一无俱无。这便是六祖说的定慧等持。

如果说一个人定力很好却缺乏智慧，或者说这个人很有智慧，但缺乏定力，这话都是不成立的，那他的定力、智慧是虚假的，因为他不是建立在定慧等持上的。一定是定慧等持，你有怎样的定，就有怎样的慧；有怎样的慧，就会有怎样的定。如果有先后，便是将定、慧分离，便是二法。佛法是不二法。如果是二法，我们修习定，那我们就只有找个地方去修定，因为定要从静入手。那四周都是干扰，怎么能修成呢？然后定要修到一定的境界，再到事相中去修慧。二法分离，是修不成的。就像二祖慧可直到无常来找他时，他才知道自己一直在生灭法中修行，没了生死，这才急了，情急之中，一刀把自己的胳膊斩了，才入心地法门。

我们当感慨世道人心日衰，修行环境比以往更加恶劣，因此，当努力行持，将生活当成戒、定、慧的道场。永嘉大师说："行亦禅，坐亦禅，语默动静体安然。"这其中，戒、定、慧全具足。如果学人把戒、定、慧当成知识，把自己给忘了，与自己的生命相对立，那你修起来就千难万险。

大家会问，修行究竟如何才是不走弯路？我告诉大家应作如是观：戒定慧就是我，我就是戒定慧！我的自性功用之中就包含戒定慧，包含万法。六祖说："何期自性本自具足，何期自性能生万法。"这两句话还不够我们学人信心百倍地去修行吗？我的自性中既然包含万法，能生万法，为什么不包含戒定慧呀？肯定是包含的。这样你与戒定慧之间的鸿沟顿然消失得无影无踪，合而为一。

心口不一时，口中说善，心中不善，那么日常所修的定慧是虚幻的，是不真实的。六祖说这是定慧不等。定慧一定是等量齐发的，定与慧若出现不等，说明他的心口是不一的。比如，许多人都是在理论上可以说得很完美，理可以说通，这本应是慧，但到了行为中却与他知的理差了很远。这说明他没有定力使慧发生，他的慧是一个虚妄的慧，不是从生命的自性里爆发出来的，这就叫定慧不等。这个虚妄的慧，不管是对自己还是对众生都是无益的。

时常有人貌似定力很好，看上去如如不动的样子，但明显地看到慧力不足，不能够应世。其实，这不是正定，是邪定。因为无定不发慧，无慧不具定。定慧是等学，一有俱有，一损俱损。所以，六祖说："口说善语，心中不善，空有定慧，定慧不等。若心口俱善，内外一如，定慧即等。"

六祖又说："这个要靠自悟的修行法门，不在于争辩。"这是专指禅宗。"如果去争辩定慧的先后，即是迷人的见识。"什么叫诤？诤就是有胜负之心。"你如果胜负心没断，在争执中就会生出我执与法执。修行中我法二执不断，四相便由此而产生。

善知识！定慧犹如何等？犹如灯光。有灯即光，无灯即暗。灯是光之体，光是灯之用。名虽有二，体本同一。此定慧法，亦复如是。

六祖说："善知识，定慧法就像什么呢？就像灯光。有灯才会有光亮。没有灯便是黑暗的。灯是光的体，光是灯的功用。虽然灯、光在名称上有差别，但体却如一，是一体不二的。这就像定慧，定为体，慧为用，并非人们认知的定慧分离。"

人活在世间，没有一刻离开戒定慧。犯戒的行为是对戒的破坏，散乱是对定的破坏，愚痴是对慧的破坏。人虽然在散乱、愚痴、犯戒之中，却依然具足戒定慧，只是把本有的戒定慧给破坏掉了。佛说天下众生皆有如来种性，说明我们本来就具足戒定慧。那么我们为何不是佛呢？那是我们身口意的十恶八邪将它破坏了，把自己的戒定慧给蒙蔽住了，而且蒙蔽的越来越深。

犹如往一缸清水里边倒进去一桶屎，那水被污染了吗？好好想一想。水几曾被污染了？水还是水，它每一个水分子都在以它独立的方式存在着。这相当于我们的戒定慧，虽然我们看不清楚它，它还是它！这就是《心经》说的"不垢不净"。不垢不净是说你的自性在圣不增，在凡不减，没有受到任何的污染。虽然戒定慧被遮蔽了，那它还是它，只要将我们的生命再返还到本有的样子就可以了。

我们时常会犯这样的毛病，打开经书时看得头头是道，听课时也听得明明白白，但往往到自己的烦恼一来，智慧就跑到九霄云外去了。所以六祖说："内外一如，定慧即等。"烦恼来时，你的定慧跑到哪里去了？你的见地、你听闻的佛法都到哪里去了？你不在境界现前时使用，揣着它干什么呢？如果你能心口如一，当下即等，这一切你都本然能做得到，这些偈颂你都不要背。问题是做不到，因为是要不断地提醒自己去做到，所以才去背。及时做到，就要把它放下。

师示众云：善知识！一行三昧者，于一切处，行住坐卧，常行一直心是也。如《净名经》云：直心是道场，直心是净土。莫心行谄曲，口但说直，口说一行三昧，不行直心。但行直心，于一切法，勿有执著。迷人著法相，执一行三昧，直言常坐不动，妄不起心，即是一行三昧。作此解者，即同无情，却是障道因缘。

六祖告诉大众："善知识，所谓一行三昧就是行住坐卧，及一切的行为都在定中，在定中的具体体现便是常行一直心。就如《净名经》所言，直心是每个人的道场，直心当下就是净土，不要心中谄媚，口说正直。口说一切行为在定中，心却不是直心去对待一切人事物。只要心行平直，就不要执著一切法。愚痴的人执著法相，生出法执，执著于一行三昧，说我这样坐着不动，不起妄想，就叫一行三昧。如果作此解，便是山石草木，等同无情，这是障道因缘，不是佛说的正定。"

一行三昧就是正定，专一的行为。不仅得定，还可以持住在一切行为之中，便是一行三昧。前面我曾言《文殊师利所说般若波罗蜜经》，在这部经里，释迦佛所问皆是不二，文殊菩萨回答的也是不二。你真正领会了不二的含义，那就不是教外别传的概念了，而是宗内嫡传，真传！不二就是一行三昧，这是要放到现实中去历练的，必须要到现实人生中去看自己有没有对待，有没有对立？所以修净土也强调念佛三昧，密教持咒也强调持咒三昧。一行三昧不管你在哪一个法门下，都是必须实行的。万行之中，都在正定之下！正定是什么？包含万有，是不二的。但有对待，但有分离，便是法执，便是我执，便是烦恼。

行住坐卧之中，念念平直，就是念念般若。常行直心的人，在世人的眼中很傻，看上去事事不用心计，那是因为以道行事，叫“孔德之容，唯道是从”，一切可以了了常明，只是如道一般含纳万物，含纳好坏善恶而已。为什么可以含纳？因为一切众生皆在自因自果之中。你用弯曲之心去待人接物，道便还你弯曲，虽勤苦而难成。你用平直的心去待人接物，道便还你平直，所以说“直心是道场”。

得道之人看似很傻，但他从来都没输过，他也从来不赢。世人只要有成败之心，便有成败的命运，便会有此起彼落。所以《道德经》里说：“是以圣人处无为之事，行不言之教；万物作焉而不辞，生而不有，为而不恃，功成而弗居。夫唯弗居，是以不去。”就因为他功成了，而不自己居功，所以谁也抹不去他的功劳。

正因为道至简至易，所以易被人忽视，才被世人看颠倒，所以人不容易相信。世人说成道之人：“道就这么简单，就你这个傻样？”是的，道就这样，就是你持不到这样，所以你就不认得。

通常说“真传一句话，假传万卷书”。果真是真言，一句吸进去，万法相包容，越接近真理越简单。往往学问搞得很高深，知识量也很丰富，却离根本越远。离根本越近，越简单；离根本越远，东西就越来越复杂，派生的就越来越多。人心依然如是，离根本越近，人越简单；离根本越远，人越复杂。越复杂，你越在此中搅不清楚，千头万绪，样样是事情，样样是你解决不完的问题。为什么呢？因为离道甚远。离道近了，万法都在一念中去体现，然后才知道老子说的“治大国若烹小鲜”的结论是从哪里来的。就是因为抓住了根本，一切都简简单单；抓不住根本，一切都变得复杂，那还治什么国啊？连家都治不好。

何为直心呢？直心不是没有心，是在是非曲直面前，该同情的同情，该扶持的扶持，该痛斥的痛斥，该憎恨的憎恨。如果你在街上遇到小偷，你的良心告诉你，他是坏人，我们应当去痛恨这种行为。但你却说，其实他偷点钱也挺不容易的，风里雨里，还要怕被警察抓住。说这话就叫昧了良心，失去了正常人的是非曲直。这叫瞒心昧己，罪莫大焉！

今天我们看到很多社会现象没有是非标准，老子和儿子上法庭论对错，这真是世风日下，道德沦丧到了极处了，这叫不知耻。家庭是讲人情的地方，不是讲理的地方。一旦上了法庭讲理，人情全无。

是非曲直在常情，这一切都建立在常情之下，违背常情常理为曲，符合常情常理为直。有人问孔子："其父窃羊，其子证之，可谓直乎？"父亲偷了一只羊，他的儿子去指证他，去揭发他，这是不是一种正直呢？孔子答："不为直。"他揭发他的老子偷羊，这个不为直。孔子曰："父为子隐，子为父隐，可谓直也。"为什么呢？这是常情。当人情堕落到彼此亲情都要互相揭发的时候，那么这个社会道德堕落到什么程度，人与人之间的关系又到了什么程度？所以法律是为什么服务的？法律应该为社会道德服务。这是是非曲直啊！

善知识！道须通流，何以却滞？心不住法，道即通流；心若住法，名为自缚。若言常坐不动是，只如舍利弗宴坐林中，却被维摩诘诃。善知识！又有人教坐，看心观静，不动不起，从此置功。迷人不会，便执成颠。如此者众，如是相教，故知大错。

六祖在这里强调什么是道。六祖说："善知识，道应该是通达无碍、川流不息，可为何停止了呢？那是因为心中有滞碍，心有停止，要么变成阻隔，要么变成死灰枯木。只有心不住法，道才能流通。心若住于法，这是自己束缚了自己。如果说我常常安住不动就是一行三昧，就像舍利弗在林中打坐，他说他这是如如不动，维摩诘呵斥他说：'你就这么坐着，有什么用呢，像个活死人似的。'"

禅定的真功夫是什么？禅定在用啊。如灯的功用在亮，灯若不亮，要灯干什么？刚才谈的用和体，定是慧的体。怎么去体现定的状况呢？那就看你的慧，因为慧在用，就像灯不亮叫灯吗？定如果只在定中，不在慧发，这个定在吗？

六祖又说："善知识，还有一些人教人静坐，坐下来后眼观鼻，鼻观心，以此入静，让学人在此处下手用功修行。愚痴的人不会其意，执著坐相，即成颠倒。这样听受教授的人很多，如用此等方法去教人，会酿成大错。"

如执著大法即被法束，如不执著又觉得无从下手。究竟怎么办好呢？我告诉大家一种状态，需要大家去体会。那就是：整个的生命即是戒定慧，戒定慧即是整个的生命。我是无我的，从来也不需要想起，永远也不会忘记。没有什么好想的、好执著的，但从来也没有忘记。

有人说，打坐时有一段时间迷迷糊糊，那个状态就不是了。一定要了了常明，生命在逐渐地向整个宇宙推开，整个的宇宙又向整个的生命吸纳，然后这种感觉无处不在。我即宇宙，宇宙即是我。

我佛说法是为着应病开药，没有病本不需要吃药。从来也不是有了一次病，要吃一辈子的药。所以释迦佛才说，谁要说我说法了，那是谤佛。无一法可立，彻底地自由解脱。《金刚经》说："知我说法，如筏喻者，法尚应舍，何况非法！"如果只修打坐，不修心，认为打坐就是修心，这是妄执。很多人从打坐下手，以为权变，但大多半途迷失，不知所终，甚至于走火入魔，机灵鬼怪。见佛、见神、见鬼，统统都在自己那里瞎捣鬼，然后铸成大错。这不是一个真正修行人所为。

无念无相及无住　为宗为体及为本

师示众云：善知识！本来正教无有顿渐，人性自有利钝。迷人渐修，悟人顿契。自识本心，自见本性，即无差别，所以立顿渐之假名。善知识！我此法门，从上以来，先立无念为宗，无相为体，无住为本。无相者，于相而离相；无念者，于念而无念；无住者，人之本性。于世间善恶好丑，乃至冤之与亲，言语触刺欺争之时，并将为空，不思酬害。念念之中，不思前境。若前念、今念、后念，念念相续不断，名为系缚。于诸法上，念念不住，即无缚也，此是以无住为本。

六祖说："本来正教没有分顿和渐，是因为学人有利与钝的差别。"这就是我们说的有教无类，和儒家思想是一样的，是因材施教。"愚人渐修渐明，智者顿然悟入，各自识得本心，见自本性，即没有愚智顿渐的差别。之所以立顿与渐不同的法门，是因人而异，非法有异。所谓顿、渐只是假托之名。善知识，我所宣说的法门，从以往的祖师一脉相承传下来，首先确立以无念为宗，无相为体，无住为本。何为无相呢？就是人在相之中而能够离相，也就是出世不离世，入尘不染尘。什么是无念呢？于念念之中而不住。"就是遇事便起念，用完了以后便放下；然后当用之时又起念，用完以后又放下。

六祖又说："什么是无住呢？无住是人本有的天性，在世间善恶、美丑也罢，冤家、亲家也罢，如果他用尖刻的语言刺激你、欺辱你，你都将这一切可以空掉，不去思量；他如果是加害于你的，念念之中你都不把前念带入。如果是前念、后念，念念相续，便是束缚。于万法中念念没有执著，即是没有束缚，这便是以无住为本。”

大家知道达摩祖师来到中国以后，菩提留支那一脉一直在加害他。达摩祖师为什么吃了这么多次的毒而没有死？因为他心中无毒，念念放下，心中没有瞋恨，没有任何的粘连，这个毒便没有生根之处，所以加害不了他的生命。《金刚经》里释迦佛说：“我于往昔节节支解时，若有我相、人相、众生相、寿者相，应生瞋恨。”因为什么念头都没有，证空性实相，所以他才能够得到生命的圆满。

两千多年以来，关于佛教的修持方法也不知有多少说法，顿悟与渐修更是大家争论的焦点，不一而终。六祖在这里明确地说明：本来正教无有顿渐，只因人分利钝，法无高下，应机为上。只看什么法适合你，贵在当机，再高妙的法与你不相应也是白搭。如果你的心与万法相对立，那是没有法的。你如果在某一个法中越修越开放，越修越有解脱感，这便是你找对了门。如果你越修事越多，越修越束缚，越修越起疑，那你便要停下来，看一看是哪方面出了问题。否则，越修障碍越多。

六祖在这段话中给我们修行人提出了修行的纲领，就是“无念为宗，无相为体，无住为本”。所谓的无念是不执著，不执著就是让我们的生命流淌起来，活起来。但有执著，便会堵塞。当我们的生命流淌起来时，法便流淌起来了，法才能够活起来。法与人都不僵化，你才能不自缚，不是作茧自缚，你才能得到彻底的解脱。这都需要我们拿到生命当中去实践。不论你遇到什么样的冤亲债主，什么样的美好因缘，你都能够洒脱自在，不住念念，是谓解脱。好坏善恶都不留，念念往前走。如果念念相续，念念放不下，前八百年，后八百载，什么痛苦烦恼的事情你都能想起来，都能记住，这说明你的思想在轮回之中。有了轮回的思想，便有了轮回的生命，那无论修顿、修渐，皆是枉然。

世间普通人都是在念念执著中生活，所以烦恼生死不断。不要忘了，我们是想断烦恼，了生死啊！我们不是想烦恼相续啊。世间普通人总是拿人情去说话。人情一说，道情就往后退，那就没的说。即使都是你的理，你都对了，但是你轮回、你烦恼。所以要谈的是解脱，不是谈的束缚。无念就是不二，就没有对立，生命才有可能超越。当下即因即果，把生命从这一头是生、那一头是死斩断，成为是一个点一个点组成的，此一刹那是上一刹那的果，又是下一刹那的因，每一刹那是即因即果，这样生命便超越轮回！你必须去体验，千万不要当甲壳虫。

王阳明有个学生问他："您老人家说万物都在你心中，但是前面山里花开花落，您并没有看到，那花怎么会在你心里呢？"王阳明说："我没有见花时，花与心同归于寂静；当我看到花时，花与心都明明白白地彰显，可知花不在心外！我没有看到，是它归于寂静；我看到了，是它归于开放，并不是它在心外。"

我们需要深入去体会这种心境。何为心能够包容万法，何为芥子纳须弥？一粒沙包含三千大千世界，这要超出相对的世界，而进入一种绝对的状况，人我不分，人法不分，人与客观环境不分，全都一体不二。在相对中，你是永远都不能感悟禅的境界的，只有进入绝对的状况，禅的境界才了然常明。

善知识！外离一切相，名为无相。能离于相，即法体清净，此是以无相为体。善知识！于诸境上心不染，曰无念。于自念上常离诸境，不于境上生心。若只百物不思，念尽除却。一念绝即死，别处受生，是为大错！学道者思之。若不识法意，自错犹可，更劝他人，自迷不见，又谤佛经，所以立无念为宗。

六祖说："善知识，在外不被一切所黏滞，名为无相。能够如此离相，就是法本清净，这就是以无相为体。善知识，于世间一切境界现前，心无污染，这才叫无念。你能去分辨一切境界，而不做分辨想，于自己平日的念头，常离一切境，并且不于境上生心。"

平时不在自己的心头造境，生大妄想，无事生非。比如突然间想起一个人，猜测他是不是在背后讲我的坏话，昨天他跟谁交往了一下，那个人就对我不好了，于是生起诸多的妄想。不要说你这是妄想，即便是真的，也是没有意义的。境界现前，不要往连锁的方面去想，搞一个连环套，除了把自己的生命约束住以外，任何的好处都没有。

这里六祖反过来又说，如果百物不思，念尽除却，会怎样呢？我们可能会认为这不是挺好吗，什么都不想了，所有的念头都除掉了。六祖说："一念绝，那人就死了，就会轮回到别处受生，铸成生命的大错。"所以，不是念绝，是了了常明，了了分辨而不生，而不是不生分辨。这当中有微妙的差异，你要自己去体验。我在这里说的都是实相，而你们听的都是语言文字，这之间的差别很大，没有办法，你只好自己去领悟。

所以，六祖在这里强调："学道之人要认真地思考。如果不识佛法的立意，自己错了还没有太大的关系，可是拿着自己的错误见解来告诉别人就麻烦了。自己迷而不见，却又谤佛经，那后果是非常严重的。"有一句话叫"地狱门前僧人多"。拿一个不究竟的法说与众生，贻害众生的慧命，最后落下谤佛的果报。六祖大师非常慈悲，为了避免这种状况出现，所以说，立无念为宗。

六祖在这里为我们解释了何为离相，何为离念。于诸境上心不染，这说的是受外境干扰时；于自念上常离诸境，说的是没有外境干扰时，你自生出的心，譬如打坐时，自心中生起的种种妄念。有相起念，无相亦起念，心内心外，你都要看住它。如果你没有会了佛的意，不可拿来教人。这是六祖再三强调的，他老人家是怕代代误传，到头来，正法不见。前面讲过，不传正法有问题，传了邪法问题更大，所以大家要当心。

善知识！云何立无念为宗？只缘口说见性，迷人于境上有念，念上便起邪见，一切尘劳妄想，从此而生。自性本无一法可得，若有所得，妄说祸福，即是尘劳邪见。故此法门立无念为宗。

六祖说："善知识，为什么说立无念为宗呢？只因为一些人口中说已见性，可因迷性，只要一遇外缘就生念头，念上便生邪见，一切的烦恼，一切的妄想都从此生出来。"

有些人说自己已见性，实际上不是生命中的大放光芒，只是有所警醒，不是觉悟。见道了没有证道，一遇事就迷了，不能把佛法拿到生活中去，理论上一套套的，现实中看不到对佛法任何的认知和修证，这不能叫见性。六祖的话像一面镜子，让我们自照。

六祖说："自性本来是清净的，是无一法可立，是无一法可得的。如果自性不空，有所得，那便是在虚妄上求祸福。这便是生命的尘劳，是邪见。所以这个法门立无念为宗。"

为恶就是祸，为善就是福。而善恶祸福都是唯念之现，善有尽，福也有了，恶与祸也是如此，都在生灭法中。佛陀教给我们的法在不生不灭中。祸福善恶统统叫尘劳、尘埃，但有所感就是烦恼。我们说有一个很好的感觉，那也叫烦恼吗？对，这个叫恶趣，因为它不常性。一切的感觉都是烦恼相。我们感受美好时，心中非常执著，希望抓住它不放，一直停留在美好上面。殊不知万事万物都是奔流不息的，不可能停留，我们不可能在有限的生命里生起无限的享乐。因为生命本身就是有限的、无常的，怎么能找到有常的状态呢？

世间人都在有念中生活，只要有念便起相对。首先是生死相对。如果能将生命中的相对概念打破，就有可能了生死。即便不能了生死，也会生活快乐得多，洒脱得多，也能算得上是解脱道路上的行者。相对的概念从何生起？从念头上生起。只要一起念，什么“我认为”、“他可能”这种概念全来了，这便是尘劳妄想，远离自性，远离清净无为，远离无住生心，所以这个法门立无念为宗旨。你若能达到无住生心，就已达佛地，所以当然这是宗旨。

善知识！无者无何事？念者念何物？无者无二相，无诸尘劳之心；念者念真如本性。真如即是念之体，念即是真如之用。真如自性起念，非眼耳鼻舌能念。真如有性，所以起念；真如若无，眼耳色声当时即坏。善知识！真如自性起念，六根虽有见闻知觉，不染万境，而真性常自在。故经云：能善分别诸法相，于第一义而不动。

六祖大师进一步解释，这里讲“无”是指的什么？这里论“念”又念的是何物？六祖说：“所谓无，就是无二相，无分别相，无尘劳妄想之心。所谓念，是念真如本性。真如是念的体，念是真如的用。”念头会让你离开本体。本来是佛，何期自性本自清净，现在为什么不清净了呢？就是这个念头一竿子把你支得离真如那么远，并非有他力，并非有客观，就是自己。

六祖说：“只有真如自性能生念，并非是眼耳鼻舌器官能生念，是真如自性让我们有思量的能力。真如有性，所以能生念。真如如果不在，眼耳鼻舌身顿然就会败坏。”比如说瞎子，一定有他前世因识的果报让他看不到光明，这便是他的业所在处，也是真如被遮挡处，在眼识上，非常准确。真如不在处，便是业在处，即是生命没有能力处。因为真如一离开色身，色身就会死掉。

六祖接着说：“善知识，只有真如能起念，六根虽然可以让我们见闻觉知，但它只是个器官。在见闻觉知中于万境没有染著，真性就能显现而常生自在。”真如的本体是这样的。由于生念，我们变成今天这个样子。六祖说：“所以经文说，能够善于分别诸法相，便于第一义而不动。”

所谓第一义，便是我们没有经过念头分别之前出现的状况。人本来应该有各种的神通，是神而不神的。人的这个“神”只要被彰显出来，神通是在的，但你一用思量就坏，你会有很多这样的生命体验。

我告诉大家一个经验，早晨起来的时候，你的生命还没有完全活动起来，还躺在床上，那时还是比较灵明的，没有受到诸多的干扰，你想想今天该做些什么。从朦胧开始想起，想到完全清醒，要学会在朦胧中提着圣号，让自己逐渐逐渐清醒。清醒以后，你会发现思考的那个问题是非常清楚的。但有一个状态，就是到了中午到了下午，你明明记得早上起来要做的那件事，会觉得其实做不做无所谓。为什么呢？就是被外在的信息干扰了。实际上它很要紧。

所以我讲让大家保持灵明的状态，要对自己有一个确切的清醒的认识。你现在有这么多的无明，就是轮回中的生命。你必须是了了常明，才不是无明。你要确切知道每一个瞬间都在做什么，每一刹那所做的事情都会感得什么样的果，叫倒因为果。看到果地的时候，会给自己一个警醒，该做还是不该做。如果不往果地看，就会肆无忌惮，任意为之，就比较可怕了。所以我一再告诉大家要建立因果的意识，用因果看问题，用因果解决问题，用因果的方式去生活。

六祖唯恐后世众生不解其意，更来进一步解释无念与无相。所谓“无”就是除尽一切相对的相、一切分别的思维。如果无相无分别，便无烦恼与妄想。这一切除尽，你还念念了了分明，这便是离相之念，这便是无住所生之心，就是真如本性。真如就是一切法的本来面目。

何为真如？真为不假，如则不倒。宇宙的真如实相是将我们包含在其中的，我们是在真如之中的。换句话说，真如离不开能知之心。如果没有能知的这颗心，真如便没有立身之处，所以我们这颗心就是真如，不会在我心之外还有宇宙真如。我们的心有多大呢？如果说是拳头这么大，你的心也就太小了。应该是宇宙多大心多大，你的心想多大有多大，因为它和真如是一体的，真如就是你。

真如如何体现呢？真如在我们生命中，就是通过念来体现的，但我们的念头像是在泥里打了个滚一样沾了灰，念头如果不沾灰是本性一如的。当我们生恶念的时候，我们就走向真如的反面，就是用黑暗遮盖了真如。当我们无念的时候，我们便与真如一体，尽显光明。云本来不是实有，但遮住你是真实的。所以六祖说：“真如自性起念，六根虽有见闻觉知，不染万境，而真性常自在。所以经中说：能善分别诸法相，于第一义而不动。”这是我们修行的依据。不论我们修顿、修渐，这是修行的关键。

坐禅品第五

如果说佛教的许多内容可以理性了彻的话，那么坐禅就不仅只是理性的问题，还涉及了技术性的问题，且每一个法门都有各自不同的方法。六度万行、转识成智、一切戒定慧三学、止观二法都离不开禅定。禅定是每一门日行的功课，但怎样坐禅，怎样才能收到事半功倍的效果，又是很多修行人感到困惑的。我们先来谈谈通常意义上的坐禅。双腿盘起、跏趺而坐、舌抵上腭，有一个七支坐法。进而修止修观，四禅八定，逐级上去。大小乘禅定都是从此入手。但禅宗自六祖以来，对佛教有许多革命性的改革，其中包括坐禅。我们看看六祖是怎么说的。

自性不动离二元　无相坐禅不著境

师示众云：此门坐禅，元不著心，亦不著净，亦不是不动。若言著心，心元是妄，知心如幻，故无所著也。若言著净，人性本净，由妄念故，盖覆真如。但无妄想，性自清净。起心著净，却生净妄。妄无处所，著者是妄。净无形相，却立净相，言是工夫。作此见者，障自本性，却被净缚。

六祖大师开示说："坐禅本来不需要执著在心，也不要执著净，也不是坐在那里一动不动。你若执著用心，这是妄心，不是真心。学人应该明白此心本来虚妄如幻，所以不可执著。如果执著于清净，人的自性本来就清净，既然本来清净，又有什么可以执著的呢？从心中生出妄念，覆盖真如自性，只要没有妄想，自性本来清净。你生出个心来执著清净，等于头上安头，在妄心上加了一个要清净的妄心，这就远离清净的本体。"

其实这就是像抓贼一样，见了就跑。妄心只要被你观照到，它就已经跑掉了。六祖说："妄心没有特定的处所，只要执著即是妄心。清净本来无形无相，却偏偏强立一个清净相，去观净，执著在净上，还说这是功夫，就是修行。如果你做此见解，就是障碍自己的本性，就是被净所束缚。"

太多的人修禅都在这上面出问题。一说到坐禅，说打坐能坐上几个钟头，其实这不单纯是时间问题。更有一些愚蠢的人打坐时跟自己的腿拼命，最后把筋弄伤了。这就是南辕北辙，不知何为坐禅。六祖在这里所讲的禅定与以往传统的说法全不一样，既不去看心，也不去打扫，不去拨去心中的尘垢。心原是妄，不是真心，妄心就是烦恼心。通常人们练打坐，说本来还没有那么乱，一坐下来，乱全来了。这就是因为以妄制妄，越治越恼。

南宋时有个僧人问破庵禅师："那个猢狲子我老是捉不住，怎么办?"破庵禅师说："用捉干什么？如风吹水，自然成纹。"问者还是一头雾，旁边的侍者无准却言下大悟。这一棒子打到谁不知道，也不知道谁该开悟。知是妄想，扫妄想那一念也是妄想。我看水上有波纹，拿根棍子把它扫掉，只会越扫波纹越大，让它过去就是了。风吹而过，你如是地去看就行了，不用去管，不用使劲打妄想，没什么好打的。当我们觉察到自己有妄想，那个能觉知妄念的心与发出妄念的心是两个心吗？大家想一想。其实，妄念与觉悟都产生于本心，心的本性原来是清净的，却偏还要在这个清净的本心上下工夫，这是妄见，将自己束缚得不得自由。

善知识！若修不动者，但见一切人时，不见人之是非、善恶、过患，即是自性不动。善知识！迷人身虽不动，开口便说他人是非、长短、好恶，与道违背。若著心著净，即障道也。

善知识，若修不动者，何为不动呢？不是叫你坐在那里不动，而是叫你在日常功用中去修不动，修你这颗心不动。六祖说："所谓不动，首先是不分别人的善恶、过错，这才是自性真正的不动。"仅身体不动不行，内心里翻江倒海，那不是骗自己吗？心不动这才为不动。你若自性不动，好坏善恶全看得见，就是没有分别心，即能了了常明，叫千江有水千江月。心中超越了好坏善恶的差别，不论好人、坏人，会一样对待。并不是不明是非，而是比世人明白得多，只是没有分别。

六祖说："善知识，迷痴迷误的人身体虽然坐在那里不动，可是开口便说人是非，论长道短，这是背道而驰。"心已动了，身不动有何用。心不动才为真不动，就是在善恶是非处不动。六祖说："如果你执著于心，执著于净，即是修禅的障碍。"

通常人们都对禅定有误解，认为不思不想就得定，定在那里不动就得定。其实真功夫不在坐上看，是在二六时中行住坐卧间无时无刻不在看，是在境界现前时看。如果是面对工作与生活时烦恼一大堆，将修行与工作生活对立起来，心动了，心乱了，定便没有了。所以六祖说："若修不动者，但见一切人时，不见人之是非善恶过患，即是自性不动。"禅定的结论是自性不动。自性不分别善恶，在善恶面前不动摇，一直是那个样子，一如既往。但有善恶好坏的分别，一出口便知道没有禅定的功夫。

师示众云：善知识！何名坐禅？此法门中，无障无碍。外于一切善恶境界，心念不起，名为坐；内见自性不动，名为禅。善知识！何名禅定？外离相为禅，内不乱为定。外若著相，内心即乱；外若离相，心即不乱。本性自净自定，只为见境思境即乱。若见诸境心不乱者，是真定也。善知识！外离相即禅，内不乱即定。外禅内定，是为禅定。菩萨戒经云：我本性元自清净。善知识！于念念中，自见本性清净，自修自行，自成佛道。

禅宗的坐禅是什么状态呢？六祖说："无障无碍，处于一切善恶境界，心念不起名为坐，内见自性不动名为禅。"禅的境界是绝对的，它概括一切相对的、分别境界，一并包容在禅定的境界中。能够超越相对、分别的境界，才能见性。这个定不是靠硬坐出来的，更不是靠逻辑推理出来的。

南台和尚有一首诗："南台静坐一炉香，终日凝然万虑忘。不是息心除妄想，只缘无事可思量。"意思是：南台每天晚上点一炉香静坐，一天到晚没有事可以放在心上，我坐在那里不是硬压服妄想，而是本来没有事情让我去想。这个无心不是故意无心，也不是以石压草的无心，是见道后世间的那个心死了，不作用了，道心生起，本来无事可思量。这才叫坐禅。

"外离相即禅，内不乱即定。外禅内定，是为禅定。"外在是无立锥之地，是潇洒，内在是脱落。无一法可得，无一相可执。执相就是无明，无明便生轮回。不执相就破无明，这就是抓住了生命的根本，从开始的无明处没有了。"无无明，亦无无明尽；乃至无老死，亦无老死尽。"因为除去了无明，所以没有生老病死。

世人在世间总怕自己手里没有东西可抓。凡人执著钱财名利，好不容易开始修行了，又执著于法，执著于人，这样一直抓到死还要告诉后人："一定要给我买一块好的墓地，给我穿一件漂亮的衣服啊，照顾好我的孙子，清明时别忘了我。"执著就是痛苦。佛法三藏十二部，就是将世人的这些执著连根拔除，彻底革命，革自己的命。所以佛说，谁要是说我说法了，谁就是谤佛。佛彻底革命。"法尚应舍，何况非法！"所以佛法不是世间法的替代品，最终是无一法可立。

马祖问怀让："如何修才对呢？"怀让比喻说："譬如驾一牛车，你想让牛车上路，是该打车，还是该打牛？"马祖答："当然该打牛，打车何用？"怀让说："人的身体等于车，心等于牛。"要想成佛，必须在心上用功，不在坐卧。

"本性自净自定，只为见境思境即乱。若见诸境心不乱者，是真定也。"并不是不要坐禅，而是到坐禅时才言静已经晚了，因为你静不下来。虽然你在一切的凡俗杂务当中，可是你的心应"水流任急境常静"，那个境界一直都是在的。心如止水在运筹一切，坐时跟你平时没有太大的差别。如果心中翻江倒海，然后坐那儿说要静一静，不要坐，这样坐是害了你自己。这样坐禅就成了你的冤家对头，要把你搞死的，所以要功在平时。

如日常中总用心机，胡思乱想，瞋恨烦恼，打坐时何以言静！如平时心平气和，柔顺坦荡，打坐时自然境界平和，容易入静。多吃亏，吃了亏不在意，心就往下去，特别容易入静，不信你可以试试。有人自欺说，自己日常虽然爱说长道短，但不著境，没有起任何的瞋恨心，只是说说而已。这就好像说，我虽在尘土飞扬中但不落土，身上不沾染一样的。因为语言是从内心发出的，虽有可能言不由衷，但已是心中落了尘埃。

不要将法停留在理论上，要拿到生命中去实践，这样你才能得到真实的受用。如果心中不空，心中有物，有想法，便是妄。在妄上用功，终究是假。心中不空，阴阳二气就不干净。不干净或者不足，二气便不能运动推荡，便不能回到太极。不能回到太极，便不能回到无极。

阳气从何而生？饮食、药补、呼吸皆与阴阳二气有关，但与真阴真阳无关。所谓真就是纯。饮食、药补、呼吸吐纳都是有杂的，不纯。在佛家真正用什么补阴补阳呢？我们在世间所做一切善事时，心中升起那一念的快乐，便是真阳之气上冲心脉所感。众善奉行时就补真阳。

那怎样补真阴呢？诸恶莫作。阴气中无恶，自然就纯。真阴真阳合抱，自然不会有烦恼和杂念，所以佛家讲诸恶莫作，众善奉行，自净其意。你如果能做到诸恶莫作、众善奉行，自然意念便能清净。不是你在这里说"我要入定，我要入定"，那样定不住。能自净其意的这个"自"不是自己的思，是自动的意思。定是诸恶莫作、众善奉行的结果。我们把诸恶莫作、众善奉行用到生命中去，逐渐会把纯阴纯阳放大，然后就是浑然太极。生命有了浑然太极的能量，才有可能超越。诸恶莫作、众善奉行就能够自动净化自己的灵魂，这是我们修行人的基础。

因此六祖说："于念念中自见本性清净，自修自行，自成佛道。"是自然而然成佛道。你不要在诸恶莫作、众善奉行外去寻找禅定。坐禅是一面镜子，看看自己有多少杂念，还不行就再回到现实当中去任劳任怨做事。阳气不够，创造力不够，推动力不够，说明为善不够。阴气不够说明没有持好戒。把这两方面做好了，才有禅定的基础。否则禅定仅只是盘盘腿，就如同沙堆上的楼房，不知哪天就会塌掉。禅定一定是建立在生命的基础上，在日积月累修行的基础上才能谈禅定。禅定不是说打坐时才能看见，通过现实人生就可以看见禅定的状况。

忏悔品第六

六祖在《坛经》中所言的禅法是典型的祖师禅。祖师禅最鲜明的特点就是强调明心见性，当机即转。一切的恶在当下转，一切的法在当下成。一切的说法，都是为明心见性服务的。这一品是忏悔品，忏悔也是为明心见性服务的。

自性五分法身香　无相忏悔灭诸罪

时，大师见广韶洎四方士庶，骈集山中听法，于是升座告众曰：来，诸善知识！此事须从自性中起，于一切时，念念自净其心，自修自行，见自己法身，见自心佛，自度自戒，始得不假到此。既从远来，一会于此，皆共有缘。今可各各胡跪，先为传自性五分法身香，次授无相忏悔。

当时惠能在南华寺，见广州韶关及全国四面八方的读书人和普通市民，大家一起都聚到宝林山南华寺，想聆听六祖大师的传法，于是六祖升上法座，开坛说法。六祖说："到会的所有善知识们，修这个法门，要从自心觉性修起，念念都要有正念，自觉净化，自觉修行，别人替不了你。自己确认法身，见自心的佛性，自己度自己，自觉持戒。这样你才没有白来，才算珍惜了今世的缘分。大家都从远道而来，能聚会一处闻佛正法，这都是我们往昔所种的善根，今生结此善缘。现在大家先右膝着地，我给大家传五分法身香，然后再授你们无相忏悔。"

六祖此处强调修行的法门要从自性中修起，不能向外驰求，有一念的外求心即是外道。其实不仅是修行，无论做什么事首先都是从心念开始。没有正确的心态，什么事情也做不好。不是你做的事情本身的好坏，善恶是你心存的好坏善恶，所以问不得别人，都是问自己。六祖在这里强调："一切时中，念念自净其心。"

以世人的眼睛看，禅门的修行非常放松，看上去是没有仪规的，持戒不持戒、念经不念经都无所谓，其实这是误解。如果你在庙里修行，念经打坐终还有休息时，而禅门却不放松每一个时刻，万念归于心，念念归于心，没有一刻是放松的。禅门的修行是刹那不可停歇的，甚至连做梦如果犯戒，都是要忏悔的，它所进行的是思想与行动的全面管制，非常严格。外在形式的松散不代表法门内部的不严格，它以最严格的状况去考验每一位在此法门修行的人，时时刻刻在大浪淘沙。

禅门的修行既没有时间上的中断，也没有空间上的阻隔，念念善恶，念念因果。一念善，即得一个善因，即是未来成佛的资粮；下念恶，就给你带来一个恶果。此一瞬间我说你起心动念不对，你可能会反驳，认为这是对你的猜测，但不要紧，你可能此一瞬间不认可，彼一瞬间在事相上就会显现，即因即果。每一个事相上的状况，都代表着你上一刹那的起心动念，这是无法遮掩的。往往因为世人不明因果，只管做事，看不到后面的恶果，所以才敢作敢为。因此六祖在此强调自净其心是修行的开端。

众胡跪。师曰：一戒香：即自心中，无非、无恶、无嫉妒、无贪瞋、无劫害，名戒香。二定香：即睹诸善恶境相，自心不乱，名定香。三慧香：自心无碍，常以智慧观照自性，不造诸恶；虽修众善，心不执著，敬上念下，矜恤孤贫，名慧香。四解脱香：即自心无所攀缘，不思善，不思恶，自在无碍，名解脱香。五解脱知见香：自心既无所攀缘善恶，不可耽空守寂，即须广学多闻，识自本心，达诸佛理，和光接物，无我无人，直至菩提，真性不易，名解脱知见香。善知识！此香各自内薰，莫向外觅。

什么是“自性五分法身香”呢？普通寺庙传戒只说“五分法身香”就行了，而六祖却是在前面加上“自性”两字。自性就是我们的心，也是法身。普通庙里传戒，大家总感到有一种压力和权威性，不敢不受或不得不守。过去谈到戒台，不是一般人可上的，因为戒台一开，业的泛起使许多人还没有上了戒台，人就完了。上戒台之前如果没大忏悔，根本不敢上，真是玩命。果真上得去了，是好生了得的一等一的人物。

而六祖在此言的自性戒，是见性之后圆满的戒，是觉得没有戒的存在，而又无时不在戒之中的。因为自己本性自然清净，不需要守的，自性定慧都是一样。想要修法身成就，就必须具备戒定慧三德。换句话说，戒定慧为因，成佛为果，因果等持。这是谈的戒定慧三香。另外两个是解脱香和解脱知见香。解脱谈的是解脱当下的烦恼，进而解脱生死。怎样才能最终解脱生死呢？就是因为树立了解脱知见，并得到了解脱的智慧，这便是明心见性。自性戒定慧和自性解脱、解脱知见，这五分“真香”拿在手中，用来薰自己，使自己能脱胎换骨，立地成佛。

怎样才能脱胎换骨，立地成佛呢？拿这五分真香来薰自心中的是非、善恶嫉妒、贪瞋、劫害，此名为戒香。再拿这五分真香来使自己在善恶境象现前时心不动乱，名为定香。使自己诸恶莫作，众善奉行，于万法面前不执著，名为慧香。总之一切都向内求都向内找，莫向外求，直到成就无上菩提，别无他途。

今与汝等授无相忏悔，灭三世罪，令得三业清净。善知识！各随我语，一时道：弟子等，从前念、今念及后念，念念不被愚迷染，从前所有恶业愚迷等罪，悉皆忏悔，愿一时消灭，永不复起；弟子等，从前念、今念及后念，念念不被憍诳染，从前所有恶业憍诳等罪，悉皆忏悔，愿一时消灭，永不复起；弟子等，从前念、今念及后念，念念不被嫉妒染，从前所有恶业嫉妒等罪，悉皆忏悔，愿一时消灭，永不复起。

这一段大家随我一起读，打开你的心，让光明朗照，愿所有的恶业在此刻全部消灭！现在我们传的是祖师的顿教之法，可以顿然见性，也可以顿然消业。你的心要是坚定的，你念出来的声音是肯定的，心是朗照的，这一刹那你的业就可以随之消除。这一段话，你应该学会把它变成一个法，以后在家里要经常读。

在佛教中忏悔法门很多。如大悲忏就是念观世音菩萨的大悲咒，并磕一定数量的头忏悔。还有千佛忏，持一千尊佛的名号，磕一千个头。密教中有百字明咒。这些都是用来消我们生命当中累劫千生的恶业的。佛教中的这个忏悔法门是具大慈悲力量的，如果没有忏悔法门，只怕人人都修不成，前罪后罪永无出期。所谓忏是对以往的贪瞋痴的检讨，重新认识自我，悔是发心以后绝不再犯。忏悔用现在的话说就是检查加保证。

在佛家忏悔有仪规，并且比较严格。入忏坛和入戒坛一样，要先立生死状。因为忏出来的罪业，是不是会要你的命很难说，搞不好在忏坛上就下不来。六祖在这里所言的无相忏悔与一般的不同，不注重仪规形式，更强调空性，观一切法皆空的道理。通空性的忏才彻底，才有力，才能得到解脱。会有人问，既然空了，还忏它干什么？正是因为一切法本性空，色即是空，空即是色，所以才能够建立因果。我们所忏的罪业就是建立在因果上的罪业，而因果是建立在空性上的。如果你不将罪业消尽，你是看不到空性的。

如果我们想得到彻底的解脱，自然要坦荡地打开自己的心胸，放下烦恼，承认错误。六祖所言的无相忏就是建立在空性的基础上的，如果不空，便不通忏。忏不是形式，是从心的根本上解决问题，随时随地都可以忏。尤其是在家修行人，更很少有机会入忏坛，那就不忏了吗？不是，正相反，反而要“时时勤拂拭，勿使惹尘埃”。千万不要在这里批判神秀，因为你还没达到他的状态，他的法依旧可以用，就是时时观照自己。我经常对周边的同修说，你这个忏和观照能在事先就高明多了，而事后不能忏就更没有戏。你事后能忏，知道犯了错误能改正已是个好人，如果能在之前觉，你就是一个有觉悟的人。

无相忏的重点在于首先观因果，看自己的行为、语言、思想、起心动念，都会造成哪些结果，然后再看原因。这种结果的前因是什么，是贪，是瞋，还是妒忌？然后再观万法的空性。简单地说，就是先将自己的罪业放到因果上，再放到空性上，然后这个忏才得力。

善知识！已上是为无相忏悔。云何名忏？云何名悔？忏者，忏其前愆。从前所有恶业、愚迷憍狂嫉妒等罪，悉皆尽忏，永不复起，是名为忏。悔者，悔其后过。从今以后，所有恶业、愚迷憍狂嫉妒等罪，今已觉悟，悉皆永断，更不复作，是名为悔。故称忏悔。凡夫愚迷，只知忏其前愆，不知悔其后过。以不悔故，前愆不灭，后过又生。前愆既不灭，后过又复生，何名忏悔？

光忏不悔是没有用的。六祖这里说：“凡夫愚迷，只知忏前边的罪，不知一定要改过自新，以后绝不再犯。”曾有人给我打电话说：“我开了一个饭店。”我说：“你一个修行人开什么饭店，你开的是功德林还是素餐馆？”他说：“就是普通的饭店，我在你那里学过往生咒，杀生时我每天给它们念往生咒。”往生咒是用来杀生的吗？他也曾经跟我学过忏，但他没有悔，没有用啊！我忏以前曾经杀过的业，但更要悔其以后绝不能再犯。如果忏了前边的，可后面还在做，是为不断，前后相连，虽忏而无悔，等于无忏。这叫口是心非。忏而不悔，悔而不改，改而不净，这样的忏悔是没有任何用处的。

忏是把前边的擦干净，悔是为后边开辟道路。发愿和悔心类似，发愿也可以消业。发愿犹如火车的道轨，道轨铺到哪里，火车才有可能开到哪里。如果你没有愿，一定不能开到那里。所以愿很重要，它能穿透三世因果，是超生的根本。所以，六祖下面紧接着讲发愿。

自性四种宏誓愿　无相三皈觉正净

善知识！既忏悔已，与善知识发四弘誓愿，各须用心正听！自心众生无边誓愿度，自心烦恼无尽誓愿断，自性法门无量誓愿学，自性无上佛道誓愿成。善知识！大家岂不道，众生无边誓愿度？恁么道？且不是惠能度。善知识！心中众生，所谓邪迷心、诳妄心、不善心、嫉妒心、恶毒心，如是等心，尽是众生；各须自性自度，是名真度。何名自性自度？即自心中邪见、烦恼、愚痴众生，将正见度。既有正见，使般若智打破愚痴迷妄众生，各各自度。邪来正度，迷来悟度，愚来智度，恶来善度，如是度者，名为真度。

发四弘愿，大家都非常熟悉，是佛教徒的日用功课。但六祖的四弘愿前边加了两个字"自性"。何为"自性众生"呢？唯识观认为：一切因我的知觉而存在，以我为主体，剩下的都是因缘，离开了我的心，便对这个世界没有感知了。所以说，无边众生若离开了你心的知性，何以而立呢？更何况所谓众生就是携带烦恼的生命，你心中的八万四千烦恼，即代表八万四千众生。你有多少烦恼，你的生命当中就包含了多少烦恼众生。你不要到心外去寻找怎样的一个世界，净土在心中也是如此。这八万四千众生又都具有八万四千烦恼，所以要除去心内心外的一切烦恼，又要度尽心内心外的一切众生。因此叫："自性众生无边誓愿度，自性烦恼无边誓愿断。"

"自性法门无量誓愿学"。因为心有烦恼要用法去除，有众生要用法去度，烦恼种种，众生种种，所以要用种种的法门。在此过程中，该用净土用净土，该老实念佛时要老实念佛；该用禅门用禅门，智慧转身处即用禅门；该用密教用密教，增加能量啊，持咒加持。每个法脉都有其特点，无所不用其极，根本就不要给自己框定住，去死守一个法。《观音普门品》说，应以什么身得度者，即现什么身为之说法，内外一如。

“自性无上佛道誓愿成”。佛说法为无上道。何为无上？无上就是包容一切法，一切都为方便断烦恼而说，度了众生就度了自己，度不了众生也就度不了自己，普度心内心外一切众生。

怎么度心内的众生呢？通过外化的众生你可以看到心内的众生。比如说有一个人对你发脾气，你要看到是你心中有瞋恚，他就是你的一个投影。如果你的心中没有瞋恚，他怎么跟你发脾气呢？整个宇宙世界就是一个阿赖耶识。这时你拿什么度心内、心外的一切众生呢？忍辱啊，忍辱就是度瞋恚的。但如果你忍了一个人的辱，却又到另外一个人那里去唠叨，是没有用的，忍的功德就正好给你放掉了。

经常有人在我面前说，平时在单位受窝囊气，或是单位里什么活都他干，老是抱怨。我听了以后，就给他编故事。我说：“你说的没错，众生真是难度，你受了委屈，我那天也是这样的，然后我就跑到地藏菩萨那儿去说。结果到了地藏菩萨那儿一看，地藏王菩萨正安忍着呢。”你觉得是不是我们到地藏王菩萨那儿可以领个赏？没有呀，都是自作自心呀！你忍辱是你得因果。

当你以无我的心度了外在众生的邪迷心、诳妄心、不善心、嫉妒心、恶毒心，你也将自己心中的这一切给度了，自性佛道无上誓愿成。无上佛道是自心觉性中彰显的，是本自具足的，是以前三度为因，最后自然结果的。

这里，六祖将忏悔和发愿同时并举，这是告诉我们在修行中不仅要忏悔，还要发愿，这两者是一体的。发愿的能量，可以让我们始终沿着正确的轨道前进，就像铺好了轨道，火车想出轨都不大容易，愿力会推动着你。不管你是懈怠，还是犹豫，还是改变方向，愿的力量可以把你推向正轨，延续你的正法之缘。

愿一定要从自己的内心深处发出来。所谓的四弘愿是共愿，所有的菩萨都发的，但同时都又发各自的别愿。药师佛因中十二愿度人天，成就了东方净琉璃世界，阿弥陀佛四十八愿成就了西方极乐世界。愿力可以生天生地。不管是忏悔还是发愿都要发自内心，所以自性自度，外在仅仅是缘，决定的因素是你自己。

又烦恼无尽誓愿断，将自性般若智，除却虚妄思想心是也。又法门无量誓愿学，须自见性，常行正法，是名真学。又无上佛道誓愿成，既常能下心，行于真正，离迷离觉，常生般若，除真除妄，即见佛性，即言下佛道成。常念修行，是愿力法。

六祖说："怎么度烦恼？除去妄想心即是度烦恼。何为法门无量誓愿学？见自性，行正法，就是真学。何为佛道无上誓愿成？能以谦下之心行于真性，行于正道，迷也不执，觉也不执，依般若真也除，妄也除，这样才能见到佛性，言下即可以见道，不须他日。心中常念修行，就是愿力之法。"

为什么达摩祖师说禅光在震旦，就是因为中国有儒道的文化基础，所以给佛教的传播提供了良好的社会思想基础。这本经是唯一一部属于中国人的经典，所以这里面儒家思想非常多，比比皆是。你不要离开我们的文化背景和人性去谈修行，不要用狂傲、高攀的心去对待修行，这叫高不可攀、高推圣境。你就把人的立意点立好，成佛是多简单啊！

所谓能以谦下之心行于真性，行于正道，这谦下之心必须是从内心深处发出的。什么是傲慢心？傲慢心不一定表现在说自己很好，批判别人也是一种傲慢，因为它隐含着"我很好"。法象照妖镜，把人的心里精灵古怪的状况照得很清楚。所以大家当自省，时时刻刻要提防，不是别人，要提防自己。我们最大的敌人就是自己，一切的障碍来自于自己，不是外在。

这里说真也除妄也除，说得真好，生怕你执著。当你执著的一刹那，真即是妄。执著就是妄心，不管执著什么都是妄心，只要一执著，虚妄便生起，所以叫你真也除妄也除，真才显现。这样才能见到佛心，言下即可以见道。

善知识！今发四弘愿了，更与善知识授无相三归依戒。善知识！归依觉，两足尊；归依正，离欲尊；归依净，众中尊。从今日去，称觉为师，更不归依邪魔外道，以自性三宝常自证明。劝善知识，归依自性三宝。佛者，觉也；法者，正也；僧者，净也。自心归依觉，邪迷不生，少欲知足，能离财色，名两足尊。自心归依正，念念无邪见，以无邪见故，即无人我、贡高、贪爱、执著，名离欲尊。自心归依净，一切尘劳爱欲境界，自性皆不染著，名众中尊。若修此行，是自归依。

六祖说："善知识，今天我领着大家发了四弘愿，更要与各位授无相三皈依戒。”六祖把佛教最普通的仪规统统转成心法。外在形式固然需要，但是没有心灵的皈依、心灵的弘愿，有什么用呢？

“归依觉，两足尊。”觉者佛也，皈依觉就是皈依自心的觉悟。两足尊是福慧双修，福慧具足圆满。

“归依正，离欲尊。”正是正法，当心正修法时为正法，心邪修法时为邪法。法尔本然，如如不动，本不言正邪。如果心邪，便招邪魔外道，貌似修佛法，实则已向魔。当心正时，法便正，便是离欲尊。欲能将我们推进万丈深渊，因为有欲，才有贪瞋痴三毒。修得离欲尊，断了三毒苦，不堕三恶道。

“归依净，众中尊。”净就是僧。我们称僧人是清净福田僧，所以内在归依净就是外在皈依僧。僧是众生之中最尊贵的，因为他还净。在禅门就是皈依你心中最尊贵的净，不要皈依你心中的浊思浊想。头一剃，袈裟一穿，代表的是佛住世，法住世。不管他的行为怎么样，那身袈裟就是值得你尊敬的，你没有资格去说他。为什么呢？因为想一想你自己做不到。

六祖说：“从今日起以觉为师，心正便不会皈依邪魔外道，以自性中的三宝觉、正、净常行观照。劝善知识，皈依外在的三宝是佛、法、僧，皈依内在的三宝是觉、正、净。心中常生觉悟，就不会生邪迷之心，就会减少对外在的追求，以知足为常乐，这是去掉贪。能离财色，名两足尊。”

贪财的果报是贫穷，不贪财当然生福报。不仅不贪，还施，施的行为就是度贪的。不贪财生福报，不贪色生智慧。贪色有两重意义，一是物质世界的一切皆为色，花花世界有无尽的宝贝，贪就会蒙蔽你的智慧，这叫物欲蒙心，就不会有智慧。二是贪情爱为贪色。管情爱的脏器是肾。肾主水，水主智。落到情网中，人往往利令智昏，看不清事，别人都明白，就他不明白。所以能离财色才能福慧双全，福慧圆满，才是两足尊。

六祖说：“自心皈依正，念念无邪心，无邪见。因为无邪见，所以没有人我是非、贡高我慢、贪爱执著，这叫离欲尊。自心皈依清净，于一切的尘劳爱欲境界，自性都不污染，这叫众中尊。你若能这样修行，这就是真正的自皈依。”

通常在寺庙里皈依三宝是有仪规的，我们可能都参加过，起码见过。三皈依是入佛门的手续。三皈依就是皈依佛、法、僧三宝。何为宝呢？宝在何处呢？因为皈依了三宝，你就乘上了脱离生死苦海的大船。就是因为世间没有所以称为宝。如果你不皈依三宝，你也可能会修得很大的福报，充其量上中天，却是不断烦恼，不了生死，还是在六道中轮回。

修行人在人世间往往能逢凶化吉，遇难呈祥。我们都读过《了凡四训》。袁了凡在年轻时，有一个姓孔的老先生给他推算了命，从那以后二十年，袁了凡的人生经历样样都被孔老先生说中，于是他活着觉着再也没有激情。后来，他到栖霞山去拜见得道的高僧云谷禅师，他同禅师面对面坐在一间禅房里，三天三夜，眼睛都没有闭，不起一个妄念。

云谷禅师问他说："我不曾看见你起一个妄念，这是什么缘故呢？"袁了凡说："我的命被孔先生算定了，何时生，何时死，何时得意，何时失意，都有个定数，没有办法改变。就是要胡思乱想得到什么好处，也是白想，所以就老实不想，心里也就没有什么妄念了。"云谷禅师笑道："我本来认为你是一个了不得的豪杰，哪里知道你原来只是一个庸庸碌碌的凡夫俗子。"

袁了凡听了之后不明白，便问："此话怎讲？"云谷禅师说道："虽说数一定有，但是只有平常人才会被数所束缚住。若是一个极善的人，数就拘他不住了。而极恶的人，数也拘他不住。你二十年来的命都被孔先生算定了，不曾把数转动一分一毫，反而被数把你给拘住了。一个人会被数拘住，就是凡夫。"袁了凡问云谷禅师说："照你说来，究竟这个数，可以逃得过去么？"禅师说："命由我自己造，福由我自己求。我造恶就自然折福，我修善就自然得福。"云谷禅师告诉他改命的方法，这才唤起他对生命的热情。

怎么改命？就是我上一课讲的诸恶莫作，众善奉行。纯阴纯阳一合抱，回到无极，等于生命又回到重生啊！这时就是我命在我不在天了。佛法真正的意义在于改命，改命在于空性。为什么说是宝？因为皈依三宝，你就乘上了脱离生死苦海的大船。如果没有皈依三宝，就是修的人天福报，就是六道轮回。

皈依佛、皈依法，这对大家来说都没有太大问题。我在此重点谈皈依僧的问题，大家要慎重。你要皈依的僧一定是真正见道以上，才值得皈依，小乘要初果以上，大乘要登地菩萨以上，这才是真正皈依僧宝。

那如何具体判定要选择的僧宝呢？修行人虽未彻底了生死，但对生死的法懂了，见道了，他的证悟还没和佛等量，但他的见地已经与佛等同了，这是见道。其次是真正发了菩提心的，他的愿是真切的，他不仅自己努力修行，还愿意帮助更多的众生去了生脱死，出离苦海，共成佛道，这叫登地菩萨。你皈依他就没有问题。如果你了解得不够，却又就匆忙皈依，或人云亦云随大众，大家都皈依，我也皈依了，那你的行为是有问题的。这叫迷信，是非常危险的。

另外，即便你找对了僧的对象，也要问自己，你究竟皈依他的什么？如果你皈依了他的法，这就对了；皈依了他救度众生、无我利他的精神，这也对了。先依法，再依人是正信；先依人，再依法是迷信。你必须认真问自己想要什么。凡高僧大德背后都具大名大利，因为他们福德智慧都趋向圆满，当然名和利都不会缺失。可是皈依者你要想清楚，你要的是了生死，还是要名利？拿了他的了生死，就拿不了他的名与利；拿了他的名与利，就拿不了他的了生死。你是皈依名、皈依利、皈依情，还是皈依佛、皈依法、皈依僧。我想我们学了《坛经》后，不管你以往的皈依是什么样的，都重新开始皈依佛法僧，皈依自心的觉正净。

皈依佛就是以佛为榜样，就是皈依内在的觉性，觉就是把自己唤醒；皈依法就是以佛说的法为标准，树立正见，赶走心中的邪魔；皈依僧就是跟随能够真正引导我们的人，走上解脱的大道。这样来理解三皈依就使佛与众生贴近了，你的皈依是真切的，你与佛之间才不会有这么遥远，才知道脚下应该怎么走，也就有了修行的正确方向了。从今天开始起步，重新完成你的皈依。

凡夫不会，从日至夜，受三归戒。若言归依佛，佛在何处？若不见佛，凭何所归？言却成妄。善知识！各自观察，莫错用心。经文分明言自归依佛，不言归依他佛。自佛不归，无所依处。今既自悟，各须归依自心三宝，内调心性，外敬他人，是自归依也。

六祖说："凡夫不明白其意，从早到晚都在说三皈依。如果说皈依佛，佛在何处呢？如果你连佛都见不到，凭什么说皈依佛呢？如果你没见佛，却说你已经皈依了佛，这便是妄语。善知识，我们需要各自清醒，冷静地想一想，不要错用了心思。经文中分明说自皈依佛，不是说的皈依身心以外的佛。自佛不皈，身心哪里有依处？今天我们自悟，各自都需要皈依我们的自性自心三宝。内调心性，外敬他人，是自皈依。"

这是以禅宗的特点来讲三皈依。后人对此提出了很多疑义，认为如果是按六祖的讲法，以后岂不是没有三皈依了吗？六祖讲的三皈依是有特殊的时代背景的。当时唐朝武则天时代，在佛教出现了一些弊病，很多人热衷于理论研究，疏忽心灵的修行与转化。六祖在此背景下，对症下药，不是不要形式，而是透过形式去追溯它的本质，从根本上下手，不是去求佛，而是去做佛。有首歌中唱道："走遍高山与大河，有人去求佛。佛说何不求自己，生活中就有佛。奉献爱心和慈悲，学习着去喜舍。阿弥陀佛，你也来做，我也来做。"

六祖的讲法，为我们开辟了通往佛心的大道，使滞塞的心性畅通，滴滴归源，条条入道。这样我们才能将人生和佛法紧密联系起来，才不至于变成佛法和人生两张皮，谁都跟谁不沾边。只有将佛法的精神放在生活中，落实在心性上，我们才能感到修行与解脱是可靠的。若言皈依外在的佛才可靠，释迦佛皈依谁了？有人说皈依燃灯佛了。皈依了吗？《金刚经》中释迦佛是怎么说的？"以实无有法，得阿耨多罗三藐三菩提。是故燃灯佛与我授记，汝于来世，当得作佛，号释迦牟尼。"燃灯佛只是给释迦牟尼授记，释迦佛于燃灯佛处，无一法可得。释迦佛只是皈依了自性佛。所以六祖说："内调心性，外敬他人，是自皈依。"

法报化现佛法僧　清净圆满无量亿

善知识！既归依自三宝竟，各各志心，吾与说一体三身自性佛，令汝等见三身了然，自悟自性。总随我道：于自色身，归依清净法身佛；于自色身，归依圆满报身佛；于自色身，归依千百亿化身佛。善知识！色身是舍宅，不可言归。向者三身佛，在自性中，世人总有，为自心迷，不见内性，外觅三身如来，不见自身中有三身佛。汝等听说，令汝等于自身中，见自性有三身佛。此三身佛，从自性生，不从外得。

六祖说："善知识，皈依三宝要立志诚心，我惠能为大家说一体三身自性佛，令大家清楚明了，真真实实地见三身，各自觉悟自性。大家跟我一起念：于自色身，皈依清净法身佛；于自色身，皈依圆满报身佛；于自色身，皈依千百亿化身佛。善知识，色身就像是房子，不是色身皈依，或皈依色身。我们的三身佛在各自的自性中，世间人人都有，因为自心迷惑，不见内性，到身心外去求三身如来，不知自己自身中就有三身佛。我现在告诉大家，在自己本有的色身中，见到你自己的本性，就是三身佛。这三身佛是从自性中生出来的，不是从外边得来的。"

一天到晚希望佛来加持，其实没有谁来加持你，是自己加持自己，是自觉自悟，自明自了。

何名清净法身佛？世人性本清净，万法从自性生。思量一切恶事，即生恶行；思量一切善事，即生善行。如是诸法在自性中，如天常清，日月常明，为浮云盖覆，上明下暗。忽遇风吹云散，上下俱明，万象皆现。世人性常浮游，如彼天云。善知识！智如日，慧如月，智慧常明。于外著境，被妄念浮云盖覆自性，不得明朗。若遇善知识，闻真正法，自除迷妄，内外明彻，于自性中，万法皆现。见性之人，亦复如是。此名清净法身佛。

六祖说："什么叫清净法身佛呢？世人的自性本来清净，因万法从自性而生，当思量一切恶事的时候，便会生出恶行，同时带来恶果；当思量一切善事的时候，便会生出善行，同时带来善果。于是万法在自性中，就像天常是晴朗，日月常常光明，但被浮云所盖，上明下暗。"阴雨天坐飞机都会有如此体验。下面在下雨，乌云密布，飞机冲上去后，风和日丽，太阳是被云遮盖住了。六祖接着说："忽然来了一阵大风，将浮云吹散，上下都明亮了，万象都呈现出它本来的面目。世人的性情常常浮游，就像天上的浮云。"

常人自性像太阳，起心动念是那一层云，一会儿下雨了，一会儿晴朗了，一会儿高兴了，一会儿瞋恚了，一天十八变，一刹那八万四千念头，善的恶的，什么都有，一天之中六道转好几圈，所以叫六道尽显人间。六道哪里都不要去找，到自己的心灵中去找就行了。佛的三身在你的心灵中，六道也在你的心灵中。

六祖说："善知识，智就像太阳，慧就像月亮，智慧像日月一样常明，但于外境接触生起妄念，就像被浮云覆盖了自己的本然之性，而不得明朗。如果你今世有幸能遇到善知识，听闻到佛的正法，你便会自除迷妄，内外明彻，于自性中一切法的本来面目都会尽显无余。见性的人就像大风吹散浮云一样，心中了了常明。这就是清净法身佛。"

什么是清净法身？就是没有乌云遮盖的天空。看到你没有乌云遮盖的心性，即是看到你的法身。我们对六祖这一段解释法身的话万不可等闲视之，这是顿教的特殊状况。如果你能在当下了悟这一切，你可以受用无穷。当下去认证，免去你累劫辛苦去耕耘。不是何期自性本自清净，何期自性本自具足吗？既是本来清净、本来具足，却为何又思恶事生恶行了呢？王阳明说："无善无恶心之体，有善有恶意之动。"无善无恶是我们自性的本体，有善有恶是我们意念妄动产生的。本体是没有动的，但是，随着你的意念产生了诸多的善恶。

自性清净如如不动，无有善恶，这是生命本来的面貌。六祖问惠明："不思善，不思恶，正与么时，哪个是明上座本来面目？"这就是让他认证自己生命的本来面目。这本来面目你不要去动，在如如不动的状态下，稍微一动，再动一动，逐渐就产生了善恶。天本不动，但云在动，浮云就会遮住了天空，动的善恶就会遮住你的本性。这浮云便是我们的无明烦恼。众生即使是下了地狱，佛性跟他也没有片刻的相离，他的自性还是佛，只是被无明烦恼遮盖。无明烦恼一来，就遮住我们的本性。假如能将无明烦恼放下，就是拨云见日，清净的自性在那里从来也没有动过。

何为自性能生万法呢？比如说我在这里讲课扮演的是你们的老师，而我在老师那里扮演的是学生，我在母亲那里扮演的是女儿，我在女儿那里扮演的是母亲。你说我有多少角色呢？真可以说无数。这是因为我们的自性中具足万法，所以我们能示现万法。在各种形形色色的角色中，我们也生起了善善恶恶的许多念头。善念多的时候去天道，恶念多的时候去恶道，善恶掺半的时候来人道。这样万法尽显六道，六道因众生的善恶而生。这个世界就像万花筒一样不断地变现，因为我们的心就像万花筒。人们就生活在假象的世界里，不知自性清净的本来真面目。如果你有幸得遇善知识，闻真正法，自除迷妄，内外明澈，与自性中万法皆现，这就是清净法身佛。

善知识！自心归依自性，是归依真佛。自归依者，除却自性中不善心、嫉妒心、谄曲心、吾我心、诳妄心、轻人心、慢他心、邪见心、贡高心，及一切时中不善之行，常自见己过，不说他人好恶，是自归依。常须下心，普行恭敬，即是见性通达，更无滞碍，是自归依。

六祖说："你们自心皈依自性，这是皈依真佛。何为自皈依呢？就是除去心念中的不善、妒忌、谄曲、吾我、诳妄、轻人、慢他、邪见、贡高等心。"

这些心都是愚痴所感。你看凡妒忌他人，都会做出许多愚蠢的事情来。谄曲心就是说献媚弯曲的，不正直的心，往往是言不由衷，不是发自内心的赞叹，嘴上讲的和心里想的不一样。吾我心就是有我的心；诳妄心就是自高自大，自以为是；轻人心是看不起他人，轻视别人；慢他心是傲慢，有偏见；邪见心是不管什么事情都偏向一边；贡高心是总觉得自己比别人的贡献大，比别人聪明，比别人了不起。

六祖说："去除这些心，以及一切不善的行为，时常自己检点自己的错误，不说他人的不是，这就是自皈依。"

儒家经典《大学》里有句话："苟日新，日日新，又日新。"你能每天像洗澡那样，不断去洗刷你的心灵吗？你不断地要把自己的生命擦亮。如果你还有这些心在，就谈不到自皈依。你不仅不要有这些不好的心，六祖说："你还要常常存谦下之心，恭敬所有的人，这就是见性，就是通达没有滞碍，这便是自皈依。"总之，去掉所有的妄心，自性自然显现。自性显现时，是平常、圆融的，没有分别，没有对立，能包容，不计较，心中没有波澜，外在没有争执，与一切人平平等等，于一切事平平常常，这叫自皈依。这是说的清净法身。

何名圆满报身？譬如一灯能除千年暗，一智能灭万年愚。莫思向前，已过不可得。常思于后，念念圆明，自见本性。善恶虽殊，本性无二，无二之性，名为实性。于实性中，不染善恶，此名圆满报身佛。自性起一念恶，灭万劫善因；自性起一念善，得恒沙恶尽。直至无上菩提，念念自见，不失本念，名为报身。

六祖说："什么是圆满报身呢？就像一盏灯可以照破千年的黑暗。"告诉你，千年的黑暗不需要再用千年去照亮，一盏灯可以照彻千年的黑暗，可见顿教的法门多么伟大。六祖接着说："智慧一生可以灭万年的愚痴。不要常常思议以前的事情，以前的事情已经过去不可得，你应该常常思念今后应该怎么办，如何为将来种善因，消恶果，你就会念念圆满而明澈，就会自见本性。善恶虽从外在的形式上看是有很大的悬殊的，但终其根本都是从你自性中发出的，为善为恶任由你选。心中没有分别，没有对立，这就叫实性。于如此没有对立的实性中不思善，也不思恶，这就是圆满报身佛。"

六祖又说："从自性中生起一念的恶，就会将你以往万劫以来所有的善因灭掉。"这个状态很可惜。你可能做了一万件善事，可一个恶事就让你退回到零。我们在修行中的问题就是不断回到零，不断出现这样的状况。本来做事的起心动念可能是真诚的，可是一遇到利益、人我是非等不能放下的一刹那，前面所做的一切行为统统没有用了。之所以修不成，始终像一杯温开水烧不开，就是因为热的时间没有冷的时间长，一直没有加一把火让自己突破到一定的状态上。

反过来，六祖说："自性中生起一念的善，那你像恒河沙一样多的恶业顿然消灭。”也就是说，你做了很多的恶事，突然间在那一刹那你省悟了，回到了正确的善念上来的时候，所有的恶业此时统统得到转化，得以去除。但问题是转化后能不能永不再为恶。很多人为善为恶，翻来覆去，不断在善恶之中，在过程中积累了很多的善，但一出问题就回到零，这就是难修之处。因为你不能持续达到一个相对的高度，甚至于不退转，不退转你就不会再犯了。难的是一辈子做好事不做坏事，你的每一个起心动念都是利益他人的，这样才行。在佛法里，有很多恶业是不通忏的。修行路险，像走在刀刃上，很悬！大家都要各自护持好自己的心念。

生天入地都系乎我们现在的一念，都在一念中体现，乃至于成佛也要靠这一念。六祖说：“如果念念识得自己的本心，见得自己的本性，不失掉自己的真如之性，这就是圆满报身佛。”

这一段在解释圆满报身佛的概念。这真叫：“唯传见性法，出世破邪宗。”千百年来，有多少人在报身上大做文章，下工夫。普通人都认为得了报身就能呼风唤雨，五眼六通。这跟世人哪里能说得清楚，因为世人的思维方式是用实验室建立起来的，可以说跟这个活脱脱的生命根本没有关系。灵明活泼的生命是什么状态，这是实验室能说清楚的吗？离开生命本身，去研究一个生命以外的东西，说这就是我，这不是虚妄的想法吗？

何名千万亿化身？若不思万法，性本如空；一念思量，名为变化。思量恶事，化为地狱；思量善事，化为天堂。毒害化为龙蛇，慈悲化为菩萨；智慧化为上界，愚痴化为下方。自性变化甚多，迷人不能省觉，念念起恶，常行恶道，回一念善，智慧即生，此名自性化身佛。善知识！法身本具，念念自性自见，即是报身佛。从报身思量，即是化身佛。自悟自修自性功德，是真归依。皮肉是色身，色身是宅舍，不言归依也。但悟自性三身，即识自性佛。

六祖说：“什么是千万亿化身呢？如果心中无念，性本如空，但有一念的思量开始，便要生变化。你思量的恶事化为地狱，你思量的善事化为天堂；你毒害之心化为龙蛇，能慈悲的心化为菩萨；你所生的宇宙大智慧化为上界的众生，而愚痴则化现三恶道。”

我们今天的这个世界是哪里来的？就是众生的共业所感，我们有共同的思量，才有今天的世界。外在的污染，首先是心灵的污染。当心灵污染了，共业才往这个方向去推。如若不从自身改造起，就在共业之中，就要受共业的报。不想受共业的报，就得与社会人的行为拉开距离，反其道而行之，没有共同的行为才行。

六祖说："我们的心念，时时在变化，刻刻在转动，迷人自己不知道觉悟，念念生恶，所以常行走于三恶道中。一念回光返照，自心向善，便可生出智慧。这叫自性化身佛。善知识，法身本自具足，念念自性自见，即是报身佛。从报身有所思量，见空性，有了变化身，就是化身佛。自我觉照，自我修行，这是自性功德，这是真的皈依。这个血肉之躯是色身，色身只是房子，怎么言皈依呢？如能悟得自性三身，便是识得自己的佛性。"

这里说的是法身因见性而得，报身以智慧而得，化身以行为而得。只需要你在修行中认得准，抓得住，心口如一，即是自性一体三身。千万不可向外驰求，外求即招魔。总而言之，三身依然还是在自性中去体现。这个自性能善能恶，能大能小，能收能放，随你心念的转动而转动。

这里讲一个上师的故事。密勒日巴是密教的一个伟大的瑜伽师，他的证悟是非常殊胜和了不起的，我曾经推荐密勒日巴的传记让大家去看。密勒日巴曾教导我们说："释迦佛的法不是用来消遣的哲学论述，佛法是要我们拿到生活当中去实践的。"密勒日巴第一代弟子中，有一位聪慧的学者，名叫惹琼巴。密勒日巴教导他一定要修学并重，明白的道理一定要拿到生命当中去实践，佛教不是在那里研究学问，研读经典。但是惹琼巴还是前往印度，到了当时最大的佛教哲学院，立志要接受正统的教法。他不仅在佛教学院学习，同时也跟随了很多印度的圣者学习，他的学习非常努力。

多年以后，当惹琼巴再次回到西藏，密勒日巴在一个空旷的场地迎接他的到来。他们还在互相问候，交流心得之时，突然一阵巨大的冰雹从天而降，旷野中无处可以躲避。这时远远地有一个牛角扔在旁边，密勒日巴便进牛角里躲冰雹。牛角没有变大，密勒日巴也没有缩小。密勒日巴刚进去，便从牛角中传出嘹亮的歌声。可见，牛角并没有被密勒日巴充满。你可能会将此说成是瑜伽师的一种表演，可以缩骨缩身，或者索性当成是个童话故事。但这两者都不是，密勒日巴就是空性的实证。惹琼巴此时明白为什么要修学并重。他研读了许多的理论，但在现实中都用不上，这一刹那冰雹来了，他无处藏身。如果是死亡来了呢？结论是一样的。所以注重身心的修炼，才是最根本的。

一颂顿灭积劫罪　离诸法相心中洗

吾有一无相颂。若能诵持，言下令汝积劫迷罪，一时消灭。颂曰：

迷人修福不修道　只言修福便是道
布施供养福无边　心中三恶元来造
拟将修福欲灭罪　后世得福罪还在
但向心中除罪缘　各自性中真忏悔
忽悟大乘真忏悔　除邪行正即无罪
学道常于自性观　即与诸佛同一类
吾祖唯传此顿法　普愿见性同一体
若欲当来觅法身　离诸法相心中洗
努力自见莫悠悠　后念忽绝一世休
若悟大乘得见性　虔恭合掌至心求

六祖说："我这里有一无相颂，如果大家能够认真持诵并且去感悟，言下累劫的罪孽一时消灭。"从这点上讲，大家对禅宗顿教的法门要有一个非常确切的认识，你不要认为开悟见性时为顿教，以为只有那一刹那是顿的，实际上，消业亦是顿，无处不顿。如果说消业是慢慢的，开悟是快快的，那是不可能的。你如果拿了禅门的顿教法门，无处不顿，心念一转，一切即转，没有时间，没有过程。

"迷人修福不修道，只言修福便是道。"迷人只知道修福，不知道修道，总以为修福就是修道。今天很多的修行人把修福报当成了修行的终极目标。千万不要忘了，佛法是依智慧解脱。修福是为了修资粮，不是为了积累很大的福报，最后把自己弄到中天去了。这就比较麻烦了，六道之中轮回，一千年又回来了。

“布施供养福无边，心中三恶元来造。”说得太好了。布施与供养的行为，可以生出无量无边的福报，但是心中的三恶却和原来一样该怎么造就怎么生。一方面在努力地布施供养，另一方面又在使劲地造业，这是世人一个普遍的状况，往往世人修不成的原因就在这里。

“拟将修福欲灭罪，后世得福罪还在。”想以所修的福报来消灭以往的罪过，未来虽然得到了福报，但罪恶还在。福报和罪恶是不能够相抵的。这就是善有善报，恶有恶报，各归各报。

“但向心中除罪缘，各自性中真忏悔。”唯有向自心性处根除罪业，各于自性中自行真忏悔。什么是真性呢？一念不生即是真性，一念一生即是妄性。有我便是虚妄，无我便是真性。我们在现实人生中，要不断地观照自己，做任何一件事的起心动念是什么？你做的这一件小小的事情里边，心中有多少阴暗、有多少光明，或是善恶参半。这样一看，就知道自己在六道之中的去向。黑暗多了，那自然是三恶道；光明多了，自然是善道，没有大放光明，即不是佛。有遮蔽，有人情，有世故等诸多的想法，这些统统是妄心。

“忽悟大乘真忏悔，除邪行正即无罪。”倘若能彻悟大乘法真正的忏悔，除邪迷，归正道，当即无罪。这要把心摊开，就是说你这个心灵究竟在想什么？是什么障碍了你？你一定要把它看清楚。当你的心和本本然的道接触的那一刹那，那个罪即出来了。当业消灭的那一刹那，人马上有升腾的感觉。因为业是一种物质能量，业即是重的，可以把人往下坠。有的人体重很轻，但走起路来特别沉重，感受的这个沉重就是业。

为什么很多人忏了而不管用呢？就是因为心没有打开，根本没与法相应。真诚的忏悔是要把所有的面子、人情等都放下，是要把你自己要忏的那个罪业放到桌面上，可以跟大家讲的。真实的忏悔是来自思想的忏悔，这是灵魂深处的革命。等你把心完全摊开来，可以放到桌面上的这一刹那，没有人愿意跟你计较，没有人愿意盯着你的错误不放。你当着这么多众人的面，把自己的罪孽说出来的这一瞬间，就把这个业给消了。这在佛家叫“发露忏悔”。如果忏的心态没有调整好，忏亦无忏。真忏悔要用自心本性去忏，时时刻刻在忏，点点滴滴中忏，在任何一个行为下时刻关照好自己，不要等到开什么忏坛，或者是坐下来有一个什么具体的法。这一念逮住自己，就有机会忏！这就是禅门的忏悔和其他法门的区别之处。

“学道常于自性观，即与诸佛同一类。”学道之人若能在万法中观自性，就与十方诸佛同处一类。众生平等，与佛也是平平等等的。

“吾祖惟传此顿法，普愿见性同一体。”吾祖师门下唯传这种顿教法门，普愿天下含生都能见性，与佛同一体。

“若欲当来觅法身，离诸法相心中洗。”如果在当下或是将来见到了法身佛，是指自性法身啊，三身都在自性当中去观，那么应离一切相，而心中纤尘无染，像洗涤过的一样。然后整个山河大地、万物与众生，以及心、佛、众生全部是一体的。当你心中纤尘无染的时候，法界才与你合成一体，这个境界即为成佛。

“努力自见莫悠悠，后念忽绝一世休。”努力地观自性见自性，切莫蹉跎了岁月，错过了大好的时光。当你后念断绝的那一刻，即是今生终止的一刻，也是轮回的生命停止的那一刻。

“若悟大乘得见性，虔恭合掌至心求。”如果悟得大乘之理而得以明心见性，你需虔诚恭敬合掌，至心向内心深处去求。求的是什么？自心佛！我们说的回光返照。把回光返照用到了人之将死的那一刹那，其实也很形象，但是不要等到死的那一刹那再回光返照，我们可以在任何一个刹那，在当下、在这个瞬间对我们的生命回光返照。

师言：善知识！总须诵取，依此修行，言下见性，虽去吾千里，如常在吾边。于此言下不悟，即对面千里，何勤远来？珍重好去！一众闻法，靡不开悟，欢喜奉行。

六祖说：“善知识们，大家回去诵这个偈颂，并要依此修行，言下便可以见性。”其实六祖所言的所有的无相颂，任何一个颂你能够身体力行，都可以言下见性。六祖说：“你依着我说的方法去奉行，虽然你离我千里，但就如和我在身边一样。”

我们今天在宣说释迦牟尼法的时候，释迦牟尼佛已经离开我们两千五百多年了，那不是去彼甚远吗？可是当我们的心灵与他契合、合一的时候，又有时间和空间吗？是没有时间和空间的。但看我们把这个时间和空间是拉开了、对立了，还是把它合一了。讲缘起而性空啊！

六祖说：“如果你言下不悟，就是面对面也犹如相隔千万里，何须勤劳大家远道而来，你们都要各自珍重，回去以后，好好地去参悟我说的话。”

机缘品第七

禅门之中谈及“机”有其独特意义。机有两者，一是师父处有无机用，二是徒弟处根性如何。师父处有机，然后徒弟处有缘，两者相扣，称为契机。所以，师徒之间要讲机缘。如果机缘不合，纵然释迦牟尼佛在世，也不度无缘之人。这一品讲的就是机缘品。弄懂机与缘的关系，在现实的人生和修行的道路上怎样去把握机缘非常重要的。否则，许多机缘当面错过，永无回头之日，岂不太可惜。下面，我们来看一代祖师面对不同根器的人，是如何应机的。看看下面法海问的什么，法达问的什么，他们之间的契机都是哪些，与你的心是不是能够相应。

诸佛妙理非文字　怀会止藏应谶言

师自黄梅得法，回至韶州曹侯村，人无知者。时有儒士刘志略，礼遇甚厚。志略有姑为尼，名无尽藏，常诵《大涅槃经》。师暂听，即知妙义，遂为解说。尼乃执卷问字。师曰：字即不识，义即请问。尼曰：字尚不识，焉能会义。师曰：诸佛妙理，非关文字。尼惊异之，遍告里中耆德云：此是有道之士，宜请供养。

祖师从黄梅得法以后，回到韶州的曹侯村，没有人知晓他是一代祖师。当时有位儒生叫刘志略，此人年轻时为官，退休在家，平日研习佛法，因此对六祖恭敬供养。刘志略有一个姑姑出家为尼，法号无尽藏，她常诵的是《大涅槃经》。六祖刚一听便知道这部经文的妙义，就为这位女尼解说。女尼便拿着经文问六祖字。六祖说："我不识字，你有什么意思不明处请问。"女尼说："你连字都不认识，又怎么能会其义呢？"六祖后边的话非常重要，大家注意。六祖说："真正佛法的妙义不关文字。"女尼听了非常诧异，她就告诉周边有德行的长者说："这可是位得道的人，大家应该好好供养。"

这段话六祖强调要离文字相，但用此心，直了成佛！到此处如果执著文字相，即是障碍，即成烦恼，所以我们要明了佛学家与证道者完全是两码事。把学佛的终极目标定为行善就错了，但把学佛当成能知道得更多、更错。所以禅门才讲："不立文字，教外别传，直指人心，见性成佛！"破一切相，彻万法缘，直接成佛，什么过程都没有。

唐代有位夹山和尚，徒众无数，在各处讲经说法。有一次他在讲经说法时，下边一听众问："什么是法身、法眼?"他回答说："法身无相，法眼无瑕。"他的这个回答就教下而言可以说天衣无缝，回答得非常圆满。可是他回答完了，下边有一位道吾禅师在下边"哧"的一笑。这一笑，夹山很警觉，认为自己回答的没错，他为什么笑呢？他一定有笑的道理，于是夹山下了讲座，马上进前请教。

一代祖师就有这种精神，什么面子、人情全部一扫光。夹山大师便问："我回答有什么不对吗?"道吾说："回答没有什么不对，就是没遇上好的老师。"为什么这样说呢？因为夹山回答"法身无相，法眼无瑕"，三藏十二部都是这么说，这是一个现成的答案，也可以说跟他自己的境界根本就不相干。他既未见法身，又未彻法眼，只是经典中的一句话被他记住了，拿来现成一用而已。此时我们去思考，到底诸佛的究竟之理与文字有没有关系？

说到这里，事情还没完。道吾这样一讲，你想一想，夹山还坐得住吗？自己证没证，还不知道吗？那个回答是佛的，不是他的，而且一下被别人看透。这时，夹山立即拜道吾："今天你是我师，给我开示。"道吾说："你的法缘不在我处，离此不远有一个地方叫华亭，江上有一个船子和尚可为你师。去虽去，但不可以貌取人，要至心诚恳。"

于是，夹山和尚自己的道场也不要了，统统解散，独自一人来到江边，找到船子和尚。船子和尚开口就问："你住在哪个庙啊?"千万不要只从字面上理解禅师的话语，绝不是那么简单。所以夹山回答的也不同凡响："寺即不住，住即不是。"大家注意，中国文化中会讲禅语的人很多，但不等于入禅境。大家都熟悉的苏东坡作的："稽首天中天，毫光遍大千，八风吹不动，端坐紫金莲"，说的确实很好，但让人家说了一句"放屁"，就跑过江去。这就说明说得禅语，但未入禅境。

船子和尚与夹山的这两句对话，两剑交锋就开始了。船子和尚接着问："不是，又是个什么?"夹山也非等闲之士，回答说："不是目前法。"此时船子和尚和道吾笑的一样，说："你从哪里拣来的这些虚头套话?"又把他看穿了。但是夹山还不服，接着说："非耳目之所能到。"就是说，我得的这个，不是眼睛耳朵所能得的，意思就是说我已得了。话说到此，如果没有真慧眼，定会以为夹山已开悟。但此时船子和尚却翻脸了，开始骂人了："一句合头语，万世系驴橛。"合头语就是正确的答案，但恰恰是这个正确、合理的说法，刚好是拴住你这个驴的橛子，是你的障碍、牢笼。

由此我们再来体会证悟与能说会道有无关系呢？证悟不是一个能说会道的概念。真正证悟以后是彻万法缘，万法都从心中自然地流出来，而不是说引经据论，把三藏十二部都背下来，这是没有用的。从心中流出来的是为佛法，因为要见的是自性佛！所以对真理的探索不能停留在语言文字和知道得概念上。知道得都是现成的，就像没有吃到肚子里的食物，它是有营养的，但跟你没有关系的。禅法依然如是。从这个意义而言，正确的东西比错误的东西更能障碍你。

讲到这儿，故事还没完。船子和尚又问："垂竿千尺，意在深潭；离钩三寸，子何不道？"夹山还没有回过神来，不知该怎么回答。这船子和尚来得个厉害，一竿子就把夹山打落水中。结果夹山不会游泳，就在水里开始拼命地扑腾。船子看他不行了，又把他从水里拉上船。夹山惊魂未定，船子和尚却逼着他说："你赶快回答我的问题。"这夹山被搞得人无处可逃，话无处可躲，开口不知说什么，闭口那里却步步紧逼。船子看他这般模样，举竿又打，这竿起竿落间，夹山豁然开悟！

夹山心领神会，连连点头，什么都没有说。船子却满意地说："竿头丝线从君弄，不犯清波意自殊。"一段对答后，船子终于说："钓尽江波，金鳞始遇。"就是说，我在这儿钓尽了千江水，今天才钓到一条龙。但此时，夹山却掩住双耳不愿意听。船子说："如是，如是。"夹山终于大放光明。船子嘱咐他说："你今后要藏身之处没踪迹，没踪迹处莫藏身。"这便是进入见性以后的保任时期，第一步是观万法空相，第二步，将空相也要空掉。

到这里，故事总该结束了吧，但是没完。夹山开悟了，告别了船子，离开了，可他却几次回头来看恩师。船子知道他心中残留疑问。大家回忆一下惠明见性的时候，六祖说："不思善，不思恶，正与么时，哪个是明上座本来面目？"惠明言下大悟。悟后惠明说的什么？还有什么密法吗？心想就这么简单？六祖当时说的什么？六祖说："与汝说者，即非密也。汝若返照，密在汝边。"

这夹山开悟后的转头有些像惠明的这个问话。心想我万水千山，搞得那么辛苦，结果一竹竿子就把我捅开悟了！是不是还有什么东西呀？船子慧眼看破一切，说："不要以为离开这个，还有别的什么。"于是船子翻船落水，再也没起来，死给他看。一代祖师拿生命让另一个人去见性！这一次，夹山死心塌地，头也不回地走了。

你去感悟一下，去想一想，开悟者可以不要命，船子为了夹山的一点疑，可以为他舍命。你看一代祖师传的是什么？而后学得的又是什么？夹山如不得超越生命的东西，船子能以命相授吗？今人求法，两边感叹。学人说，我到哪里去找肯为我舍命的师父啊？师父说，我到哪里去找一个让我舍命的徒弟啊！双向感叹。如果你连因果都不明，明白的师父连一分钱舍于你都多，因为你还不起。所以祖师们传的是什么，徒弟们悟的又是什么？现在再想一想，什么叫不立文字，教外别传，直指人心，见性成佛，它是一个什么样的境界，是完全拿着生命直接去转化，此中没有任何的间隙。

不要以为，只有船子的竹竿才能打你下水，就在我身边的人有过无数次的落水，你悟了吗？非得落到水里吗？被拉上来的第一句话就是："还好还好，我没喝太多的水。"哎呀！面子能害死你。无数次的落水起来以后的状况是什么？这非常重要。要么见性，要么越陷越深。禅门就是这样，有多快，就有多凶险！要不然让你开悟，要不然让你死，就这两头。当你的生命被逼到极处时，自性才有可能迸发出来。

有魏武侯玄孙曹叔良及居民，竞来瞻礼。时宝林古寺，自隋末兵火已废，遂于故基重建梵宇，延师居之，俄成宝坊。师住九月余日，又为恶党寻逐，师乃遁于前山，被其纵火焚草木，师隐身挨入石中得免。石今有师趺坐膝痕，及衣布之纹，因名避难石。师忆五祖怀会止藏之嘱，遂行隐于二邑焉。

魏武侯就是曹操。曹操的远孙叫曹叔良，他和当地的老百姓都来瞻礼六祖。当时宝林山南华寺在隋朝因战争已被兵火烧了，所以现在又在故旧地基处重新建庙，当然前来的人都是纷纷来捐款建寺的。庙建好了，就请六祖大师居住此地。没过多久，这个地方就成了一座大丛林、大道场。六祖在这儿住了九个多月，道场终于建成了，可又被一些反对者找来，追杀他。很显然是衣钵的问题！这都多长时间了，已经过了十六七年的时间，还有这么多人为袈裟而耿耿于怀。这一代祖师的心中如果不是悲凉到了极点，都不能把那个衣钵袈裟给"撕"了。

六祖有宿命通，预先知道有人要来追杀，于是就躲避到庙的前山中。他们在庙里找不到六祖，就放火把整个山林给烧了。庙里本有一两千人，怎会让他们烧山呢？原因就是追杀六祖的人更多，气势更凶猛，一两千人都挡不住。一代祖师在人间就是这样的，看这个来势有多凶猛。这山后有一块石头，六祖勉强将身体挤到石头缝里才幸免于难。这块石头上至今还有大师结跏趺坐的痕迹和他穿的衣服的布纹。今人把它叫作避难石。六祖大师想起五祖生前要他“逢怀则止，遇会则藏”的嘱托，所以六祖在这里藏了一段时间，就到新会和怀州去避难。

法海悟彻心即佛　定慧双修等持门

僧法海，韶州曲江人也。初参祖师，问曰：即心即佛，愿垂指谕。师曰：前念不生即心，后念不灭即佛；成一切相即心，离一切相即佛。吾若具说，穷劫不尽。听吾偈曰：

即心名慧　即佛乃定
定慧等持　意中清净
悟此法门　由汝习性
用本无生　双修是正

有位出家人名法海，是他把六祖惠能的事迹记录下来而成书的。他是韶州曲江人，我们要在心中恭敬顶礼！机缘品中他排第一出来问话，可见得他的因缘非同一般的殊胜。他的问题是："即心即佛是什么意思呢？愿您告诉我们。"六祖回答说："你的前念不生就是心，后念不灭就是佛。不生不灭，即心即佛。能够成一切相即心，就是心想事成，能离一切相即是佛。"

心可以去成一切相，但又要去离一切相。譬如说，你去成就无量众生，一定要去发愿，就是心要去完成一个事物，叫心想事成，必须拿道心去成就。离开道心，无以成就。可是成就了他人以后呢，要回到空性，什么想法都没有，复归于原处。所以叫乘心离念，这就是即心即佛。佛是空性的，可是佛又成就一切。就是前一念必须大有，后一念必须彻底的无。这种方式，你去实践啊，事业是这样成就的，生命是这样转化的，去转化别人的生命也是靠这个。要去体会，要去做，要去实行！在行的过程之中，才会产生能量。

六祖说："我若详细地说，只怕几个大劫也说不完。听我为你说一个偈颂。"

"即心名慧，即佛乃定。"佛的境界是定慧等持。生命在定时，慧为背景；生命在慧时，定为背景。定慧没有先后，一体不二。

"定慧等持，意中清净。"定慧与心佛平等，一体不二。定慧即是心佛，心佛即是定慧，体相用皆在一念中而显，因此心常清净。中国文化中说的"物来则应，物去不留"；"千江有水千江月，万里无云万里天"；"竹影扫阶尘不动，月轮穿沼水无痕"，这些统统都是说的这个境界。

"悟此法门，由汝习性。"若悟此法门，何法门？就是离心无佛、离定无慧，即定即慧、即心即佛这样的法门。为何如此简单的法门世人不能明了呢？就因为累劫千生的习性业障把它遮蔽住了，不能够彰显。

"用本无生，双修是正。"在不生不灭的性体上起用，然后再还归不生不灭。起用，就是心想事成，然后回头空掉。怎么能够心想事成呢？你说我往往是心想，但事成一半，那就说明你的心想是不清净的。有多少不清净呢？成的那一半和毁的那一半，刚好是你的清净相和浑浊相所正常显现的。用一个不清净的妄心去修行时，就不能够达到心想事成，因为心里有东西，被遮挡，不能形成转化。"双修是正"，修心就是修佛，修定就是修慧，这样双修才是正法的修行。

法海言下大悟，以偈赞曰：

即心元是佛　不悟而自屈

我知定慧因　双修离诸物

这时候法海言下大悟。以偈赞曰："即心元是佛，不悟而自屈。"原来心就是佛啊！你悟了没有？如果你现在没有悟到心就是佛，那现在借着法海的这个机缘要认证。这是法海听了六祖的这一段说法后悟的，原来心就是佛！如果不明白此理，还以为心是心，佛是佛，有两个东西存在呢，自己不明白，还去歪曲，这样就离题万里。

"我知定慧因，双修离诸物。"我现在才知道定与慧互为因果，因者阴也，就是在背后；果是可以显现的，因是不显现的，但是可通过果倒推出因来。定慧要两者齐修，不可偏废。修定慧时，一定要离一切相！《金刚经》中说：

“菩萨应离一切相，发阿耨多罗三藐三菩提心。”

这一段六祖度法海，法海后来明心见性，我们来看六祖与法海的机缘是什么？就是即心即佛，前念不生即心，后念不灭即佛。这就是六祖和法海之间的“眼”，就是关键所在，机关所在。一般读过禅门书的人，对这些语言都是比较熟悉的，但又是多不解其意的，只能停留在语言上，充其量在理论上，而真到了实际中，心灵上却极少有人来承当。

何为即心即佛呢？就是成一切相，然后离一切相！前念不生即心。前念不生，因前念已过去，如果依前念生，再生之念亦不是前念，而是后念。前念不生之时，刚好当下认识自我。如果随着前念跑了，我自不在。念头虽然过去了，心并没有随之过去，然而与后边的念没断啊！如果后念断了，一切相就不生了，就不能成事了。前念是不起的，后念又断了，那这个事情就不能成了。所以要心成一切相，又要离一切相。这即是“应无所住而生其心”。

《金刚经》说得多好：我要度尽一切众生，而实无众生得灭度者。这和六祖说的境界是一样的。若要度尽一切众生，我要是没有愿力，怎么去成就佛法在人间的一切状态呢？但是你心中千万不要觉得你度了多少众生，你有多大的功劳，把这些统统地空掉，什么想法都没有。你又要想，又不许想。前念必须想，后念又不许想，所以应无所住而生其心，这才是全体大用。法海就是悟此而明心见性。当然你在此处，也可以在不断地实践，用它去明心见性。

法达诵经未达法　心迷经转悟转经

僧法达，洪州人，七岁出家，常诵法华经。来礼祖师，头不至地。师诃曰：礼不投地，何如不礼。汝心中必有一物，蕴习何事耶？曰：念《法华经》已及三千部。师曰：汝若念至万部，得其经意，不以为胜，则与吾偕行。汝今负此事业，都不知过。听吾偈曰：

礼本折慢幢　头奚不至地

有我罪即生　亡功福无比

有位出家人，法号法达，洪州人，七岁出家，常常念诵《法华经》。他来顶礼六祖，叩头的时候头没有叩到地上。六祖呵斥他："顶礼时头不触地，不如不叩，你心里一定有东西。"叩头不至地是因慢生，所以说他心有一物。这个物是个什么？六祖就问他："你平时都学了些什么？"法达说："我平时读《法华经》，已经念了三千部。"

就《法华经》的长短而言，共有七卷。如果一天声声不断，把吃饭和上厕所的时间去掉，一天要读到八九个钟头，才能把它读完。就是说一个非常精进的人，大约一天可以读一遍。这一年才三百六十五天，这位法达师父已念了三千多遍了，大约已念了十年了。我们设想一下，如果不是一天读一遍，时间就更长了。这么漫长的时间修了这样一个法，六祖大师对他的评价是什么呢？这个非常重要，以此警示在家修行的人，作了一个很好的提示。

法达的我慢来自他读了三千多部《法华经》，《法华经》成了他的障碍。他认为读了十几年的《法华经》是有很大功德的，这不和梁武帝问建寺供僧可有功德否是一样的吗？所以六祖说："如果你念到一万遍，并且能够了悟经文的真意，你又不会认为自己有什么功德可言，到那时你再来跟我学佛吧！"六祖言下之意，你有这么多的障碍，有这么多的偏执，我就不要你。六祖说："如今你念了这么多遍的《法华经》，却被功德心所障，不知自己已生了大我慢。我说偈颂于你听。"

"礼本折慢幢"。本来应该除去我慢的幢幡。

"头奚不至地"。你为何顶礼头不着地呢？那是因为有我相的存在。你的我相是因为读了三千部的《法华经》，自认为很了不起。

"有我罪即生"。因为有我相，所以就会生出无边的罪业来。你不要认为在读《法华经》就有功德，就可以消业，搞不好会变成罪业。所以在禅门里有一句话："蛇饮水成毒，牛饮水成乳。"蛇饮水，喷出来的是毒液；牛饮了水，挤出来的是奶。法尔本然，然而到你那里却变成了我慢。

"亡功福无比"。若不存在我有功德之心，虽然念了三千部的《法华经》，心中就跟没念一样，没觉得很了不起，那你的福德才会无量无边。为什么这么说？我们再回到达摩祖师讲的二入四行禅法，一是理入，一是行入。行入讲的体冤入道，身体受到冤屈，心方能悟道。要受到诸多的冤屈，才能悟道，当然这个冤屈是你感觉的。因为人心向外膨胀，道心向内收缩，一切机缘都是让你向内收缩去用的。当你在行了功德，又同时体冤入道的时候，你才得道，你行的功德在这一刹那才即转。

我总是在强调大家做事，因为我根据自己的体会，做事对今人来说是最快捷的法门。你把佛法的修行用到做事上去，再直接不过了，你背了三千部法华，还得从做事上入手。你成人成不了，怎么去成佛呢？做事的过程中你要时刻观照自己的起心动念，是傲慢的，还是谦卑的。如果始终是傲慢的，做事的过程，亦不可成就，所以说"亡功福无比"。你要忘掉你做事，忘掉没忘掉啊？就是看你下一次的做事是不是全然恭敬的，是不是还会以谦卑的心去做。空性下的做事，才能具有无量无边的功德。此一刹那做完，此一刹那放下，即心即佛，不要有功德想。

师又曰：汝名什么？曰：法达。师曰：汝名法达，何曾达法？

复说偈曰：

汝今名法达　勤诵未休歇
空诵但循声　明心号菩萨
汝今有缘故　吾今为汝说
但信佛无言　莲花从口发

六祖又问法达："你叫什么名字？"回答说："我叫法达。"六祖说："你虽然名字叫法达，可何曾达法呀！"法达变成法不达。六祖又说了一偈：

"汝今名法达，勤诵未休歇。"你的名字叫法达，一天到晚念法华而不停歇。

"空诵但循声，明心号菩萨。"但只是在那里空念发声，没有得到经的利益好处，也没有深解经义。若能诵《法华经》，明其理，明心见性，这才叫菩萨。为什么六祖说叫菩萨呢？六祖的智慧是无边的，《法华经》就是对菩萨说的。换句话说，《法华经》是菩萨念的，是度菩萨成佛的。

"汝今有缘故，吾今为汝说。"因为我们今天有缘相遇，所以我今天为你解说。

"但信佛无言，莲花从口发。"你要坚定地相信佛其实并没有说一法与众生，你若以此心再去念法华，妙法莲华就从你口中生出了。不是我念的是佛说的《法华经》，而是我口中出的无不是《法华经》，我讲的任何话都是《法华经》。当明了佛义、众生义和万法义是如一时，你的心站在与佛等同的境界上，又何必执著于这是否是佛说的呢？你说出来的就是《法华经》。佛教的精神是多么了不起啊！

我们再来研究一下法达与六祖的机缘。《法华经》是佛涅槃前，在《大涅槃经》以前所说的一部经。这部经是对他四十九年说法的一个全面总结与归纳。在《法华经》里，三乘教归一宗，"开权显实，开迹显本，会三归一，纯圆独妙"。意思说，佛以前说的法都是权宜随机而说，而在《法华经》里才宣说了最真实、最根本的法。在《法华经》里，把小乘、中乘、大乘三乘归宗，声闻、缘觉、菩萨三乘归为一乘，所以《法华经》无比独圆，独具妙义，与其他法无可比拟。的确是这样，这本经就是专说给菩萨讲如何成佛的，所以，三乘归一乘。

我们口口声声说机缘，何为机，又何为缘呢？法达和六祖的对话，祖师们接引参访的人叫接机，接了一个机缘。在普通人眼里，是一个亲戚关系或是一个朋友关系，然而在祖师眼里不是这种关系，祖师可以去看透三世因果。所以任何一个机缘过来，祖师都会很慎重。我们从世间的关系看上去都搭不到边，但是，在祖师的眼睛里看到的，不是浅显的人世间的关系，是往昔深远的关系，以及我这几句话说得好说不好对他未来深远的影响。他看得深，所以叫般若。般若就是对莲因果有很深切的观照，是智慧的一个具体的写照。所以法达来参访六祖，叩头不着地，六祖呵斥他，说他心里有东西，原来装了三千部《法华经》。六祖的呵斥是接机，师父愿意教授他，已经接招了，要不然就不去理他了。

日后你去参访名山大川，碰到高僧大德，你千万不要被他外在的态度给限制住了，结果人家已经接招了，你却跑掉了。他不会拿人间的情怀去跟你讲话，这是破了人情去说的，所以他接的话可能根本就不客气。你看六祖，马上就呵斥他，就接招了，就准备度他，这即是接机。参学的一来，你立即要把他看清楚，一出口、一发语，刚好碰到他的心里，对着他的病处，所以话不是随便讲的，是看清楚后讲的，所以才会有直指人心的效果。

我也有个小小的感慨，在我办公室经常出现这样的情况，总有一些新入道者与我谈话，旁边总有人喜欢插话。如果没有见性，充其量是说的经验，甚至连经验都不是，大多是纸上谈兵，没有真实的证悟。我还没出口，他已经帮我说了一大套。这就把我祖师禅下见性法门，一下改成了他的婆婆法门，无形中造业。他说的可能在理，但于来人无关。所以“来机亦赴”是活的，来的机和应对的机是活的。《论语》里，孔子有这么多的学生问孝，孔子对每一个人的回答都是不一样的。禅门更是这样，机锋过来没有一个人是一样的。万类众生万类生，万千差别，里面包含了很多东西，不是书本理论能够解决问题的。

唐代有人问投子大同禅师：“三藏十二部外还有奇特事无?”投子回答说：“有啊！三藏十二部是如何演出来的呢？能演出三藏十二部的那个东西最奇特。”开悟、见性，你就是佛，佛演三藏十二部，你自己就是三藏十二部。所以，六祖说：“但信佛无言，莲花从口发。”

达闻偈，悔谢曰：而今而后，当谦恭一切。弟子诵《法华经》，未解经义，心常有疑，和尚智慧广大，愿略说经中义理。师曰：法达，法即甚达，汝心不达；经本无疑，汝心自疑。汝念此经，以何为宗？达曰：学人根性暗钝，从来但依文诵念，岂知宗趣？师曰：吾不识文字，汝试取经诵之一遍，吾当为汝解说。

法达听六祖大师给他说完偈颂，生大忏悔心。你看，他来问法，如果有三千部《法华经》这样的傲慢，就像铜墙铁壁一样，法是进不去的，所以先让他忏悔。不管他拿到的是什么，先让他放下，法才能进来。法达说："从今以后，我会恭敬一切。"法达很有悟性啊，反观以后，才知道自己有这么多问题。体冤入道是假相，你感觉很冤枉，等你入道后你会知道一点也不冤枉，谁也没占到你的便宜，就是你自己占了自己的便宜。所以体冤入道是假相，打死也不冤，就看是不是有人愿意打你。就像密勒日巴一样，谁有他冤啊，他如果觉得冤，就修不成了。

法达说："弟子虽然诵了《法华经》，并没有真正解了经义，心中常常生出疑惑。大和尚您智慧广大，请您将经中义理说给我听。"六祖说："法达，你的名字是通达法之意，但你的心却不通法。经典本来没有什么可怀疑的，是你的心生出疑惑。你念的《法华经》以什么为宗旨？"法达说："我生来根性愚痴，从来都是依经文字念诵，哪里知道还有什么宗旨。"六祖说："我不识字，你拿经来念一遍，我便给你解说。"

法达即高声念经，至譬喻品。师曰：止！此经元来以因缘出世为宗，纵说多种譬喻，亦无越于此。何者因缘？经云：诸佛世尊唯以一大事因缘故，出现于世。一大事者，佛之知见也。世人外迷著相，内迷著空。若能于相离相，于空离空，即是内外不迷。

法达便高声念经，念到《譬喻品》，六祖说："停止，这本经原来是以讲出世的因缘为宗旨的。纵然说了很多譬喻，也没有离开这个宗旨。是什么因缘呢？经中说：诸佛世尊，都以一大事因缘而出现在此世界上。什么大事呢？就是佛对宇宙及人生的看法。这世间的人，因世间有种种的现象而生出对外在现象的迷惑，因了解一些佛法后，又认为这一切都是空的，又执著在空相上。如果能在外遇相而心离相，于内知空而不著空，即是内外不迷。"

用洞山良价的两句话说："渠今正是我，我今不是渠。"渠就是道，就是说道和他合了，但是"我今不是渠"，就是不著空，不执著在空相上，不住在有相上。前念、后念都只是本性的作用而已，本性不因前念一过就断，如果能够悟透此理，可了生死。你连续不断的轮回就来自你的念头。我上一课给大家讲的，诸恶莫作，众善奉行。我们改一下，叫诸恶莫念，众善要想，这样才能把恶断掉。“成一切相即心”，可以成一切相，但心要离一切相。去成一切，又没以为在成就。“离一切相即佛”，在万千的变化中，能看到自己不动的本性，认清外相虚幻的一面，离一切相，即名诸佛。

针对法达修行上的误区，六祖指出“空诵但循声”，仅仅像录音机一样地放来放去是不行的。在讲《金刚经》时我讲过“熟流过”的问题，一念熟了，脑子里可以瞎想八想。于是每天念经，觉得念一遍经完成一个任务，这样有无功德？经典本来是通达无障碍的，但如你心中有诸多的障碍，怎么能够看懂通达无碍的经呢？换句话说，看不懂经典，并不是经典不通达，不要在外找，大都是找高僧大德的注解，其实找来看了，还是别人的。心法告诉我们，到自己的心灵去发现障碍，除去它，心中光明一现，自然与经典合一，这是六祖极其精辟的开示。这对学人非常重要。六祖说《法华经》主题是：“诸佛世尊，唯以一大事因缘故，示现于世。”这个大事因缘，就是为众生启佛智慧，开佛知见，让一切众生知宇宙真相、生命真相，破除烦恼，直取解脱。

若悟此法，一念心开，是为开佛知见。佛，犹觉也，分为四门：开觉知见、示觉知见、悟觉知见、入觉知见。若闻开示，便能悟入，即觉知见，本来真性而得出现。汝慎勿错解经意，见他道开示悟入，自是佛之知见，我辈无分；若作此解，乃是谤经毁佛也！彼既是佛，已具知见，何用更开？汝今当信：佛知见者，只汝自心，更无别佛。

六祖说：“你要明白这种妙法在一念之间，心就开悟。心中生起光明的一刹那，这就是开佛知见。”

相信我们班上很多同学都会有很深刻的感悟，尤其是在这个坛经班上。大家一路走来，从听我讲《心经》到《金刚经》，又到《坛经》，不断地有灵光一现。其实道理我一节课就给你讲明白了，为什么要翻来覆去讲，是因为怕大家懒惰，回去之后不肯精勤，让大家不断有灵光一现，把这个放大。其实回头一想，我真的什么都没有说。道理就一个，一真法界，我只是从不同角度摄入这个中心而已，带领着大家的心去不断地发现自心的光明。一次光明小，越来越大，直至大放光明，这是一个路程。

祖师禅门下的顿教法门，每一课都有顿悟的机会。很多人来问我，这个课已经讲一半了还能不能来听？我说能，一课都可以来听。因为它没有那么大的连贯性，上一课不听这一课就听不懂了，不是这样的。每一课都可以独立存在，都可以独立地去明心见性。只要你没有那么多我的障碍，听进去便可以了。

六祖又说："什么是佛呢？佛就是觉悟的意思。"有觉悟感，就是佛的知见。不要高推圣境，说释迦佛是佛，药师佛是佛，阿弥陀佛是佛，我是众生，这样就在众生位上，和佛对面而坐，而不能成就。我相信大家已经是分证佛，就是在某一点上、某一个知见上和佛是合一的。分证就是分开来一点点地在证，在生命而言叫明点。真正大放光明的时候就是奇经八脉、气脉明点皆通，这成佛了。现在是一个一个亮光，最后大放光明。之所以到现在你还没有完全大放光明，就是业障，这是很明确的，就是因为有东西障住。没有东西障住，一刻就结束。像法达，念了三千部的《法华经》，依旧还是凡夫，可是听了六祖的点化，他转身即是佛。

六祖说："觉悟有四门，即是开你觉的知见、指示你觉的知见、教你悟自己觉的知见、教你入自己觉的知见。"

指示你觉的知见，就像我刚才说，你已经有分证的概念了，有很多地方跟佛的知见是一样的了。你那里已经有成佛的点了，你不要找我，我指给你，你自己要做认证，不要总是心外求佛。你自心那里有佛，只要把你本有的佛放大光明就可以了。教你悟自己觉的知见，就是你已经有一些明点了，我告诉你怎样把它放大，再把它放大，把它逐渐转化过来，让自己知见重新建立，教你入自己觉的知见，做一种认证。

六祖说："你若听到这部经典的道理，你就能够悟入，就能明了这就是觉的知见，那么你本有的真如自性就出现了。"

觉悟的知见是这样的：我告诉你佛是这样的，你一想原来自己也是这样的啊，这你已经赢一半儿了。一印证一切磋，两个是一体的，佛性的一半、众生性的一半都在你那里，只是你不能左右自己。一到那时候就发脾气，明知这么做不对还是要做，这是业力推的。我们每一个人在这世间活着都被业风吹得东倒西歪。为什么呢？就是因为根基不牢靠，事情做得少。事情做多了，这些自然就没有了。我们说随风拂柳，风一吹为什么会弯呢？就是因为自己没有站住，根不够牢固。

六祖说："千万不要误解经的意思，看到他人开佛知见，这是他人，与我没有任何关系。如果是这样解，就是谤经谤佛。"为什么说是谤佛呢？因为佛已经开了佛的知见，不需要再开，所以六祖说，"彼既是佛，已具知见，何用更开。"每位佛弟子应该深信，佛的知见就是你心里的知见。所谓开佛知见，就是你的心本来是佛，要开的是自身心中本来佛的知见，因为离开你的心本没有其他的佛。

要知道佛的知见是人人都有的，不要以为只有佛才有，我们凡夫没有资格，六祖说这是谤佛。启佛智慧，开佛知见，这是众生的需要。因为众生的无明烦恼把智慧遮障了，"自蔽光明，贪爱尘境"，因此需要开示悟入。但这个佛的知见，并不在他处，所以，六祖说："汝今当信：佛知见者，只汝自心，更无别佛。"

佛发大慈悲，宣无上妙法，引无量众生。佛的慈悲从何而来呢？

不是要做给你看，也不是向谁学来的，而是自己顿悟，就与万物同体，便没了这个"我"，慈悲便像太阳一样自然地从心中照射出来。无我即慈悲。而世人之所以不能做到佛的慈悲，就因为心中有个"我"，遮挡了万丈光芒向外照射。有了"我"，便有了我与万事万物的对立。因此，即便是生起一些善心，也是非常有限量。那一点儿光明被自我遮挡之后，连自己的心都不能照明亮，还能去照亮别人的生命吗？还能给别人带来光明吗？

光明从心中显现，这是一个自然的本相。人的自然本相很多。譬如说当我腿痛的时候，我的手自然会去抚摸，是腿要求手的吗？是手自己要献殷勤吗？都不是。因为手和腿是一体的，这个行为是本能的反应，其中没有任何的思想。佛亦然。当证到与众生一体不二时，就自然会生起慈悲心去呵护众生，而没有认为还应该得到什么。佛的慈悲，也是一种本然之心，只有本然之心才是最坚固的。这就是心、佛、众生，宇宙万物本同一体，不可分别。只要有我，即生分别，即生烦恼，即在轮回。所谓开佛知见，就是断了我执。我执一断，烦恼即断，轮回即断。天地万物浑然一体，大慈大悲自然而出，没有条件，没有时空，没有相对。

盖为一切众生自蔽光明，贪爱尘境，外缘内扰，甘受驱驰。便劳他世遵从三昧起，种种苦口，劝令寝息，莫向外求，与佛无二。故云：开佛知见。吾亦劝一切人，于自心中，常开佛之知见。世人心邪，愚迷造罪，口善心恶，贪瞋嫉妒，谄佞我慢，侵人害物，自开众生知见。若能正心，常生智慧，观照自心，止恶行善，是自开佛之知见。

六祖接着说："皆因一切众生自蔽光明的本性，对因缘所生法生起无比的贪爱，一切外在的景象扰乱了内心本有的平静，甘愿受外境的驱使，所以才有劳我佛辛苦，从禅定的境界起用，用种种的方便法苦口婆心，劝众生停止攀缘妄想，莫向外去驰求。如果能停止妄想，不向外去求，你就与佛无二无别。我也劝所有的人在自己的心中，常常开佛之知见。然而世人心生邪法、邪念，因愚痴迷惑而造下种种罪业，口中讲得很好听，心里却竟想坏事。所谓佛口蛇心，口像佛一样慈悲，心像蛇一样狠毒。贪瞋嫉妒，心理扭曲，不讲真话，我慢如山，自以为聪明，侵损于人，伤害众生。这不是开佛的知见，而是开恶业众生的知见，还觉得自己很有理。如果能够回光返照，自正其心，诸恶莫作，诸恶莫想，众善奉行，就是自己开佛的知见。"

我们要学会开发自性佛的知见。我们比释迦牟尼佛要幸福很多，因为他像一面镜子一样照彻着我们前进的道路，他那个时候是茫茫黑夜。尽管在无量劫以前，燃灯佛与他授过记，但是在这一世，他作为净饭王的王子出现时，他是没有人作为引导的，他是多么痛苦啊！我们走错路的时候，我们有经典，有上师，有无数的高僧大德，他那时候什么也没有。我们回过头来感念他的恩德时，大家自知应该生起一个什么样的心念。

汝须念念开佛知见，勿开众生知见。开佛知见，即是出世；开众生知见，即是世间。汝若但劳劳执念以为功课者，何异犛牛爱尾？达曰：若然者，但得解义，不劳诵经耶？师曰：经有何过？岂障汝念？只为迷悟在人，损益由己。口诵心行，即是转经；口诵心不行，即是被经转。听吾偈曰：

心迷法华转　心悟转法华
诵经久不明　与义作仇家
无念念即正　有念念成邪
有无俱不计　长御白牛车

修行人念念之中存正念，存正心，这就是开佛知见。六祖说："要念念开佛知见，不要开众生的知见。”佛的知见无分别，众生知见有分别。“开佛知见就是出世法，开众生的知见即是世间法。你如果仅仅执著于《法华经》，认为这是你每天必修的功课，这就和犛牛喜欢自己的尾巴没有差别。”法达法师说：“如果这样的话，只要明白意思，就不必要念诵了吗？”你看他问得好不好，简直就是为我们在座的各位问的。

六祖说：“经有什么过错呢？怎能障碍你的念头呢？愚痴和觉悟在于你自己。你如果迷失自性，念经也没有什么功德；如果你悟了，每一念都有大利益，所以叫损益由己。口中念着法华，心里行着法华，这叫转法华；如果你只知道口中念，而不知道按经文的义理去实行，这就被经所转。听我为你再说一偈。”

“心迷法华转”。如果心生迷惑，便是被法华转你。这个世间岂止是法华转，拿法华转还是挺高级的。心迷吃饭转，心迷睡觉转，心要是迷了拿什么都可以转。个人的情感也罢，一件衣服也罢，一个名分也罢，最后一块抹布也能把你转掉。拿什么转都一样。如果你认为转那个玛尼轮是有功德的，就天天转，你就被它转了；你若是认为这个转是有功德的，你要把这个功德回向给苍生，不断地去用你的慈悲心去转给大千世界，你就是转它。它转你还是你转它，就看你一念之想。

“心悟转法华”。如果是觉悟之心，便将法华妙义转动了。

“诵经久不明”。你诵了这么久的《法华经》，却不明白其意。

“与义作仇家”，这伟大的《法华经》不就成了你的冤家了吗？你天天念却又不明白其意，给自己安排了一个功课念一遍法华，这不成了罪孽了吗？很多的人在说到念《地藏经》的时候，我通常不太敢推荐，虽然他也很需要。因为时间太长，怕他坐不下来，心里烦躁。心里一烦躁，就被这件事情箍住了，没有生起欢喜。什么时候有功德呢？心生欢喜的时候，朗朗上口，浑然不觉中一遍念下来回向苍生，这是功德无量。如果你念的时候一会儿打盹，一会儿难受，一会儿想这，一会儿想那，都愁死了，心想这本经什么时候才能够念完，怎么想起来要念七遍，自己跟自己过不去。这时就不要念了，念了还要跟它当仇家，从此以后再也不愿意接触它，这不是好事情。这种状况，大家要把握。

“无念念即正”。你没有妄念，即是正念。也不要说我在树立一个正念，把妄念去掉了就是正念。

“有念念成邪”。有了妄念，念念是邪、我慢，以为诵经就有功德。我干这件事是有功德的，干那件事也是有功德的，把自己变成一个功德山，觉得自己做了这么多的事，这些想法都是邪念。

“有无俱不计”。既不执著于有，又不执著于无，有无都不计较。

“长御白牛车”。你就像坐在牛车上，赶着牛跑。“白牛车”出自《法华经》，比喻一乘佛法。

六祖这里反复强调向心内寻找，你不要拘于一个相状的法，把自己框定住。佛法以慈悲为怀，方便为要，以启佛智慧，开佛知见为目标。你只要能把佛的知见确立起来，把智慧开发出来，怎么样都可以。佛不言以佛知见授之众生，而是令众生开佛知见。可见得，佛之智众生具足，不可外求，是心作佛。佛的一切法，都是心法，都是去开发你的自性中的佛，没有一个具体的相状。

佛广开八万四千法门，每一个法门都有自己的仪规，都有自己的修行方式，但它又是不拘于法的。你明心见性，悟后起修以后，一切法尽收眼底，那都无所谓。可当你还是一个普普通通的人，还有诸多的贪瞋痴慢疑，那么必须先规范你，规范你是为了最后让你不需要规范。很多人都这样，我说你应该辟谷了，他说还是随缘吧。随的什么缘？我都不好意思讲，这不叫随缘，这是随你的恶缘，因为你辟不了，那个随缘就是假的。有一些人说家里经常杀生，我是一个修行的人，但是，家里人都不信，我没有办法，只好随缘。这是随着三恶道的缘，没有随佛缘啊！随的是即将要堕落的缘。这就必须要有规范。

这种规范是每个法脉所具有的特性，规范的目的是最后让你由必然王国向自由王国过渡。等你生命有了章法，到了自由王国，一切是不戒而戒，不持而持的。本来也没有什么可持的，本来也没有什么好犯的。《金刚经》上说：“法尚应舍，何况非法！”但你自己要心知肚明，你现在处于什么样的状态，是否需要规范？我哪些是需要规范的，哪些是需要放下的？放下一定是有前提的。今天谈不孝之子，他也很能放得下，他爹娘的事情都能不管，那能叫放得下吗？放下的前提以尽心为要，谈随缘也是要有前提的。

达闻偈，不觉悲泣，言下大悟，而告师曰：法达从昔已来，实未曾转法华，乃被法华转。再启曰：经云：诸大声闻，乃至菩萨，皆尽思共度量，不能测佛智。今令凡夫但悟自心，便名佛之知见，自非上根，未免疑谤。又经说三车，羊鹿牛车，与白牛之车，如何区别？愿和尚再垂开示。

今天是六祖惠能的诞辰日，愿佛法的光芒永远照耀人类，愿六祖的法脉如绵绵流水永浴人间，愿我们在座的各位都成为传灯人，依着六祖所传的法门，见性开悟，他日倒驾慈航，普利苍生！

法达听了六祖大师的偈颂，不觉悲伤而哭泣起来。法达这一刹那的表现，非常像须菩提在《金刚经》里见性时的那个状态，“涕泪悲泣，而白佛言……”这涕泪悲泣很复杂，不是单纯的悲伤，这很像乐极生悲。当情绪至极高兴时，便会悲伤起来。在六祖言下，法达大悟，就开始谈他自己的感悟了，他告师说：“我法达从往昔以来到现在，实实在在从来也没有转过法华，而一直都被法华所转。”

我们给法达算了一笔账，他最起码已经念了十年《法华经》了，但是他从没有转过法华。这在提示我们在座的各位，你在修经典的时候，是不是法达？或者你是否曾用法达的方式在修行？他念的是《法华经》，你念的是《金刚经》，是《弥陀经》，还不是都一样吗！是你的心去转法华，还是法华在转你，你应当怎样去念诵。六祖并没有说：法达你这个经不该念，你念了十几年白念了。六祖不是这样说的。并不是白念了，而是法达的心不对，就是他的思维方式不对。回过头来，再来看看我们现实的修行人，大部分不都是这样的吗？觉得念经是一个好事情啊，都是这样念的，统统是法达，或者是说自己也曾经做过法达，乃至于现在正在做着法达。

法达又对六祖说：“《妙法莲华经》上说，假若在这世间，大声闻乃至菩萨，所有一切佛弟子，大家一起来度量佛的智慧，皆言不可度。现在六祖大师您令我们这些普通的凡夫明白自心，回光返照，说这就是佛的知见。如果不是有上智上根，那免不了会生出诽谤。”

实际上法达说的这话表明他心中有疑了，这就像《金刚经》中须菩提的担心。须菩提说：世尊，您说了那么高的法，如果末法众生不信怎么办？佛陀当时就呵斥他：“莫作是念！”就是你不许再往下说了。法达现在的状况和当时须菩提的状况很像，实际上并不是众生生疑了，是他的心中有疑，才能问出这样的问题，他还没有完全的放大光明。

其实，道不远人，而是人自己高推圣境，搞得遥不可及。佛多么了不起啊，我怎么能做得呢？我修行什么时候才能修到啊？就变成了这样的一种关系。就像《论语》说的："近之则不逊，远之则怨。"小人一般的见识就是这样的，远了嘛，觉得够不到；近了嘛，又很傲慢。总是在两边来回来去的打，没有真正地去了解佛法根本的意图。

法达又问："另外《法华经》上说三车，羊鹿车与白牛之车，如何加以区别，请和尚开示。"

师曰：经意分明，汝自迷背！诸三乘人，不能测佛智者，患在度量也。饶伊尽思共推，转加悬远。佛本为凡夫说，不为佛说。此理若不肯信者，从他退席。殊不知坐却白牛车，更于门外觅三车。况经文明向汝道：唯一佛乘，无有余乘。若二若三，乃至无数方便，种种因缘，譬喻言词，是法皆为一佛乘故。汝何不省？三车是假，为昔时故；一乘是实，为今时故。只教汝去假归实。归实之后，实亦无名，应知所有珍财，尽属于汝，由汝受用，更不作父想，亦不作子想，亦无用想，是名持法华经，从劫至劫，手不释卷，从昼至夜，无不念时也。

六祖说："经文分明说得非常清楚，是你自己迷失而背离了觉悟之心。"

佛说的就是自心本性流露出来的法，这个自心本性与宇宙相合，与众生相合，你说听不懂，就因为被自己自障自愚，所以听不懂。什么时候能听懂他的语言了，什么时候豁然开朗，大放光明。不需要努力学习，语言并没有差别，也与文化水平没有关系，六祖是一个最好的示现，他连一个字都不识，可见得智慧非文字非文化，是离开文字、离开世间知见的一种大智慧。你看六祖在这之前根本就不知道《法华经》，但法达一读，六祖马上知道其意。为什么呢？自性光明了，佛的智慧和他的智慧就是相契合的。自性大放光明以后，他和这些法统统是契合的，不是通过世间的学习去彰显的，没有这个过程。

六祖说："声闻、缘觉、菩萨不能得知佛的智慧，他们的过错就在于度量上面。"这一测度，便有了限量，猜度之间，便有想法。并不是因为他们的自性不够具足，所以他们不如佛。不是的！因为他们有了这个揣测之心，有了度量之心，所以他看不到佛的智慧。测度就限制了他自己和佛法本有的光明去相合。佛无度量！佛是把这一切都放下的！

所以，六祖说："要是没有度量之心，会自然明白。他们统统来思想，共同来推理，越推究就离本心越远。”一日拜佛，佛在心间；一月拜佛，佛在佛堂；三年拜佛，佛在西天。就是越拜越远，不知道佛是在自心做得的！这就是问题呀，这就是诸多的修行人越修离佛越远、越修我慢越重、越修我执越重的原因。

六祖说：“佛说的经典是为凡夫说，不是为佛说。”佛是究竟圆满的，所以，只要你听不懂，就是你有问题。六祖强调说：“所以各位，你们应该明白这个道理。如果不相信这个道理，应该随缘，道不可强求。其实你不知你坐的就是白牛车，反而更到门外去找。”白牛车喻示一乘法。

六祖接着说：“何况经文明明白白地对你说，只有大白牛车这一佛乘，没有其他的乘。或者说二乘（声闻、缘觉），或者说三乘（声闻、缘觉、菩萨），或者说无数乘，这都是种种因缘，用比喻行方便法。这所有的法都是为唯一的佛乘去说的，你为什么不醒悟？这三车是为修行而假设的方便，为当时在修行中的学人达到了不同的状态而起的一个名罢了。”这一段说得更加透彻。

因众生的根器千差万别，所以佛为差别人说差别的法，并不是有三乘法，是因众生千差万别。三车相当于通往目的地过程中设的一个又一个站台，都不是最终目的地，只是在过程之中。佛说了一句话非常生动，叫“黄叶止儿啼”。小孩哭了，在地上拣了一片黄叶子，逗逗他，这个小孩不哭了。佛设了这些乘，也叫“黄叶止儿啼”，叫权变，只是为了一个方便，看看我已经修到什么程度了，一站一站的。要没有这种参照，人容易失掉信心呀，觉得目的地太久远，自己不能够达到啊，所以就设立了一站又一站，告诉自己在往前走，已经到什么程度了。

六祖说：“唯有一佛乘，一真法界才真实不虚。今天我所谈的这个顿教法门，只告诉你去掉一切假设、权变，而归于真如。”就是中途这些站你都不要停，都不要管，直奔目的地过去。我这个车的速度非常快，我选择了一个最快的交通工具，当中没有停站，一下就到。你也不要问现在到哪个车站了，你统统不要管，统统归于真如。六祖说：“你皈依了一佛乘，实法也没有，就是连目的地也没有。所以你应该明白，所有的珍财、一切佛法都是你的自家珍宝、本地的风光，不从他求，不从外得，都是自己的，并且有无量受用。”

你的生命当中含着所有佛的智慧、佛的真理，一切的咒语以及愿力都在自心之中，会有无比的受用，可是从没有拿出来去受用，一天到晚这里去讨饭，那里去讨饭。今天念念阿弥陀佛，希望阿弥陀佛能知道有我这么一个人还在念着他，他日好来迎接我；明天又念观世音菩萨，您可知道我在念您的大悲咒啊，他日您对我好一点儿。这都是向外驰求，不知道自己就是弥陀，自己就是观音，都在自心当中了，自性是完全圆满的。

六祖接着说："更不作父想。"这是说，你不要以为是传承了什么，就像儿子继承父亲的家业一样，不必有这种想法。谈平等性智就在这里，法是你本自具足的。我只告诉你，你家里有什么东西，你去受用你自己的东西。我只是告诉你，你那里有什么，你认可了，你就有了；你不认可，你一直是个穷光蛋，你一直什么都没有！"亦不作子想"，这说的是，也不可以认为我是儿子，应该继承父亲的家业，而觉得理所当然。六祖说："你根本什么也不用想，自受用就可以了，这才是真正诵持《法华经》。这样就等于你一劫又一劫，手都没有离开经卷，从白天到夜晚没有不念经时，无不是在念法华。"

达蒙启发，踊跃欢喜，以偈赞曰：

经诵三千部　曹溪一句亡
未明出世旨　宁歇累生狂
羊鹿牛权设　初中后善扬
谁知火宅内　元是法中王

师曰：汝今后方可名念经僧也。达从此领玄旨，亦不辍诵经。

法达听了六祖的开示，深受启发，高兴得手舞足蹈，原来这样是念经啊，刚刚领悟，很高兴，然后随说一偈，赞叹道："经诵三千部，曹溪一句亡。"我念了三千部的《法华经》，而曹溪祖师禅下一句话，就给我一扫而空，什么都没有了。"曹溪一句亡"是禅门下的口头禅，大家经常这样说，在师父那里有所领悟的时候，曹溪一句亡。就像佛印说苏东坡"放屁"一样，一句话就把他扫干净了。师父是干什么用的？就是打扫卫生的，你所有的"有"，他就给你往外扔，专门给你打扫卫生！

"未明出世旨，宁歇累生狂。"我没有明了经典的主旨，怎么可能歇下多生累劫狂野的心呢？

"羊鹿牛权设，初中后善扬。"三车只是权通之变，初、中、后就是说的小乘、中乘、大乘，说三乘就是为了让大家能看到，便于行方便。

“谁知火宅内，元是法中王。”谁能够想到，在这三界火宅内，可以修行成佛，做大法王。三界火宅是由内而外的，我们的生命就是三界火宅，身体三十七度，诸多的火焰在燃烧着，一会儿发火了，一会儿发火了，自心便是三界火宅！我们再看今天的现实社会：这里冰雹了，那里瘟疫了，这里水灾了，那里火灾了……那不就是火宅吗！外在的火宅和内在的火宅都是相应的。一念瞋恨心起，三界火宅的火就在内心去燃烧。但就这样一个贪瞋痴慢疑都具有的生命，居然法王也是他！只需要把贪瞋痴慢疑所有恶毒熄灭，噢，法王在里边坐着。看见没有，没看见！那是乌烟瘴气挡着了，所以没有看见。

六祖大师听法达如此说，知道他言下已悟，说：“从今以后，你才够资格当一个念经的和尚。”大家想一想：什么是念经，怎样作一个念经的和尚？你现在不能称自己是一个念经的，因为你没念了经，是经在念你。你只能说自己是一个经念的。有朝一日，果真懂得念经了，才称得上是一个念经的。法达从那天起，真正领悟了六祖的玄妙的宗旨，依旧不停地念《法华经》。这时才是心悟转法华。

没有深解义趣以前，是求，是被经转；深解义趣以后，才知道不假他求，本自心具足，所以可以去转经了。但愿我们人人都能知道转《法华经》了，都能知道转《金刚经》了，都能知道转《弥陀经》了，这时候才是一个念经僧。要像六祖说的那样，要做一个念经的僧人，不要做一个经念的僧人。

三身四智智通问　五八果上六七转

僧智通，寿州安丰人，初看楞伽经约千余遍，而不会三身四智。礼师求解其义。师曰：三身者，清净法身，汝之性也；圆满报身，汝之智也；千百亿化身，汝之行也。若离本性，别说三身，即名有身无智。若悟三身无有自性，即明四智菩提。听吾偈曰：

自性具三身　发明成四智
不离见闻缘　超然登佛地
吾今为汝说　谛信永无迷
莫学驰求者　终日说菩提

又是一位，僧智通。甚是羡慕，假如我们生在六祖那个时代，也能在里边问上个只言片语，也许能搞个见性什么的带回来。现在没有办法，已经离了这么多年了，我们只好拾人牙慧，品一品他们的味道，看看自己还能有些许的感悟否？

又有一个僧人智通，是寿州安丰人，看《楞伽经》一千多遍，但不知什么叫三身、四智，所以他礼拜六祖大师，求六祖给他解说其意。六祖说："什么是三身呢？你自己清净的本性就是法身，你圆满的智慧就是报身，你的万行资粮就是千万亿的化身。"

六祖说得太好了！这样一说起来，我们多有信心啊！对于我们每一个学人来说，我们当下就可以证了。你可以回忆一下你以往做的事情，那里边法报化三身具足。你是何等行为，你就化为什么。此一刹那，你以大愿救度地狱众生，你就是地藏菩萨；彼一刹那，你以大悲救度世间受苦的众生，你即是观世音菩萨；你以无量智慧开发众生的觉性，你即是文殊菩萨。

六祖说："如果离开了自心本性，另外还说三身，这便是有身无智。如果悟得法、报、化三身实无自性，即是通达四智菩提。下边我来给你说一个偈颂。"

"自性具三身，发明成四智。"四智者：成所作智、妙观察智、平等性智、大圆镜智。我们各自的自性中具足清净三身，发明以智慧行观照，便可认得四智。尽管你因种种的罪业来到人间，三身还是具足的，但是你的智慧不具足，不认得自己的生命是具有三身的。不要说你，就是地狱的众生，三身也是具足的，他就更加不认，就更加愚痴。以智慧行观照，便可以认得三身。认得三身，是拿什么智慧行观照的呢？是以四智来行观照的。

"不离见闻缘，超然登佛地。"四智并不能离见闻觉知种种因缘，在此认知的基础上，你能不执著于见闻觉知，将见闻觉知转化为四智，这便是超然。立地于此，又不执著于此为超然。这种见地，便与佛等同。

"吾今为汝说，谛信永无迷。"我今为你说此偈颂，便是让你生起真实的信，而永远不会迷失自性。

"莫学驰求者，终日说菩提。"千万不要学那些向外驰求的人，从早到晚只说菩提，而不去悟菩提真义，不行菩提正道。不要只是口头禅，要真心实证才行啊！

一体万法，万法归一。不管是面对我们的人生还是修行，虽有千万种的迷惑，有形形色色的障碍，其实就因为那一个理没有明，一叶障目。六祖将复杂的唯识学、三身、四智以及它们彼此之间的关系等等，把天下至难至繁的事，统统归于禅宗至简至易的纯精义理之中，那就是归到自性之中去解决。六祖把至高无上的佛教和我们的生命紧紧联系起来，在我们和佛菩萨之间架起了一座心灵的桥梁，让我们每一个修行人都回归到自己的心中去寻觅自性佛，这本是禅宗真正伟大精神之所在。三身一体，四智无二，都归于一心去找，这是一个多么方便且快捷的方法啊！

通再启曰：四智之义，可得闻乎？师曰：既会三身，便明四智，何更问耶？若离三身，别谈四智，此名有智无身；即此有智，还成无智。复说偈曰：

大圆镜智性清净　平等性智心无病
妙观察智见非功　成所作智同圆镜
五八六七果因转　但用名言无实性
若于转处不留情　繁兴永处那伽定

智通和尚再次请示六祖说："前边你讲的三身我已明白，四智又如何对待呢?"他这样一问，你就知道他三身还是没明白，或者说没有彻底明白，否则，就不要问四智了。三身一明，四智即明。六祖说："你既然明白了三身的道理，就应当举一反三而知四智之理亦同。如果离开三身，再另外还有四种智慧，这是虽有智慧之明，但没有智慧之体。你若离开了三身的本体，即便你有智慧，终于不能够显智慧之用。"这就是说，三身和四智不能分开！尽管有智慧，可是没有三身，这个智慧拿什么去彰显呢？有三身，却没有智慧，那么这个三身又有什么用处呢？可见得三身四智是体和用之间的关系。六祖又说一偈颂给智通听：

"大圆镜智性清净"。大圆镜智是转第八识阿赖耶识所成。我们通常把第八识称作"八识田"。为何叫田？田就是土壤，因为能种种子，能使种子生长，是我们生命中储存因又将因培养出果再还给你的地方，所以也叫"藏识"，就是含藏你的命运之识。

今天不管你现在是善报还是恶报，都在以往的果报之中，你的长相、家庭、经济状态等方方面面统统是你以往的果报。那么你的未来呢？是你现正在种的种子，当下即因即果，当下是过去的果，是未来的因。你能不能好好地把握住当下，至关重要。什么叫田地啊？就是能够使这个种子壮大，本来一个小小的恶，可能只是一个念头，一个很小的行为，可是等到未来际，等到它在这个田地长出来的时候，就能变成一个大大的恶。藏识就是这个意思。这八识田是被动地接受种子，又本能地将果实还给你。当这个园地彻底清净的时候，所有善的恶的种子全部连根拔起，八识田便转成大圆镜智，这就是转识成智。这就是大圆镜智性清净。

在很多的时候，一个修行人往往是无种有果。就是这一世没有再栽种新的种子进去，但以往的果还没有承受完，这一世还受着。无种有果的这个阶段，要好好地把握！因为一不留神，种子又进去了。目犍连是佛陀的十大弟子之一，神通第一，他死的时候很惨，被一大帮强盗追杀，最后被强盗打死的。他有神足通，要想走，完全走得。但他想一想，还是用他这一世把这一个因果了结，于是他就坐在那儿等强盗追杀他。

修行人和普通的世间人对因果的看法，对生命的看法是不一样的。世间人都是极力地去回避这些果，不愿意去接受。修行人不一样，是勇敢地去承受这些果，最好是把所有的事情都在这一世给了完，而不是把它带到未来的生命里边，去越放越大。所以，一个修行人面对痛苦，面对人生磨砺，他是一个迎合的心态，而不去回避。回避了以后不好，事情在没判案以前多难受，得让它结案呀，该怎么的就怎么的。所以很多时候，我说，感谢疾病给我们带来新的机会，这么多事情累积起来，到这个时候疾病过来了，就是结案，一个案子了了。可能在结案的过程中你会送了命，那你也得送，没有别的办法。只是在结案的过程中，你不要埋下新的恶种，去埋怨什么。

“平等性智心无病”。平等性智是第七识末那识所转。末那识译成中文是我执，俱生我执，与生俱来的对自我的执著。这个我执会变成种种障碍出现，你可能根本就没有觉察。就像法达执著了《法华经》，因此而生出我慢，他却全然不知，是《法华经》成为障碍吗？非也！还是我执障碍住了他。但这个我执是藏在《法华经》后边的，表面上是执著经典，实则是执著自我。如果在修行中逐渐去掉我执，前六识就可直接和第八识见面。之所以我们看不到因果，看不到命运，看不到宇宙的实相，都是被第七识遮挡所至。如果我们将我执破尽，第七识顿然转成平等性智。

“妙观察智见非功”。妙观察智是第六识所转。第六识就是意识，作意、认知、了别，就是我们通常说的思想、起心动念。这第六识最复杂，有五十一种心所有法。第六识通常在普通人那里起决定和主导作用。但第六识的认知往往会出现诸多的偏差，不能够真实地认识事物，经常犯错误。因为凡夫的认知有限，有我执，不能够与实相相契合，于是便在作意下妄造恶业，受诸种苦报，却不知这苦报从何而来。我们在人世间受的诸多苦报，都来自第六识的错误知见。如果我们不断地将错误知见转化，再也没有了以自我为中心的诸多想法，那么我们这个能作意、生了别的第六识，就转成了妙观察智。

“成所作智同圆镜”。成所作智是前五识所转，眼、耳、鼻、舌、身。本来前五识接触客观外在世界，而产生种种觉受，以为好的就执著，以为不好的就痛苦。前五识将觉受传达给第六识，第六识再去作意造业。当前五识被净化后，再不起执著贪爱后，这前五识即转成了成所作智。什么叫成所作智？就是成就你在人世间欲做的一切事情，也就是我们说的心想事成。何为同圆镜呢？就是说，成所作智是依愿而成就的。这个愿力的能量可以直达第八识所转的大圆镜智，任何一个愿都可得究竟圆满。

“五八六七果因转”。唯识说：六七因上转，五八果上圆。第六识意识，第七识末那识我执，这是我们修行用功的下手之处！在此处下手，转化意识，去掉我执。而前五识和第八识阿赖耶识（也叫藏识），是随着六、七识的转而转的。如果你的意识不转化，去强行持戒，压制前五识不要造作，那是不可能的。意识转化了，再持戒其实一点也不难，就看你是让谁来当家做主，你的生命谁是主人？是第六识控制前五识，还是前五识控制第六识。我们经常说，认贼作父。就是我们总是在用自己前五识的感受上去统领第六识做事，反过来了，而不是第六识统领前五识，去做自己的主人。应该是我有一个什么样的意识，我便有一个什么样的生命。反过来了，是我的生命有什么样的感受，我便造就什么样的意识，所以叫认贼作父。

第八识为藏识，含藏种子的意思。如果我们的前七识都得到净化，八识田中就再也没有了新的善恶的种子。然而在转化的过程中，八识只做客观的收藏和发射，它没有任何的造作，所以六七为造业之因，五八为承造之果。将因转了，果自然转。所以说五八六七果因转。

“但用名言无实性”。以名相为用，但于实性处仍然为空。

“若于转处不留情”。如果在转处你不手软，见相即转，不拖泥带水，有丈夫之勇，那“繁兴永处那伽定”。繁兴是指复杂纷纭的客观物质世界。就是不管你身处何等复杂的客观环境，你都会像在禅定中一般。因为你看到了自性，众生所有的自性都是空的，都是清净的，都是法尔本然的佛性，所以叫众生业尽、众生烦恼尽，他看到的与你看到的、感受到的不是一回事。这又是祖师门下独有的。

虽然教下说：六七因上转，五八果上圆。但转的只是名相，本体是一动也没动的，自性未曾有丝毫的改动。如《心经》所言：“不生不灭，不垢不净，不增不减。”佛说度尽众生，方证菩提；众生业尽，众生烦恼尽，我愿方尽。他已经成菩提了，但是众生还没有度尽，这是什么问题？就是佛在这个过程之中，看到了众生的不生不灭，不垢不净，不增不减，这是佛性的一个状态，那么他已经度尽众生。众生业尽，众生烦恼已尽，然后他就成就了。这是自他无二，这是一种境界。你要去体认，你要去想。

如果作一般的了解，你还以为六祖这一段讲的是教下唯识，其实是全然不同的。唯识认为：三身四智各有各的体，成所作智与前五识同体，妙观察智与六识同体，平等性智与第七识同体，大圆镜智和第八识同体。《八识规矩颂》认为：就算你的前五识成就了，有了化身，但并不等于能解释真如，并不等于你和真如相契合了，因为真如是第六识成就的事，跟这个前五识没有关系。六识为妙观察智所成就，你什么时候妙观察智起来，才能解释真如。但即便是第六识、第七识你都成就了，只是在因位中转了身而已，你仍然不能证法身。法身只有第八识大圆镜智成就后，连同报身一起转，才是五八果上圆，这样三身四智才彻底成就。唯识认为在修行中三身四智各有其体，不可乱了秩序。

在唯识宗认为：众生不能全部成佛，他八识田中有不可清净的地方。当年玄奘大师在印度学到这个理论后，对他的老师戒贤法师说："这个理论只怕中国人不能接受，中国人更愿意接受《涅槃经》所言，一切众生皆具佛性，皆可成佛。"而戒贤法师说："你们那里懂什么，这是根本大法，不可修改。"玄奘法师作为一代高僧大德，回国以后严格地遵守着师法，传唯识宗，四代而绝。

唯识宗为何如此主张呢？他们认为一切众生所含藏的种子是不同的，如果在八识田中没有菩萨种子，就不可能成佛。而天台、三论、华严、禅宗都不认可唯识的说法，从根本上说都是中观，其中包括西藏格鲁派的祖师宗喀巴也是以中观立教。而禅宗主张正如智通法师明心以后说的偈语。

通顿悟性智，遂呈偈曰：

三身元我体　四智本心明
身智融无碍　应物任随形
起修皆妄动　守住匪真精
妙旨因师晓　终亡染污名

智通大师很了不起，当下见性明了。遂说一偈："三身元我体，四智本心明。"法、报、化三身原来本为一体，所谓四智是明心见性后自然生出的四种智慧。心明以后，四智即现。"身智融无碍，应物任随形。"三身四智本来圆融无碍，是随缘而生，不变随缘，随缘不变的。“起修皆妄动，守住匪真精。”如果你有念有想，我如何来修这三身四智的话，这便是妄想心。如果固守着自己的认为，以假为真，这便不是佛法真义。“妙旨因师晓，终亡染污名。”这种无上妙法因六祖您的点拨，我才能够得以明了，终于将染污的名相抛离，还回清净。

禅宗里边有一位著名的禅师德山。德山大师的老师是龙潭崇信，龙潭崇信的老师是天皇道悟。龙潭崇信出家前就住在天皇寺旁边，他家里是卖烧饼的，他就每天往庙里给天皇道悟送去十个烧饼。可天皇道悟每天都只吃九个烧饼，留下一个烧饼还给他，说：“这是我给你的恩惠，可以泽被子孙。”时间久了，龙潭崇信心里想：饼是我送去供养你的，为何老和尚返还我一个，此中有什么奥妙吗？

终于他忍不住了，有一天，他就去问天皇道悟。天皇道悟回答：“是你自己送上门来，我又返还给你，这有什么不对吗？”龙潭崇信听了有所醒悟，于是出家当了天皇道悟的侍从。可出家很久，师父什么也不教他，他有些着急了，就问师父：“我出家这么久了，您怎么没给我开示心要呢？”天皇道悟说：“我天天都在指示你，你端菜来，我接着了；你端饭来，我吃了；你顶礼，我还你了，处处都在指示与你。”龙潭崇信给搞得摸不着头脑，正暗自忖思其意，天皇道悟说：“要见，直下便见！你去寻思，就已经错了。”这时，龙潭崇信言下大悟！

你直下见了吗？如果建立什么思想来求佛性，求自性，你终究不得其门而入。直下见了，便见；见不着，你就什么都没见。道无处不在，你但有分别心即不见，这便是妄心。

智常存见未了悟　祖破虚空性光现

僧智常，信州贵溪人，髫年出家，志求见性。一日参礼，师问曰：汝从何来，欲求何事？曰：学人近往洪州白峰山礼大通和尚，蒙示见性成佛之义，未决狐疑，远来投礼，伏望和尚慈悲指示。

这是智常法师跟六祖的一段对话。有位和尚名叫智常，是信州贵溪人，他童年出家，一心想修行见性，有一天来参拜六祖大师。六祖问他：“你从什么地方来，想求什么？”智常和尚说：“我最近到过洪州，洪州有座白峰山，我到了那里参拜了大通和尚，承蒙大通和尚开示我见性成佛的道理，可是我至今还没有完全断了心中的疑惑。我从远道而来，亲近您这个大善知识，望您发大慈悲心指示我，令我断了心中的疑惑。”

师曰：彼有何言句，汝试举看。曰：智常到彼，凡经三月，未蒙示诲，为法切故，一夕独入丈室，请问如何是某甲本心本性。大通乃曰：汝见虚空否？对曰：见。彼曰：汝见虚空有相貌否？对曰：虚空无形，有何相貌？彼曰：汝之本性，犹如虚空，了无一物可见，是名正见；无一物可知，是名真知。无有青黄长短，但见本源清净觉体圆明，即名见性成佛，亦名如来知见。学人虽闻此说，犹未决了，乞和尚开示。师曰：彼师所说，犹存见知，故令汝未了。

六祖说：“你有什么疑惑，说来给我听一听。”智常说：“我到大通和尚那里住了三个月，也没有得到大通和尚的教诲。因为我求法心切，一天晚上就到了方丈所住的房子里面，请问大通和尚：怎么才是我智常的本心和本性？大通和尚对我说：你看见虚空了吗？我对大通和尚说：我看见虚空了。大通和尚又说：你看到虚空有相貌吗？我回答说：虚空无形无相，有什么相貌呢？大通和尚说：你的本性就和虚空一样，此中没有一物可得，没有一物可见，这是正见；没有一物可知，这是正知。你的本性没有颜色，也没有长相，本源是清净觉体圆明，这就叫见性，也是成佛，也是如来知见。我智常听了这种说法，还是没有明白，请大和尚您来给我开示！”六祖大师说：“大通和尚他为你说的法还有一个见，还有一个知，所以才令你没有明白。”

这里六祖第一次说到，是师父的问题，不是他的问题。六祖在微妙中去科判，游刃之间把它辨析得明晰清楚。

吾今示汝一偈：

不见一法存无见　大似浮云遮日面
不知一法守空知　还如太虚生闪电
此之知见瞥然兴　错认何曾解方便
汝当一念自知非　自己灵光常显现

这是谈教下和祖师门下的差别了。六祖说，现在我给你说一个偈：“不见一法存无见，大似浮云遮日天。”不见一法就是万法皆空，但是你还是存着一个不见一法的见，这还是一个障碍。“我要不见一法”，这本身就是一法。因为你有这个见的存在，所以，“大似浮云遮日天”。一叶可以障目，只要把你的眼睛一遮挡，整个的大千世界统统变了颜色。你就存了这一个知见，整个世界就无法看到了。你还有一个不见的存在，这还是一个见，就像浮云遮住了太阳。我们是当自省，你被多少东西遮着。智常只被“我不要有知见”这样一个知见遮住了，然后所有的太阳的光明都看不到了，我们里面遮的东西就太多太多了。

“不知一法守空知，还如太虚生闪电。”一法不知，一法不立，但你还有一个不知一法的知的存在，单单守着这个空知，这就像虚空什么都没有，它却生出闪电。就像明白了空的道理，但你还有知见的存在。空生有啊！就说明一个问题，你还在生灭之中，因为有无是相生的。你只要执著于空，果真空掉了，还要生。从你的“我空掉了”这一念开始，就要生。因为我空掉了这一念就是最大的有了，已经是一个有了，已经开始生了。所以有无之间是没有刹那分离的，彼此之间是相生的。闪电无形无相，过去就没有了，但是它存在。“我已经空掉了”，就犹如是虚空的闪电，可以生出万有。

“此之知见瞥然兴，错认何曾解方便。”你无见之见，守着空知的知，瞥然间就从你眼前呈现出来，你错认了这种知见，认为“我空掉了”这一知见，所以就没有明白佛的方便法门。其实著空和著有是一样的，都是两边，都属于边见。不著空不著有，才是中观。

“汝当一念自知非，自己灵光常显现。”你应当观当下这一念，知道这是守无见之见，守空知之知，这是不正确的。这样，你自己本有的智慧佛性才能得以无碍的显现。你要知道，所谓的空也是不可得的，也是不可以执著的。

常闻偈已，心意豁然，乃述偈曰：

无端起知见　著相求菩提

情存一念悟　宁越昔时迷

自性觉源体　随照枉迁流

不入祖师室　茫然趣两头

智常听了六祖大师这个偈后，心中豁然开朗，于是，也作一偈，来谈此时的感悟。偈颂是禅门下的一个特点，便于记忆，朗朗上口，说出来的语言又能够通达贯彻。“无端起知见，著相求菩提。”平白无故我却生起了无见之见，空知之知，执著在相上，还想寻求菩提大道。“情存一念悟，宁越昔时迷。”性情中还存着一个“我悟了”的念头，这和以前迷时是一样的，只是换了一个内容而已，并非是真空。

你以为还有一个东西可悟，就说明你还没有悟，只是在小悟之中。作为一个修行人，就是不断地觉非，不断地否定自我，才能不断突破自我。没有突破，除非你成佛了。你认为我成佛了，又是一个相，就又错了，本来也无佛可成。不断地突破自我非常重要，包括突破“我很正确”、“我做得很好”这个心念。这犹如刚开始大家进来时，让大家诸恶莫作，众善奉行，放弃人间很多恶的行为，然后去为善，最后善也是要放掉的，只是拿这个善和恶作一个交换。把所有的好事都做了，然而做完好事以后告诉你，好事也是不可执著的，然后转成功德，转成般若。般若也是无一法可得的。但有所得，即非般若。就是成一切相，空一切相。如果前边没有成一切相，就空一切相，那是不对的。

放下一定是以尽心为前提。世间有一句话叫，这个人拿不起来放不下。该拿的时候拿不起，该放的时候又放不下，藕断丝连，这不是一个修行人的状态。

“自性觉源体，随照枉迁流。”自性觉悟的根源本体，是觉照的随缘不变，虽然相上有所迁流，但是它未曾有丝毫的改变。“不入祖师室，茫然趣两头。”我如果不入了六祖您的祖师禅门下，得到您的开示，我还茫茫然以为自己已空，而实则已落到空相上。

执相和顽空，是禅门修行下的两大障碍，是一在俱在的。执相的人必顽空，顽空的人必执相。说空的时候，正在执顽空相，说执相的时候，正在顽执相空。禅门讲言语道断，心行处灭。言语也说不出来，心里也不知道往什么方向去，挤在那里了，最后看到自己灵明的自性状态，一下子就悟了。

智常一日问师曰：佛说三乘法，又言最上乘，弟子未解，愿为教授。师曰：汝观自本心，莫著外法相。法无四乘，人心自有等差。见闻转诵是小乘，悟法解义是中乘，依法修行是大乘。万法尽通，万法俱备，一切不染，离诸法相，一无所得，名最上乘。乘是行义，不在口争。汝须自修，莫问吾也！一切时中，自性自如。常礼谢，执侍终师之世。

智常有一天问六祖大师：“佛说了声闻、缘觉、菩萨三乘法，又说了一个最上乘，我不明佛意，请师父教我。”智常说的是什么意思呢？既然有个最上乘，佛还说这么多乘干什么？为什么不搞个一乘法就行了呢？

佛说八万四千法，为度八万四千众，因为众生有八万四千烦恼。不是佛法有多少乘，是你的心和众生有这么多的乘。六祖说：“你回光返照，看看自己的心，不要向外去求，不要著到外在的法相上去。法连一乘都没有，哪里还会有四乘呢？这是因为人心有差别的缘故。”

佛说了这么多的差别的法，去应对有差别的众生，然而在你的心中怎么分呢？你究竟在这一刹那是修的声闻乘呢，还是缘觉乘、菩萨乘？都在一念当中体现。就拿放生这一个行为，你说修的是什么法？看你心里怎么想，你放生的心态决定了你是声闻，是缘觉，还是菩萨，并不系乎放生这个行为的本身。

六祖说：“听到经典、持诵经典，这是小乘；明白佛义，可以解了经文，这是中乘；不仅能够持诵、能解经义，还能够依着经教去实行，放到生命中去实践，这是大乘。万法都是通达无碍的，所有的法在你心中都是齐备的，也即是一切法都是在你心中体现，而通达无碍，所谓万法唯心，心唯万法；心为万法所含摄，万法唯心所造。你与世间一切景象心不染著，一无所得，这就是最上乘的大法。”

不管是小乘、中乘、大乘，在你的生命当中，叫何期自性，本自具足。小乘、中乘、大乘，全部都在你那里，你拿什么来应世去修行，是你自己的问题。所以经常有人怀揣着财宝，却托着钵去要饭。自己有无量的财宝，却到外面去驰求。佛法是心地的法门，是建立在心灵解脱上面的。如果不建立在智慧的信仰、智慧的解脱上，只是积累一些福报，依然在生灭法之中，当然就不了生死。一切众生皆有如来种性，没有谁只能修小乘，没有谁只能修大乘。大乘人人可修，只看你是拿着自心当中的大乘出来，还是拿着自心当中的小乘出来修，都是在你自心。有很多的人在自己的觉性之中，就很开放，本自具足很多的东西，并不是他的自性比别人多了多少，是他的五蕴身的遮盖少。每一个生命的自性都是具足的。

什么叫“乘”呢？六祖说：“乘就是修行方式。这个修行方式，不是嘴上如何说，口里互相争论道理。”在世间论一论理，然后谈谁说得对谁说得错，充其量是建立一个知见。这个知见能不能用到生命当中呢？完完全全没干系的。可能你在争论的时候，或是你在佛理上说得头头是道，理谁都打不倒你，可一做事没戏，等于没有修行。我最反对的是佛油子。就是所有的经典、佛法的道理都知道，简直像一个活字典，说起来头头是道，什么法都知道，但是一看他做人，一看他做事，凡夫一个，他所知的这一切完全没有落实到行动当中去。可见，建立知见和修行是两码事。

所以，六祖说：“你们每个人要自己修行，不要问我，我不能替你们修行。”你们每个人都各自在心中好好感悟，所谓自己吃饭自己饱，自己生死自己了，旁人只能指路，不能代行。六祖说：“不管你在什么时候，都要能见自己的本性，如如不动。”

智常法师听了六祖大师的开示后，叩头感谢六祖的这一番指点，每日服侍在六祖大师身边，以报师恩。后来六祖大师很多的日常工作，都是由他带着大家来做的。直到六祖大师圆寂后，他才离开南华寺。从中我们可以看到一代见性的法师尊师重道的道德人格。

志道不明寂灭乐　圆明寂照大涅槃

僧志道，广州南海人也。请益曰：学人自出家，览涅槃经，十载有余，未明大意，愿和尚垂诲。师曰：汝何处未明？曰：诸行无常，是生灭法；生灭灭已，寂灭为乐。于此疑惑。

又有一出家僧，法号志道，广州南海人。他想请法，从六祖大师那里获得利益。于是他说："我从出家以来，就开始读《涅槃经》，到现在已十多年，可是经的大意我仍然没有完全明了，愿大和尚您发慈悲，来教诲我。"六祖问："你有什么不明白的？"志道说："这世间一切都是无常的，诸行无常，这便在生灭法之中。如果将生灭去掉，而达寂灭的境界，这乃是大乐。我在这方面还没有明白，还非常疑惑。"志道说他还没有完全了解生灭和寂灭的关系，如何寂灭是大乐。

志道法师说的《涅槃经》中的这首偈："诸行无常，是生灭法；生灭灭已，寂灭为乐。"这四句偈是有出处的。

无量劫前，释迦牟尼佛在因地曾经是位婆罗门，他居深山修种种法门，非常精勤刻苦，他的精神惊动了帝释天。帝释天要下来考验他是否真的努力向道，于是就化成了一位罗刹鬼，十分丑陋。他悄悄地坐在婆罗门的身边，自言自语说："离怖畏如来曾经说过，诸行无常，是生灭法。"说到此处，便停止不说了。

此时，这位婆罗门修行者一听这两句话，很有感悟，于是睁开眼睛说："诸行无常，是生灭法，这话是不是你刚才说的？"这个帝释扮的罗刹鬼说：

“我是替离怖畏如来说的，在过去无量劫前有一尊佛，名叫离怖畏如来，这偈是他说的。”这位婆罗门说：“他说得太好了，只是才两句，应该还有两句，你能说给我听吗?”

这罗刹鬼说：“不错，确实后边还有两句。只是我现在没有力气跟你说了，我得吃了东西，才有力气再说那两句。”婆罗门说：“好吧，你吃什么，我都能满足你。”他说：“我要吃热肉，有体温的，除此之外，我什么都不吃。”这位婆罗门说：“你先将后边的八个字告诉我，我就用我的身体供养你。”罗刹鬼上上下下地看了看婆罗门，说：“我不信，为了这八个字，你肯让我把你吃了?”

婆罗门说：“你如果不信，我就请十方诸佛为我担保，来证明我不会骗你。”这罗刹鬼说：“那好吧，我就相信你，告诉你吧！诸行无常，是生灭法，后边是生灭灭已，寂灭为乐。好了，我说完了，你该让我吃了吧。”婆罗门说：“你稍等。”这罗刹鬼立即说：“难道你想赖账?”婆罗门说：“不是的，我是想你把我吃了，这首偈我又带不走，我想把它刻在树上，日后的修行人得到这首偈，可以照着这首偈颂来修行。”

这罗刹鬼一听，说：“你说得有道理，那好，你写吧，我等着。”可是婆罗门在树上刻完字，还要罗刹鬼等一等。罗刹鬼很生气，说：“我到底看你还有什么理由?”婆罗门说：“我刻到树上，经不起风吹雨打，只有把它刻在山石上才能永远保存。我并非是为了自己，而是希望佛法能在世间流传，令后人依此修行。”罗刹鬼只好又在那里等他刻字。

终于一切工作都结束了。婆罗门走到罗刹鬼面前，闭上眼睛说：“你现在可以吃我了。”这时，罗刹鬼刹那间跃身虚空，化为帝释，说：“善哉，善哉，你不惜献出生命，寻求佛法，这等为法忘躯的精神，将来一定要成佛的。”

我们今天读到的经典，卷卷都是佛舍生忘死，为法忘躯，无量劫在六道中受苦，在六道中修行而得。所以后学应思考，要以怎样的精神上求下化，以报佛恩与万一。不要觉得来得容易就不珍惜，如果今生错过，还不知道要再轮回多少世，多少劫，才能再遇佛法。他日再遇，还要如此这般，翻来覆去，因此还不如今世，尽形寿，好好努力修行，他日便可倒驾慈航，普度苍生。

师曰：汝作么生疑？曰：一切众生皆有二身，谓色身、法身也。色身无常，有生有灭；法身有常，无知无觉。经云生灭灭已，寂灭为乐者，不审何身寂灭，何身受乐？若色身者，色身灭时，四大分散，全然是苦，苦不可言乐。若法身寂灭，即同草木瓦石，谁当受乐？又法性是生灭之体，五蕴是生灭之用，一体五用。生灭是常，生则从体起用，灭则摄用归体。若听更生，即有情之类，不断不灭；若不听更生，则永归寂灭，同于无情之物。如是，则一切诸法被涅槃之所禁伏，尚不得生，何乐之有？

六祖说："偈中讲得清清楚楚，你为何还生疑？"志道师父说："一切众生都有二身，一是有形的色身，二是无形的法身。色身无常，有生有灭；法身有常，不生不灭，但没有什么知，也没有什么觉。《涅槃经》中说：生灭灭已，寂灭为乐。我不知哪一个身是寂灭的，哪一个身是受乐的？若色身受乐，色身坏灭之时，地水火风四大分散，分散之时感受的统统是苦，何乐之有？如果是法身寂灭的话，法身就如同草木瓦石一样，到底哪一个来受乐的呢？再者，法性是生灭之体，色、受、想、行、识这五蕴是生灭之用。如果生灭是常的话，则从法体上生出五种作用，等到灭的时候，再摄这五种的用还归法体。假设要随顺它更有来生，那所有的有情种类都是不断不灭的，这不就成了有常了吗？假设不随它托生来世，就永远归于寂灭，这不又同草木、瓦石一样了吗？如此，则所有一切的法都被涅槃法给制住了，也变成了断灭，生都不能自由，有何快乐可言呢？"

师曰：汝是释子，何习外道断常邪见，而议最上乘法？据汝所说，则色身外别有法身，离生灭求于寂灭。又推涅槃常乐，言有身受用，斯乃执吝生死，耽著世乐。汝今当知！佛为一切迷人，认五蕴和合为自体相，分别一切法为外尘相，好生恶死，念念迁流，不知梦幻虚假，枉受轮回，以常乐涅槃翻为苦相，终日驰求，佛愍此故，乃示涅槃真乐。刹那无有生相，刹那无有灭相，更无生灭可灭，是则寂灭现前。当现前时，亦无现前之量，乃谓常乐。此乐无有受者，亦无不受者，岂有一体五用之名？何况更言涅槃禁伏诸法，令永不生，斯乃谤佛毁法。

六祖说："你是释迦佛的弟子，怎会修习外道执断执常的邪知邪见呢，还以邪知邪见来衡量最上乘之法？"

志道把常法和断法分开来说，他说色身是断法，法身是常法。佛谈不二法门，都是一体不二的，一切法的自性都是具足的，怎么能把它分开呢？就像我们谈精神和物质的关系是一样的。唯物论谈物质是第一性的，唯心论说意识是第一性的，其实精神和物质是一体两面，没有第一和第二。

所谓“物相非理相不生，理相非物相不显。”譬如说，房子是由砖头砌成的，砖头是物相，理相就是它的功用。就像我们这一个教室，能承载这么多人，我们受用，这是它的精神，它的精神体现在空处。它建构起来的空的环境，才是你受用的地方，凡是不空的地方都是你不可受用的，所以物质和精神本不可以分离。

六祖先谈了志道的二元意识，然后接着说：“根据你说的道理，是在色身灭了之外，还有一个法身，离开生灭，还有一个寂灭。你又说常、乐、我、净这个涅槃的道理，说有一个身来受用这个快乐，你这种见解是执著而吝惜生死，贪恋世间的快乐，根本就不是涅槃。换句话说，你以世间的乐来度量出世间的乐，执著在现有的生命状态中，使认知和生命同时都僵化。你现在应该知道，所有迷惑的人，错认了这五蕴之身为自己，分别一切外在的人事物与自己对立，好生恶死，念念执著，念念放不下，有粘连，不知道这一切的事物，包括自认为的自我都是假相，所以在六道中轮回受苦，冤枉轮转，反而把常乐涅槃当成苦相，所以一天到晚向外驰求，执著不死法。”

整个宇宙世界就是一个阿赖耶识，你跟我是有分别的吗？你以为的你和我以为的我是真的吗？这都是假相，因为在生灭之中，就像大海里掀起的浪花。我们今天的生命就是人间孽海中的一个又一个的浪花，你现在跳出来了，有一个长相。这个浪花很绚丽，这个浪花很好看，这个浪花很高，这个浪花很低，有什么关系呢？无所谓的呀！因为它最后要归于大海呀，归于大海时，哪一个浪花是你？你怎么把自己从大海里面分出来，说这个就是我曾经的浪花？无法分离啊！

六祖说：“佛因为悲悯众生，所以指示给众生何为真正的快乐。刹那之间无生无灭，更无生灭可灭，没有可灭的相，也没有可生的相，这时候，你就在生灭法中而现起不生不灭的境界，这叫寂灭现前。”需要死了以后寂灭现前吗？不需要啊，当下就可以寂灭现前。六祖接着说：“当寂灭现前时，也没有现前的量度，不可测度，这就是常乐。这种乐，没有一个受乐者，也没有不受乐者。为什么呢？这都是本来自性所现，一切皆包含在自性之中。怎么还有一个法体来呈现五蕴的五种用途呢？无有呈现处，也无有这种用处。何况你还说：涅槃禁制诸法，叫人永不托生。你的见解是不对的，如果你执此见解，你是在谤佛。”

你认为有一个要执著的东西，是必须要抓住的，比如说我一定要解脱，你便被“我一定要解脱”这个想法束缚住了，反而不得解脱。一定要怎么样，那是执著。我一定要空下来，“我一定要空下来”这个念头就没有空，就是“我一定要有了”，有、空都是一体的。这本不是我们玩文字游戏的，大家听一听，作为一个因缘留存各自生命当中，他日去受用。不知道哪一天，你一睡醒觉，大梦一醒，噢，原来说的是这个，那时候，你才能找着北。现在你就听，听懂没听懂没关系，无所谓的。日后等你悟了的那一天，别骂我。我为什么说别骂我？因为我把话说在前头了。我告诉你省力不省功，省功不省力。到时候你会说，你老早告诉我干什么？我自己悟不好吗，弄得我这么长时间才把它悟了，擦不干净啊。

听吾偈曰：

无上大涅槃　圆明常寂照
凡愚谓之死　外道执为断
诸求二乘人　目以为无作
尽属情所计　六十二见本
妄立虚假名　何为真实义
惟有过量人　通达无取舍
以知五蕴法　及以蕴中我
外现众色像　一一音声相
平等如梦幻　不起凡圣见
不作涅槃解　二边三际断
常应诸根用　而不起用想
分别一切法　不起分别想
劫火烧海底　风鼓山相击
真常寂灭乐　涅槃相如是
吾今强言说　令汝舍邪见

汝勿随言解　许汝知少分

志道闻偈大悟，踊跃作礼而退。

六祖大师说：“你现在听着，我为你说一首偈颂。”

“无上大涅槃，圆明常寂照。”此无上大涅槃之法，无有他法可以与之相比。就像我们说天上天下无如佛，这不是一个溢美之词，而是一个实相之说，佛的智慧已经达到了宇宙法界的鼎盛。此无上大涅槃之法圆满光明，恒常不变，寂而常照，不管在任何一个地方，还是在任何一维时空下，统统如是。

“凡愚谓之死，外道执为断。”凡夫愚昧，以为这便是死了，而外道之人却说这是断灭。

“诸求二乘人，目以为无作。”二乘人是声闻和缘觉，他们认为这是没有造作的，属于自然。没有什么我要参与的，本本然就是这样，所以我随顺这个自然，这就走了。

“尽属情所计，六十二见本。”不论你是执著于死，还是认为它是断，或者以为它是无作，归于自然，这些想法统统是用凡夫的情识来计度、分别，都是属于根本的六十二见的。六十二见为何呢？就是五蕴之中，每蕴出四种分别知见，即蕴大我小，我在蕴中；我大蕴小，蕴在我中；离蕴是我；即蕴是我。五四便是二十，将这二十扩大三倍，即放入过去、现在、未来三世之中，便成六十见。然后再加上常、断两个根本见，就是六十二见。你所建立的认知，不外乎这些，这六十二见统统是凡夫的见解。

“妄立虚假名，何为真实义。”这六十二见，本都是虚妄立出来的，是虚假的名字，哪一个是真实的道理呢？

“惟有过量人，通达无取舍。”过量就是超过这六十二见，超过一般凡夫、二乘外道思量的人，能够通达法相，无取无舍。佛把声闻和缘觉称为外道，佛不承认他们是佛弟子。

“以知五蕴法，及以蕴中我。”之所以能够无取无舍，是因为他能够真实知道色受想行识这五蕴之法，以及五蕴中的我。

“外现众色像，一一音声相。”以及除我之外所现的一切相和一切的声音。

“平等如梦幻，不起凡圣见。”这一切的现象、情景，都是平等无碍，好像梦幻泡影，因此在幻影下，不起凡夫见，也不起圣人见。

“不作涅槃解，二边三际断。”不以涅槃乐为解，也不著于空，也不著于有，同时还不执著于过去、现在、未来这三际，都断了。两边是空和有；三际是过去、现在、未来。

“常应诸根用，而不起用想。”常能随缘而用，可也不生出一个有用之想。用的时候可以大用，但不生用之想。

“分别一切法，不起分别想。”心中对一切法的差别了了常明，但却不去做分别判断，对好坏善恶看得明明白白，可心中又不分别对待，一切都以平常心来对待。正如莲花生于淤泥，淤泥也自有它的用处，两者不可分开。面对一个生命来说，这一刹那，你既是淤泥也是莲花。一个居士问一位高僧，何为见性？高僧回答说：“你如果能见到玫瑰花背后的牛粪，你就见性了。”最肮脏的物质可以孕育最美好的事物，这是让我们去除心中一切的分别意识。

“劫火烧海底，风鼓山相击。”水、火、风三灾起时，有大劫，能将海底烧干。风灾起时，可以鼓动两山互相撞击。

“真常寂灭乐，涅槃相如是。”你如果得真常寂灭之乐，涅槃相即现目前。并不是说死时才谈涅槃。佛灭度时称为涅槃，实际上佛在灭度前已经证过涅槃。入涅槃和证涅槃是有差别的。如果在此一刹那，你的心行灭掉了，心中的一切行为灭掉了，涅槃即现前。当涅槃相现于你的眼前，所有的灾难都与你没有关系。

“吾今强言说，令汝舍邪见。”我现在勉强用世间的语言来说这无生之法，就是要你舍去现在的种种邪见。无生之法是出世间的，所以用世间的语言说得就很勉强。禅门中一直讲言语道断，心行处灭；讲止，就是让你离开语言，不要掉到语言相中去。若掉到语言相中去，再生一个知见出来，这就麻烦了。所以要顺着他指的路走过去，并非他的手指就是路。

在《道德经》中，老子也多处这样说：“强字之曰道”、“强为之名曰大”、“故强为之容”等，我勉强把它说成是什么，所以老子一开篇就说“道可道，非常道；名可名，非常名。”语言是有局限的，三维物质世界的语言都不能把三维物质世界说清楚，又怎么能说清楚超维的呢？所以说不清楚，只能让你接近，向它靠拢，但千万不要以为它就是。最终要把文字抛离，只有离开文字相，完全进入心灵的境界才是。里面如果有语言，如果可以解释，一定不是，能够说出来的，就不是道。

我记得讲《心经》的时候打过一个比方，你能说出你手存在的感觉吗？

把手放到热水里感知是烫的，放到凉水里面感知是凉的，打手一下感知是疼的，这些统统是外缘。把这一切的外缘去掉，你的手存在的感觉是什么？说得出来吗？说不出来，那就是道。不要以为道离我们很远，我们当下都在认可之中。你处处感觉的这个生命，说不出来的就是道。释迦佛说“谁要是说我说法，即是谤佛”，也带有这个意思。佛告诉你一定要超越他的语言，而进入更深入的思维。

“汝勿随言解，许汝知少分。”你不要依文字来解释经典，那你知的量就非常少。

志道法师听了六祖大师说的偈颂，大悟大彻，所以他欢喜踊跃，高兴得跳了起来，然后向六祖叩头，退至一边。

我们看到在机缘品中，每一个人通过和六祖的对答后的悟境是不一样的。有的是似有所悟、有的是大彻大悟、明心见性，有的人根本只是到六祖这里来印证一下。每一个人到六祖身边的机缘是不一样的，这里举的例子也是很微妙的。

禅宗至简至易，但真正地深入进去，将生命与禅融为一体，就不是那么简单了，需要我们有很多的因缘。学佛之人通常认为吃斋、念经就是修佛了。什么是学佛呢？认为就是向佛学习。佛不吃斋，因为佛托钵，沿着每一户去乞讨，众生给什么，佛随缘而受。佛也不念经，佛是无事的闲人。你能做到吗？很多人在修相似法。佛教的根本在般若。换句话说，吃斋念经是为生起般若的资粮，非般若本身。禅门便是智慧解脱的最快法门。

你用逻辑、用推理、用聪明，统统跟禅不相应，没有见道而修，这仅仅是思维上的分别而已，修了一个虚妄的思维。禅宗讲“言语道断，心行处灭”，你才能从思维的迷宫中破关而出，这是目的。成一切相，离一切心，即是佛也。

行思印证绍佛法　怀让豁然阐禅宗

行思禅师，生吉州安城刘氏，闻曹溪法席盛化，径来参礼。遂问曰：当何所务，即不落阶级？师曰：汝曾作甚么来？曰：圣谛亦不为。师曰：落何阶级？曰：圣谛尚不为，何阶级之有？师深器之，令思首众。一日，师谓曰：汝当分化一方，无令断绝。思既得法，遂回吉州青原山，弘法绍化。谥号弘济禅师。

有位禅师名叫青原行思，生在吉州安城，俗姓刘，听说曹溪道场的道风顿正，风靡全国，叫"法席盛化"，依六祖禅门之法，广开坛场，化席无量。这个"法席盛化"说得非常生动，以法为酒席盛宴，招待来往求法若渴之饥民者。法吃进去以后，人人可以转性。

行思禅师听说后，也随同而来参礼，见到六祖后，于是就问："应该修什么法门，才不落阶级？"阶级在此处的意思是台阶、等级之意，言外之意是，我用什么方法修行能直接成佛，而不是一阶一阶地修上去。显然这个阶级是渐修，而不落阶级是顿悟。他想问的是：能不能不用过程，而直接顿悟呢？

六祖大师说："你以前做过什么事情，你现在来这里又想做什么呢？"六祖并未直接回答他落不落阶级，而是反问他。行思禅师说："我连四圣谛都不做了，这些我都忘了。"《心经》说："无苦集灭道"，就是无四圣谛了。行思的意思就是说，我连四圣谛都忘记了，还怎么能记得我是来干什么的？六祖说："你圣谛也不做，那你落的什么阶级呢？"行思禅师说："圣谛我尚且都不做，我有什么阶级呢？"六祖大师一听他这么说，觉得此人有些来意，并不一般，认为他堪称法器，就让他在众中坐首座。当时这里是如此的盛况，全国的高僧大德都汇聚在曹溪，还让行思做他们的首座，就凭了他这么两句话。

有一天，六祖大师对行思说："看你是法门中的龙象，是做祖师的材料，你已经得法了，应该自己到另外一个地方，去教化一方，千万不要令佛法断灭。"这是一代祖师对众生的担心。行思禅师其实只是在六祖这里印证一下，他没有跟六祖学什么。他得六祖大师的心印妙法以后，又回到吉州，在青原山弘扬佛法，延续禅宗。他圆寂以后，皇上给了他一个封号叫"弘济禅师"。

禅宗在六祖之后渐渐发展为五家七宗。这五家七宗的源头皆是六祖所传，六祖后边虽然没有再传衣钵，但有两个重要人物，一是青原行思，一是南岳怀让。这两个人在后来的弘法利生的过程之中，在祖师门下的传承当中起了决定性的作用。青原行思的后人开创了曹洞、云门和法眼三大宗派。南岳怀让的后人则开创了沩仰、临济这两大宗派。临济又分黄龙和杨岐两家，五家七宗就是这样分开的。今天的禅宗不论你走到哪一个山头，都没有超出这两位禅师的法系，而这两位禅师又都归于六祖。

依着我们今生的因缘，我们再来看一看青原行思与六祖的这则机缘，然后再谈一下相应的问题。青原行思问"当何所务，即不落阶级？"他问了关键性的一句话。依教下来讲，从凡夫到佛是有许多层次的，共有四十一位，四十一个修行阶段，即十住、十行、十回向、十地和佛果。如果再加上十信与等觉，就是五十二位。这五十二个修行台阶需要多长时间才能圆满呢？要三大阿僧祇劫，这是数以万亿年计的天文数字。禅门则不讲这些，只言顿悟成佛，当下直指人心，不论阶级。这便是青原行思所说的不落阶级。直到今日，我常与大家说的，你只要随着我这个方式去修行，不管你的前边是什么，即便是从三恶道上来的，你跟着走下来，都可以不计前缘，立地成佛，出处便在此。这不是一个妄说，是从祖师那里一脉相承过来的，这是家风。

怀让禅师，金州杜氏子也。初谒嵩山安国师，安发之曹溪参叩。让至礼拜，师曰：甚处来？曰：嵩山。师曰：甚么物，恁么来？曰：说似一物即不中。师曰：还可修证否？曰：修证即不无，污染即不得。师曰：只此不污染，诸佛之所护念，汝既如是，吾亦如是。西方般若多罗谶：汝足下出一马驹，踏杀天下人；应在汝心，不须速说！让豁然契会，遂执侍左右一十五载，日臻玄奥。后往南岳大阐禅宗，敕谥大慧禅师。

前一段讲六祖和青原行思的对话，这一段讲六祖和南岳怀让的对话，禅宗的两大主脉非常重要的人物都在这里了。怀让禅师，金州人，俗姓杜，怀为是慈心下济，让为谦下恭敬。他是怎么修的，他的法号就已经告诉你了。有若无，实若虚，自己有道，也好像一无所有的样子。他非常有学问，但却像什么都不知道一样，这是怀让禅师的状态。

最初怀让禅师去拜见嵩山的安国师，向他学习佛法，安国师派他来曹溪参拜。当时六祖在曹溪治家严谨，除了禅坐修行，还要出坡务农，几千人有条不紊，没有一个有闲话的人，都是专心用功。六祖治家严谨的作风，使得这里久负盛名。

怀让禅师来到这里参拜六祖，六祖问："从什么地方来？"怀让回答说："我从嵩山来。"六祖接着说："你是什么，凭什么到这里来？"六祖非常不客气，机锋就过来了。一过来就要接招的。接招的方式有很多，这是禅师准备接纳他、准备度化他，才用这种方式。但如果你做俗间想，这一句话就把你问跑了，这是因缘不具足。如果你不具足这样的因缘，就没有什么好讲的，轰跑了活该。你本身不是法器，留你亦无用。但如果是法器，不是轰能轰跑的。

怀让说："如果说成一个东西，就已经不是了。"六祖又问："你说是个东西就不可以，那你还可以有修有证吗？"怀让说："修证吗？有所修也有所证，但污染就不行了。"六祖说："这个不污染，就是诸佛所护念的妙法，你是这样，我也是这样。"六祖为他做了一个印证，怀让依旧是到六祖门下印证的，实际上都是归祖归宗的，归到一脉相承的法脉上去。他自己已经在门外有证了，但他必须归法脉。皈依了法脉，他有了这样的认证，才能说明他的状况。相当于我们世间的盖章，没有大印还不能说明问题，不合法。

六祖说："般若多罗法师有一个预言，说在你的门下会出一个法师，他会辩才无碍，智慧广大，令所有亲近他的人都能够心悦诚服，叫踏杀天下人。"这马驹就是后来怀让门下的一个弟子，叫马祖道一。这是般若多罗法师对法脉流转过程中的一个预言，是六祖见了马祖道一的师父时说的预言，这时马祖道一还没有出现。

这个预言非常深远，等于在告诉怀让，马祖是你传法的心子。六祖对怀让说："你不要很快地去传扬佛法，要慢慢地等待时机。"怀让听了六祖如此说，豁然明白，于是在六祖大师的左右，侍奉六祖十五年之久，一天比一天明白道理，而不断地深入玄奥妙义。

这样的参修非常重要，这是他和祖师之间不断地去印证，这个过程确实需要有诸多的机缘。我们一读就过去了十五年，诸位试一试，不大容易。一待就是十五年，把他已经证悟、明心见性以后的东西还要扩大。后来怀让到了南岳衡山，将禅宗发扬光大。他圆寂以后，皇帝给他一个封号叫“大慧禅师”。

日后禅门的两大祖师都是六祖印证的。“一花开五叶”，六祖没有再传衣钵，实际上是不传而传。很显然这两人是得法的，是衣钵弟子，只是在当时不便于这样传了。六祖是不是暗传了，我们不得而知。衣钵只是一个相状，心法暗传。所以到这里六祖不传，亦有不传的道理在，是不传而传的传，是另外一种形式的传。

永嘉绝学闲道人　一宿觉著证道歌

永嘉玄觉禅师，温州戴氏子，少习经论，精天台止观法门，因看维摩经发明心地。偶师弟子玄策相访，与其剧谈，出言暗合诸祖。策云：仁者得法师谁？曰：我听方等经论，各有师承，后于维摩经悟佛心宗，未有证明者。策云：威音王已前即得；威音王已后，无师自悟，尽是天然外道。曰：愿仁者为我证据。策云：我言轻。曹溪有六祖大师，四方云集，并是受法者。若去，则与偕行。

永嘉玄觉禅师也是在禅门里的一代高僧大德，永嘉是地名，玄觉是这位法师的名字。他出生在温州永嘉县，俗名姓戴，年纪很轻时就研究佛经和祖师的经论，精通天台止观法门，因看了《维摩经》而自悟心地法门。他偶然认识了六祖大师的徒弟玄策法师，大家互相谈经论道，言来语去中都暗合了历代祖师经论之理。玄策禅师一听，大家殊途同归，莫不是自己本宗的人吗？所以就问："请问大师，你从何处得的法？"

玄觉禅师说："我以前听方等经论的时候，都是有法师讲给我听的，都是有传承的，以后我自己读《维摩经》，了悟了佛的心宗，但没有得到过大德的印证，因我没有遇到能给我印证之人。"玄策禅师说："原来你是自己看《维摩经》而明白的，这要是在威音王佛以前，你自己看了经开悟是可以的；但在威音王佛以后，要是没有祖师传授给你法门，也没有师父给你作印证，你就说自己开悟，这叫天然外道，不是佛教。"

威音王佛以前，佛法是宏开的，没有分支，是一脉相承。到后来分了支了，你说我站在陆地上，我也得法了，可是你没有汇到法脉里，你怎么流向大江大河？

玄觉禅师就说：“那么请仁者你为我印证。”玄策法师说：“我不能为你印证。”

玄策法师为什么这么说呢？因为他的师父六祖在，他是接法的，祖师法衣在，衣钵在的时候，他就没有权力印证。这是非常重要的。玄觉在他这里能不能认证呢？能认证。但是他师父还在，他就不可以这样做，这是欺师的。见性都是平等的，无所谓在哪里认证，但是这又在教下去论这个事情。见性的时候，我以祖师门见性，大家可以打成一片，众生平等，但是又遵循了教下最严格的传承状况。所以玄策说：“我言轻，不具备这个资格，还不能给你印证。在曹溪南华寺，有第六代祖，四面八方的人都云集到那里，他传的是达摩祖师的衣钵。如果你愿意去，想让六祖大师来为你印证，我们可以一同前往。”

修行真正的功夫不是在理论上，甚至也不是在禅定上，禅宗最重的是见地！这个见地非常重要，用我们今天的话说是见识。你的见识到了什么程度，你的见识能和什么样的境界相提并论，你和什么样的人能够对话，这个东西无法说，如人饮水吧。禅门彼此一对话，就出了，有没有机缘，可不可以，然后大家能不能对一下，一句话就出来了，甚至于一个眼神。本来如果是明白人，你见我、我见你，大家已经明白了，根本就不要讲话。一见面茫茫然，就没有话好说了。你不知道我，我不知道你，还有那么多相状的东西在你的心中，大家不要讲话，因为不可同日而语，就是不在一个境界上。不在一个境界上，就没有好讲的。这个时候你去看，你和现实之中，但有磕绊，不是一件坏事。你能顺利地把它灌下去，对不起，你高。你觉得很舒服，但是你不得法，他得法。

觉遂同策来参，绕师三匝，振锡而立。师曰：夫沙门者，具三千威仪、八万细行。大德自何方而来，生大我慢？觉曰：生死事大，无常迅速。师曰：何不体取无生，了无速乎？曰：体即无生，了本无速。师曰：如是，如是！玄觉方具威仪礼拜，须臾告辞。师曰：返太速乎？曰：本自非动，岂有速耶？师曰：谁知非动？曰：仁者自生分别。师曰：汝甚得无生之意。曰：无生岂有意耶？师曰：无意谁当分别？曰：分别亦非意。师曰：善哉！少留一宿。时谓一宿觉，后著证道歌，盛行于世。谥曰无相大师，时称为真觉焉。

永嘉禅师的“证道歌”在禅门里边非常出名。玄觉禅师就同玄策禅师一起来到南华寺参拜六祖。可是到了南华寺，玄觉禅师拿着锡杖，围着六祖转了三圈，然后将锡杖往地上一顿，往那儿一站，好像要发脾气似的。六祖大师看到他这个样子便说：“你这个出家人，应具足三千威仪、八万细行。你从何方而来，生大我慢?”这三千威仪，八万细行对于出家人来说非常重要，因为他是在家人的楷模。

三千威仪就是过去、现在、未来各有一千威仪。这一千哪里来的呢？就是行、住、坐、卧各有二百五十条，合而为一千。八万四千细行，就是众生具有八万四千烦恼，而生出八万四千烦恼相。八万四千烦恼相，要八万四千细行来对治，而不见烦恼相。

玄觉就说：“我为何如此呢？因为生死事大，无常随时而至。”言外之义，我哪里管得了这么多，连生死我都没有了脱，还管什么礼节？除了生死以外，我已经什么都不顾了。

六祖说：“你为什么不想法子明白无生，明了本来没有无常迅速之理呢?”玄觉禅师说：“如果我明了无生之理，也没有无常鬼迅速而至了，还怕无常鬼干什么呢？生死没有了，当然不怕无常。”六祖说：“对啊！就是这样，就是这样。”六祖认证了他的这种境界。什么叫直指人心？他的心刚一起来，就是这样，就是这样，抓住他非常微妙的心理变化的那种状况。

玄觉禅师听六祖为他印证，整好衣容，具足威仪，向六祖下跪，行大礼参拜，然后起身就辞行。六祖说：“你怎么回去得这么快呀!”玄觉禅师说：“我本来就没动，本来就没来，何以言去呢?”他跟祖师较劲，他比祖师还厉害。六祖反问他：“知道这个没来没去的又是谁?”玄觉禅师说：“这是仁者自己生出的分别。”他抓了个六祖的小辫子，厉害吧。实际上，他知道六祖没有分别相，他是在告诉六祖，你这句话是打不倒我的，这个关我已经过了，等于他倒过来打了六祖一下。

六祖说：“说得很妙，你已经非常领会无生的境界了。”这时，玄觉大师说：“既然无生，又什么地方生出个无生的意来呢?”六祖说：“你说无生没有意，那么又是哪一个生的分别呢?”你看他们之间的这种机锋，你如果这一刹那听懂了，你就是玄觉大师，乃至于你就是六祖！玄觉大师又说了："能分别的也不一定是意。"因为妙观察智也分别，这是意转了以后的。六祖大师听他讲得透彻，就说："你讲得太好了，你在这儿留一宿吧。"

当时在佛教里，有一句口号叫"一宿觉"，就是住一晚就开悟了。这位玄觉禅师就是著名的永嘉大师，他后来作了一篇《证道歌》，后世流传很广："君不见，绝学无为闲道人，不除妄想不求真。无明实性即佛性，幻化空身即法身……"永嘉大师圆寂后，皇帝赐给他"无相大师"的法号；当时的人称他为真觉禅师。

这些祖师门下见性的高僧大德，他们的悟境已非今人用凡俗的语言可以讨论的了，我觉得说什么都非常多余，大家更多地去心领神会。

讲一个故事，我们去感悟一下一代禅师们的感觉。洞山良价生病了，他的侍者就问他："您老人家病了，还有不病的那个吗？"洞山说："有啊！"侍者又问："那个不病的还看你不？"洞山说："老僧看他有份，我看他时是看不见病的。"

如果我们将病看成是凡夫，不病的为圣境，这便是分别知见，这便是凡情。洞山的真正的意思是我来看他，才真正的是他来看我；没有一切，才有一切。这个人健康和病都是不二的，不是生病的我之外还有一个不生不灭的我。生病的我就是不生不灭的我，你拿我奈何？你一定要达到这样完全的合一，生病的我就是证道的我，佛正在生病，可以吧？那个不病的，就在呻吟难受之中，凡圣融成一体。

这就相当于，金钱是这个世界上很多人看得很重的东西，看到眼里的，但是真把钱放到眼里，你能受得了吗？圣境固然是人们所追求的，但真的进入了圣谛，又是"本来无一物，何处惹尘埃"。只要有丝毫的放不下，哪怕是对圣谛的放不下，那便与凡情的放不下是一回事。"无须求真，但须去妄。"正如怀让回答六祖时说的："说似一物即不中。"

如青原行思后来的弟子石头希迁，也是一位非常著名的禅师。当时，石头希迁去参见行思，行思问石头："你从何处来？"石头说："我从曹溪来。"行思问："你在曹溪得到了什么东西呢？"石头说："这个东西，我没到曹溪以前也从来没有丢失过它。"行思又问："既然如此，你还要到曹溪去干什么？"石头说："不到曹溪，我就不知道失不失的道理了。"你看他们之间的这种对白，非常生动。我挑选的禅的故事，都是让大家能听得懂，就是它还有一个理可以让你追寻着过去，其实到最后，真正听不懂的才好！

在《六祖坛经》里示现的这些高僧大德，肯定都是在六祖的道场里非常具代表性的人物，有的也是后边禅门法脉里的、一代祖师禅下的脉道上的人物。我们通过读《六祖坛经》以后，扩而开之想，就是到今天依旧还是这些人，还是这些法脉，在运作事情。你也不要认为，他们已经离开了我们，我们是当叹惜。这一刹那，我们谈六祖惠能的时候，我们哪一个人的心中不活着一个六祖啊？当我们按照他的法去修行、去见性乃至于广行天下的时候，我们哪一个不是六祖的化身？所以我说禅门讲见地，贵在见地，这个见地是非常非常重要的，你不能拿着此一世的这种状态和普通凡夫对生命的认知去决定这一切事情。

智隍禅定有出入　能所俱泯性如如

禅者智隍，初参五祖，自谓已得正受，庵居长坐，积二十年。师弟子玄策，游方至河朔，闻隍之名，造庵问云：汝在此作什么？隍曰：入定。策云：汝云入定，为有心入耶，为无心入耶？若无心入者，一切无情草木瓦石，应合得定；若有心入者，一切有情含识之流，亦应得定。隍曰：我正入定时，不见有有无之心。策曰：不见有有无之心，即是常定，何有出入？若有出入，即非大定。

一个出家入禅门的师父，法号叫智隍，他最初参学的时候，是拜在五祖弘忍门下。他自己认为已得了真法，于是他就住在一个茅庵里边，长坐二十年。这就是我们说的不倒单。

六祖的弟子玄策到各处去游走参访。玄策禅师了不起，他是一直侍奉在六祖身边的一个侍者，他是替六祖去弘道的，实际上他是六祖的助教。他到处去参访，到了河朔，听到僧人们谈论智隍法师，因修不倒单，所以四处都非常有名望。玄策禅师便来到他的茅庵前，故意问他："你在这儿干什么呢？"智隍说："入定。"玄策说："你所讲的入定，是你心里有一个要入定的念头，还是没有入定的念头？你如果说你是没有心就入定了，那么所有的无情，没有知觉的山石、草木、瓦砾等等，都在入定；你如果说是有心入定，你即有了入定的心，那么除你之外，其他的生命也都有心，那它们也都应该和你一起得定。"

智隍禅师说："我入定的时候，见不到自己的有无之心。"换句话说，我是空的。玄策禅师就说："你既然不见有无之心，这就是常常在定中，那你的出入又在何处？你怎么出的定，又如何入的定？既在常定中，又何来出入？只要有出入，就不是大定，就不是佛所言的正定。”

隍无对，良久，问曰：师嗣谁耶？策云：我师曹溪六祖。隍云：六祖以何为禅定？策云：我师所说，妙湛圆寂，体用如如。五阴本空，六尘非有。不出不入，不定不乱。禅性无住，离住禅寂；禅性无生，离生禅想。心如虚空，亦无虚空之量。

智隍一听玄策的话，无言以对，过了很久，便问：“你的师父是谁?”因为他一想，坏了，只要一谈对不上，这马上就有问题。这是禅师的伟大精神，这一瞬间即能映照啊！所谓即能映照，就是他没做辩解，就认为自己不行。两句话一说，自己被问住了，答不上来，这就说明他没有了彻。他被玄策的话噎住了，所以过了半天，他才问玄策，你的师父是谁?

玄策说：“我的师父是曹溪的六祖。”智隍禅师问：“六祖以什么为禅定?”玄策说：“六祖他说本性妙湛圆寂，体用如如。”就是说它的体和用都是如如不动，了了常明，体用是合一的。它无所谓定不定，动时亦是定，定时亦是动，它没有个出入，出入是合一的。玄策接着说：“六祖说，五蕴色受想行识是空的，六尘色声香味触法也是本来没有的。定本来也没有出，也没有入，也没有一个定和一个乱，禅的本质没有一个住，也没有一个离住，禅的自性是无生，更离开这种生起禅定之想。自性的心就像虚空，但也没有可以虚空之想。”虚空也没有虚空之想，因为虚空最后是要粉碎的，是要打破的。粉碎虚空，方有见地！

我们读《机缘品》，依了一位又一位上师的机缘，我们看到有些只能称为解悟，或者是说见道，有一些是真正的开悟证道，他们在见地上是不一样的。青原行思、南岳怀让、永嘉玄觉，自是另外一番风光。解悟为何呢？便是顺着经教之理，穷究苦习而有所悟，大体这样子是解悟。证悟则不然。证悟虽不离思维线索，但彻悟的那一刹那，定是思维与言语都用不上的。你的思维也不在，你的语言也不在，这个叫彻悟。你觉得我有所悟，那是解悟，充其量叫见道。我终于悟了，这些统统叫解悟。证悟的那一刹那，没有什么好说的，而且此证、彼证都一样，你依什么证都一样，一定是见到的本无一物可见的最终的那个状态。所以禅门强调的是“只贵子见地，不贵子行履”。你干的什么并不重要，但是你的这个见地是非常重要的。就是说你做什么，是来反证你的见地的。

我们看永嘉大师初见六祖，绕行三匝，振锡而立，六祖呵斥他生大我慢。而他不认账，却说生死事大，无常迅速，我没有时间礼拜你，因为我生死未了。六祖这时候转锋，“何不体取无生，了无速乎？”永嘉说：“体即无生，了本无速。”这时候，六祖赞叹他：“如是，如是。”我们再看前边，法达在礼六祖时头不触地，六祖也呵斥他这是生大我慢，是因他读了三千部的《法华经》而生，于是他当即生忏悔，知道自己错了。法达还磕头了，只是没磕到地，他还认了账，还得忏悔；永嘉比法达还我慢，到最后也没认账，还见性了。

法达和永嘉从外在看起来都是我慢，但为什么在六祖那里却有不同的结果？这就是见地，这是拿见地来证量。你还没有达到这个见地，却做了这个见地该做的事情，对不起，你是我慢；你达到了这个见地，你做什么都不过分。你见地没有到，如果你去做了，这就有问题。这正如在我们口头上讲的随缘一样，当你没有权力说随缘时，你不能说。

隍闻是说，径来谒师。师问云：仁者何来？隍具述前缘。师云：诚如所言，汝但心如虚空，不著空见，应用无碍，动静无心，凡圣情忘，能所俱泯，性相如如，无不定时也。隍于是大悟，二十年所得心都无影响。其夜，河北士庶闻空中有声云：隍禅师今日得道。隍后礼辞，复归河北，开化四众。

智隍禅师听了玄策禅师说的道理，便与玄策一起来拜见六祖。六祖问智隍禅师：“仁者你从哪里来？”智隍禅师就说出来前的经过。六祖大师说：“诚然像你所说的，你但自存心中好像虚空似的，可是也不要著了这个空见，不要还有一个虚空的见，在你心中存在着，这便可应用无碍，事来则应，事去不留，在动中不执著于动，在静中也不执著于静，不认为自己平凡，也不认为自己超圣，凡圣情忘。没有一个能见，也没有一个所见；也没有一个能空，也没有一个所空。”如《楞严经》所说：“见犹离见，见不能及。”见空还有一个我能够见空的存在，能够见空的那个我也得去掉。六祖说：“性也如如，相也如如，没有不在定之时啊！”本性本来如是，相也本来如是，没有不在定时，也无所谓定与不定。

智隍禅师听了六祖大师如此一说，豁然开悟。这个可不是小悟，是大悟。

他前边二十年所修行的功夫都跑了，没了踪影。二十年来，他存了一个入定的心，经六祖如此一说，什么都没有了，全然空了，而彻悟万法本源。《楞严经》上讲“入流亡所”，但有一物即不是。一代禅师的这种精神是非常值得我们今人学习的。

南华寺在广东，但是智隍禅师住的家乡河北，就在智隍禅师见性的那天晚间，智隍禅师的同道们以及他的弟子，就听到空中有一个声音说：“智隍禅师今天得道。”这么多人去验证他的得道。此后智隍禅师向六祖顶礼，回到河北，度化无量众生。禅门又在这里落脚，大放异彩。

一僧问师云：黄梅意旨，甚么人得？师云：会佛法人得。僧云：和尚还得否？师云：我不会佛法。

有一个僧人问六祖：“黄梅五祖弘忍大师的衣钵，是什么人得去了？”他明明知道六祖得了衣钵，还故意来问。这种问话是非常不礼貌的，所以这里没有说他的名字，生怕大家对他起一个不好的心。一方面他明知故问，另一方面是心存轻视。

六祖说：“是明白佛法的人得到五祖的衣钵。”那僧人还接着问：“那你得衣钵了吗?”这话问得更不客气。六祖说：“我不明白佛法。”六祖也没有打诳语说没有得衣钵。其实佛法没有什么好明不明的，因为都是在自性当中的。所谓明不明白佛法和有没有衣钵都是外相的东西，所以六祖回答他的话句句如实。“我不明白佛法”的意思是说，我不明白还有一个外在的佛法需要我去明，因为佛法是自心悟的，所以六祖句句没有欺妄。六祖是站在自性完全见性的立场去回答他的话，并非在支应他。从字面上看六祖大师好像在耍他玩，因为他问话不礼貌，所以六祖大师就用这样的语言去回答他，其实不是的，六祖还是以如实的方式去回答他的。六祖既没有说我得衣钵，也没有说我不得衣钵。

通过这里，我们可以看到因众生著相，不会佛的真正本意，所以以貌取人，心中有相，认为高僧大德应该如何。殊不知，佛无相，法无相，因此才当面错过，这便是不会佛真意。很多人以他自己心中的相，去要求他的师父应该怎样怎样，其实这些想法跟上师没有关系。你认为上师应该做到的和不应该做到的，刚好是你应该的和不应该做到的，因为是自心起相、自心为佛，你是自己的上师。当你要求上师的时候，其实刚好是你应该做到的。不会佛意时，便会心外求法，心外执相。

我们看六祖门下开悟的师父们，他们都有很严谨的前行。当我们看到这么多人，三言两句乃至一个偈，他就明心见性了，我们感到很是羡慕他们。六祖明明白白说，他的法是说给上上乘人的。所以，这些人都是有很深根基的，他对教下的一切教理全部清晰，最后在六祖门下见性，那就是一层窗户纸，一切的因缘都具足了。所以我们不要认为顿悟的法门很快，于是就去轻慢教理、教仪，觉得自己没有必要那么做，因为很快就可以见性。

证悟的自在，所体现的是佛法的真实受用。拿到你的生命里边去，此一刹那不明白即是凡夫，即是痛苦烦恼；彼一刹那明白了、了解了、认知了，然后吸纳到你的生命里边，顿然就可以实用。不需要我用千万年的时间试着用，顿然就可以用，顿然就可以解决你生命的问题！这是言祖师禅门下顿教的伟大和殊胜之处。

方辩本因为善塑　塑性佛性焉有别

师一日欲濯所授之衣，而无美泉。因至寺后五里许，见山林郁茂，瑞气盘旋。师振锡卓地，泉应手而出，积以为池，乃膝跪浣衣石上。忽有一僧来礼拜，云：方辩是西蜀人，昨于南天竺国，见达摩大师，嘱方辩速往唐土。吾传大迦叶正法眼藏，及僧伽梨，现传六代于韶州曹溪，汝去瞻礼！方辩远来，愿见我师传来衣钵。师乃出示，次问：上人攻何事业？曰：善塑。师正色曰：汝试塑看。辩罔措。

有一天，六祖大师想洗一洗上师所传的法衣，到处寻找都没有找到一洼干净的泉水，所以一直跑到寺后五里多路的地方，见到这里的山林茂密成荫、霞光万道、瑞气千条，感觉到一股灵气从地而生，盘旋于山顶。这是得五眼六通之人对地气的感应。六祖大师就拿着锡杖，他拿的锡杖上边有九个环，拿在手中一晃，啷啷响。六祖用锡杖往地上一戳，泉水就渐渐涌出，后来这里叫"卓锡泉"。泉水涌出，很快就涌出了一池水。六祖大师就跪在泉边的石头上洗法衣。直到现在还有那块石头，六祖跪的膝盖痕迹都在。

六祖正在洗法衣的时候，来了一个僧人礼拜他，说："我的名字叫方辩，是四川西蜀人，前几天在南印度，我见到了达摩祖师，他叫我快回到中国的大唐国土，说我传大迦叶尊者的正法眼藏和衣钵，现在已经传到第六代，在韶州曹溪，你赶快去礼拜。所以我远远地从印度赶到这里，但愿您能让我看一看祖师传下来的衣钵。"

各位想一想，达摩祖师生活的时代，正是中国南北朝的梁武帝时期，而六祖是在唐朝武则天时期，这怎么对得上号呢？这究竟是怎么回事呢？提醒我们对生命重新认识，对宇宙和时空重新认识。你如果仅仅是建立在现有的时空观下，你想了脱生死，几乎是不可能的。大家可听过达摩祖师“只履西归”的故事？达摩祖师圆寂后，有人在西域见到达摩祖师只穿着一只草鞋西去，梁武帝不信，令人开棺验尸，结果看到里面只有一只草鞋。在达摩祖师圆寂八年以后，突然在密教里发现了他，他换了一个名字，叫当巴桑杰，在西藏广传汉地禅宗法脉。那么我们今天怎么去验证这一段历史呢？就是我们看到西藏的宗教，每一个教派都深深打上了禅门的烙印。所以直到现在我们也不能下个断语说达摩大师去了哪里。

四川西蜀来的方辩法师要看一看祖师留下来的衣钵，这时候六祖就拿出衣钵给方辩看，并接着问他：“上人是从事什么专业的？”“上人”是对来人的尊称。六祖为什么这样称呼他，就是因为他说前几天见到了达摩祖师，于是六祖恭敬地称他为上人。方辩说：“我善于塑造佛像。”六祖严肃地说：“你塑一个给我看看。”方辩听六祖如此说，茫茫然不知所措。言下之意，我是来求佛法的，你怎么又让我重操旧业，你这是什么意思。但是他也很听话，按照六祖的要求去做了。

过数日，塑就真相，可高七寸，曲尽其妙。师笑曰：汝只解塑性，不解佛性。师舒手摩方辩顶，曰：永为人天福田。师仍以衣酬之，辩取衣分为三：一披塑像，一自留，一用棕裹瘗地中。誓曰：后得此衣，乃吾出世，住持于此，重建殿宇。（宋嘉祐八年，有僧惟先，修殿掘地，得衣如新。像在高泉寺，祈祷辄应。）

没过几天，方辩就塑成了六祖大师的一尊真身像，大约有七寸高。此塑像塑得惟妙惟肖、栩栩如生。六祖大师一看他做成的像，笑着说：“你只了解塑像的本质，但不明白佛性。”即你只是塑一个外在的像，但你不了解佛的本性或思想。六祖在点化他。看来方辩不是顿教下的契机，所以六祖也并没有跟他说法。六祖大师伸手去摩他的头顶，说：“你要生生世世为人天造福田。”可见得他的根器适合做这个。于是为了他的福田的生起，六祖大师送他一件僧衣，来酬谢他塑像的功德。送他僧衣即代表着把佛的福田送给了他，让他永为人天造福田。

方辩和尚接过僧衣以后，把衣分为三份，一份披在了七寸塑像的上面，这在未来都要感巨大的功德的；一份留作自己纪念；还有一份用棕树叶子把它包好埋到地里，并且发誓说：“将来如果有人能得到这衣，就是我再来此世界，我会在此重新造一座庙，并在这里当方丈住持。

心可以去造万缘。宋嘉祐八年这一段是一个批注，并不在经典里边。宋嘉祐八年（1063 年），有一位僧人叫惟先，在修造殿堂的时候，挖地得到了这件僧衣，拿出来僧衣像新的一样。六祖的塑像现在高泉寺，有人经常去六祖的塑像前去祈求，非常灵验。

后世的塑像和当世的塑像是不一样的。我们一般看到的佛像都是释迦佛涅槃以后所塑。西藏的大昭寺和小昭寺出名在何处？就是因为那里有释迦佛的等身像，是释迦佛在世的时候塑的。一个是八岁等身像，一个是十二岁等身像。八岁等身像是尼泊尔尺尊公主带去的，供奉在小昭寺，十二岁等身像是唐朝文成公主带去的，供奉在大昭寺，都是在松赞干布时期带去的，非常灵验。

有僧举卧轮禅师偈曰：

卧轮有伎俩　能断百思想
对境心不起　菩提日日长

师闻之曰：此偈未明心地，若依而行之，是加系缚。因示一偈曰：

惠能没伎俩　不断百思想
对境心数起　菩提作么长

有位不知名的和尚，他念诵卧轮禅师的偈颂：“卧轮有伎俩”，就是卧轮有本领。什么本领呢？“能断百思想”，能将所有的思想断掉，就是可以让自己一时空寂，一念不生。“对境心不起”，对着外界一切的境相心里没有任何执著。“菩提日日长”，他的菩提觉性一天比一天增长。

六祖大师听了这首偈说：“这首偈颂没有明白真正的心地法门，若依着这首偈颂修行，就是自己把自己给绑上了，不是解脱的法门。”因此六祖也说了一个偈：“惠能没伎俩”，惠能我没有什么本事。“不断百思想”，也不需要去断什么思想，连断思想的念头都没有。“对境心数起”，对着眼前一切境相，该起什么心便有什么心。“菩提作么长”，我也不管菩提怎么长怎么短。“本来无一物，何处惹尘埃”，根本连菩提之想皆没有。

顿渐品第八

究其根本，佛法是一乘法，只因众生根基不同，佛应机说法，随缘设教。因六祖居曹溪宝林，神秀大师在荆南玉泉寺，所以当时出现了南北二宗，即有顿渐之分，而学人也不知如何去辨别。六祖强调：法本一宗，人有南北；法无顿渐，人有利钝，故说顿渐。

志诚北来现二元　祖阐三学归一宗

时，祖师居曹溪宝林，神秀大师在荆南玉泉寺。于时两宗盛化，人皆称南能北秀，故有南北二宗顿渐之分，而学者莫知宗趣。师谓众曰：法本一宗，人有南北，法即一种，见有迟疾，何名顿渐？法无顿渐，人有利钝，故名顿渐。

当时，六祖大师在曹溪宝林南华寺弘扬禅门顿法，神秀在荆南玉泉寺。这位神秀大师如此一个聪明之人，在五祖门下时却断不了祖师之欲，一天到晚在做祖师梦。这是非常害人的，一念障住，便不了道，便不见天日，这一念就是凡夫了。神秀在北派就强调渐修。六祖大师说得好，禅门无顿渐。就修行而言，没有任何一个人说不想快，想慢的。实在是因为神秀他快不了，才慢的。更为严重的是，因为他自己做不到，所以认为别人也不可能做到，如此的我慢之心确实要渐渐地去掉。

此时，南北两宗在全国盛行，而且神秀的徒众比惠能大师的徒众更多。当时人们称南能北秀，所以也分成南宗、北宗，有顿教与渐修的差别。因为神秀的徒众比六祖的多，神秀的弟子们就更希望“六祖”是神秀，这样他们也好出师有门，这样他们也是佛教合法的继承人。但是很无奈，五祖弘忍居然把衣钵传给了这样一个“乡巴佬”的惠能大师，他们总感觉到名不正言不顺。所以他们派人去追杀六祖，只要能把六祖杀掉，他们这一脉也就是名正言顺的一脉祖师禅了。

大家想一想，如此起心动念下所传的法，你如何修呢？而后边跟着参学的人从哪里去知道对与错呢？从表面上看，六祖不识字，没有文化，又是一个樵夫，而神秀大师博闻多学。但是有学问的没有得衣钵，有衣钵的没有“学问”，这到底如何是好呢？

六祖大师对大众说：“法本来就是一个宗旨，没有第二，没有顿与渐之分，但人有南北的差异。法本来就是一个，没有多个，佛言不二法门。可是因为人的悟性不同，有快有慢。什么叫顿渐呢？法本来没有顿与渐之分，是因为人的根器不一样，有利有钝，所以才产生了顿与渐的差别。”这是六祖大师明确表明他对顿渐的态度，对神秀法门的看法。

然秀之徒众，往往讥南宗祖师不识一字，有何所长。秀曰：他得无师之智，深悟上乘，吾不如也！且吾师五祖，亲传衣法，岂徒然哉？吾恨不能远去亲近，虚受国恩。汝等诸人，毋滞于此，可往曹溪参决。

然而神秀大师的门徒们，常常讥讽六祖大师不识一字，却开道场，还做祖师，有什么特殊的长处呢？神秀大师说：“六祖是开悟之人，得无师智，得到了无上的智慧，深悟最上第一乘法，我确实不如他啊！况且他是我师五祖亲授的衣钵，已得禅门以心印心之妙法，这可不是偶然巧合、随便可为之事。我恨不得自己亲自去亲近六祖大师，向他寻得见性的法门。

虽然现今皇帝封我为国师，但虚受国家的供养。”当时正值武则天当朝，五祖座下的十大弟子，武则天都请至宫内供养，统统是国家用很高礼遇、待遇供养他们。神秀大师说：“你们各位不要留在我这里，应该到曹溪，去跟随六祖大师学习佛法！”

一日，命门人志诚曰：汝聪明多智，可为吾到曹溪听法，若有所闻，尽心记取，还为吾说。志诚禀命至曹溪，随众参请，不言来处。时祖师告众曰：今有盗法之人，潜在此会。志诚即出礼拜，具陈其事。师曰：汝从玉泉来，应是细作。对曰：不是。师曰：何得不是？对曰：未说即是，说了不是。

有一天，神秀上座就对他的得意弟子志诚说：“你聪明有智慧，你代表我到曹溪那里去听法。”这不言而喻呀，等于派去了一个间谍。如果你听到曹溪那边讲了什么道理，你要尽量用心全部记下来。”记取就是要记成笔记。神秀法师说：“你把它用文字记录下来，千万不可记错了，等你都记录回来，再拿着笔记念给我听。”

志诚法师禀命来到了曹溪，就随着大众一起磕头顶礼，和大众一样，也不提他从何处来的。这时，祖师告诉在场的众人说："今天有一个想盗法的人藏在大众之中，大家要注意啊!"当时六祖门下几千人听法，所以六祖这话一说出来，下面一片哗然。

这时，志诚法师一看没有办法了，出来顶礼，坦白说："我是从神秀大师那儿来的。"六祖大师说："你从玉泉寺来到这里应是细作。"细作就是奸细。志诚法师说："我不是奸细。"六祖大师说："你为什么不承认自己是奸细?"志诚法师说："如果我没有说明我的身份来意，我是奸细，而我现在已站出来承认，并说明我的来历，我就不是奸细了。"

这位志诚法师还是非常了不起的，可以当机就转！佛法了不起在何处？叫苦海无边，回头是岸。没承认的前一刹那，还是奸细；只要往前一站，我就可以说我不是了，因为那是在上一刹那。当机即转！回头只在刹那，这是一个修行人应该具有的特殊品质。不是去掩盖自己的错误，而是去彰显。彰显的那一刹那，当黑暗暴露于光天化日的时候，黑暗还有吗？黑暗便没有了。黑暗从哪里来的？从自己遮挡来的。无量劫一直都这样遮，现在还在遮，所以一直在黑暗之中。要把自己晾开，晾开的那一刹那，黑暗即光明，没有人会跟他去计较什么。

师曰：汝师若为示众？对曰：常指诲大众，住心观静，长坐不卧。师曰：住心观静，是病非禅，长坐拘身，于理何益？听吾偈曰：

生来坐不卧　死去卧不坐
一具臭骨头　何为立功课

这时六祖大师问他："你师父天天都给大家讲些什么道理呀?"这个志诚法师刚刚从神秀大师那里来，他肯定非常想替他的师父说几句话，要把神秀大师最高的法抬出来说与大众。志诚法师说："神秀大师经常指示大众说，要把心安住一处，观察静的情形，大家是常常打坐，练不倒单。"六祖大师说：这是一种病。我给这种病起个名字叫用功。住心观静，这不是禅。常常坐在那里，这令你的身体没有一点点的自由，拘束着这个身体，有何益处呢？听我为你说偈一首。

"生来坐不卧，死去卧不坐。"生的时候坐着，死了以后躺着。"一具臭骨头，何为立功课。”身体是一堆臭骨头，四大假合而成，你强调在这个臭皮囊上用功夫，怎么不去在自性上用功呢？尽在执相，是心外求法。神秀大师的这种修法，是违背《金刚经》所言“应无所住而生其心”的宗旨的。神秀是有住，他让心常住在一个静相上，然后常坐不卧。六祖大师为破他这个相，而说此偈。

其实神秀大师所教人的“住心观静、常坐不卧”，这大约是禅修初期阶段的共修之法。可六祖为什么要说它是禅病呢？实际上，六祖这一段话是说给神秀的，就是希望志诚法师把话传给神秀，这是他要破的相，把最后这一点突破，然后你就不是渐修，就可以进入顿教的法门。失之毫厘，谬以千里。六祖这样说是矫枉过正也。因为志诚法师从神秀那儿来，必须将他们的法执破了，然后才能够真正接受正法。

所以，真正的修行人用功不可直会，也不可执著。不可直会是什么概念呢？不是直接地去解决问题，而是用因果的方式去解决问题。如果说我这个人没有福报，我就天天去修福报；我没有智慧，我就天天去修智慧。仅是如此，是修不成的。直会与执著，这都是修行当中的障碍，与道不相应。《金刚经》说：“应无所住而生其心。”这是《金刚经》的眼，也是佛教拿来在世间运用的根本！你如果住心观静，心里有所住，住即不是。六祖这里也是应了渐修法门的这个病，然后开了一个药方。这是神秀整个法门的通病。你能把执著去了，才能与自性、本有的智慧相契合。道不可勉强，勉强的不是道。

志诚再拜曰：弟子在秀大师处，学道九年，不得契悟。今闻和尚一说，便契本心。弟子生死事大，和尚大慈，更为教示！师云：吾闻汝师教示学人戒定慧法，未审汝师说戒定慧行相如何，与吾说看。

志诚法师又向六祖大师叩头说：“我志诚在神秀大师那里学了九年，没有契入佛法的真理，今天听大和尚您如此一说，我的心一下子便契入佛法，见到了自己的本心，一点也无分别。你的心、佛的心、我的心全部契合无二，没有任何的分别。我不知道生死何时来临，这是我的头等大事，望大和尚您慈悲，能够进一步指点教示于我。”

你看，前边志诚法师是捍卫他的师父来的，听了六祖的“三句半”，他就开始“反间谍”了。面对生死，什么都不重要了，我捍卫我师父吧，帮他去盗法吧，生死面前说这些话不是太小了吗？于是他把这些都抛开了。

六祖大师说："我听说你的师父神秀大师，教示一切学道之人戒定慧之法，我不知道你师父是如何教戒定慧行相的，你说来给我听一听。"

诚曰：秀大师说诸恶莫作名为戒，诸善奉行名为慧，自净其意名为定。彼说如此，未审和尚以何法诲人？师曰：吾若言有法与人，即为诳汝。但且随方解缚，假名三昧。如汝师所说戒定慧，实不可思议，吾所见戒定慧又别。

志诚法师说："神秀大师说，不做一切恶事就是戒，能修一切善法即是慧，自觉清净意念即是定。神秀大师说的法大体如是，但我不知道大和尚您用何法来教诲一切学人？"六祖大师说："我如果说用了一个什么特定的法来教化人，那就等于是在骗你，只看是何种人前来，因为来人状况、问题不同，我便依了他们各自不同的状态解救他们的束缚而已，这种法有什么名字呢？勉强给它取个名字叫正定。"

这一段是志诚法师将神秀的法与六祖的法相比较。我们今天也来比较一下，先比较其人。神秀大师学问一等，相貌超群，修行为上座，福报齐天，他得武则天的礼敬。当然连皇帝都礼敬他，你可想有多少的王宫大臣都拜在了他的门下。另外他的寿缘极好，活了一百多岁，弟子多得不计其数，因为他是作为国师出现的，他圆寂在中宗时代，是唐中宗的宰相张悦亲自给他写的碑文。

我们再来看一下六祖。六祖出身在一个贫苦的家庭，早年父亲就去世了。六祖惠能从小就以打柴为生，风吹日晒，当然这相貌也就不那么圆满。他没有文化，不识字，他说法的地方也仅仅在岭南曹溪一带，当时是荒蛮之地。而神秀说法的地方在长安、洛阳二京之间，正好处于中国社会文化最繁荣的地段。但仅仅几十年时间，六祖的法、南宗顿教的法门便广行天下，时至今日依旧是禅门诸派的灵魂。而神秀之法、北宗渐教却湮没无闻，今天还有谁知道禅门渐教法呢？只是顿教弟子在起修时拿着北宗的方式去修。没有人纯修北宗，是因修南宗而带上了北宗，因知六祖而知神秀。

什么原因？得法没得法，便在此处看。套用今天的话说，是可持续发展性。因为六祖的法干净、彻底，与万佛同源，与法尔本然相应。而神秀之法拖泥带水，未会佛心，虽然热闹一时，但不长久。

当时武则天请六祖了没有？请他了呀。六祖说年纪大了，不愿意去。那是弘扬佛法，向天下人昭告的事情，六祖为什么不去啊？那是因为看法不同。六祖具有宿命神通，他可以看到未来，他会在乎这一刹那有什么样的名、有多少弟子吗？他会跟神秀去争那个高低吗？如果作佛法的传灯人，什么是重要的呀？传到今天，事实已经胜于雄辩了，他老人家的选择是正确的，我们今天还能够在他的法门下修行，这是多么深远的意义！

就怕比较。你看这神秀手下的志诚法师，神秀一定认为他这个弟子非常可靠，才派他前来。当他受到六祖的开示后，你觉得他还会再回到神秀那里去吗？

关于“诸恶莫作，众善奉行，自净其意，是诸佛教”，这是佛的一首偈，可以说是对全部佛教的教、理、行、果的精要概括。神秀大师将戒、定、慧与此三句话结合，可以说是对如来禅的高度概括，这也是正统佛教的修行方法，稳妥可靠，一般教下的学人也都是走这条路的。但六祖大师在这里传的是祖师禅。祖师禅建立在因果一如、万法皆空的基础上，以直彻万法本源为其教化的特点，不立菩提涅槃、不立知见解脱、无一法可得，方能建立万法。在空性上建立万法，空性不碍缘起，缘起不碍空性。只要直下见性，便一了百了，而不计其他。立足于自性自悟、顿悟顿修，这便是南宗顿教的修行方法。

今人修行，我想对此不可偏废，理可顿悟，事需渐修。这一切对我们来说，都是可取的，统统是正面的，没有反面的，不存在只取其一、不取其二的问题。我们应该是渐修不离顿悟、顿悟不离渐修，两者有一个有机的结合。在不断行事的过程之中，使人生境界升华，一次又一次地去感悟。感悟的那一刹那就是顿教，我们就是在顿教下修行。但是，这个境界的出现是需要资粮的，戒、定、慧便是我们的资粮。戒、定、慧就是我们日行的“诸恶莫作，众善奉行，自净其意”。当我们日行做到一定状态时，就出现了一个顿的境界。我们不断地在顿渐当中切换，在顿渐之中去体悟佛法，即顿即渐，最后才能了无一法可得。真正地进入无一法可得，什么顿、什么渐都不是。你现在什么都是，到时候又什么都不是。其实也没有什么到时候、不到时候，现在就是“什么都是、什么都不是”，你自己去体悟。

志诚曰：戒定慧只合一种，如何更别？师曰：汝师戒定慧接大乘人，吾戒定慧接最上乘人，悟解不同，见有迟疾。汝听吾说，与彼同否。吾所说法，不离自性。离性说法，名为相说，自性常迷。须知一切万法，皆从自性起用，是真戒定慧法。听吾偈曰：

心地无非自性戒　心地无痴自性慧
心地无乱自性定　不增不减自金刚
身去身来本三昧

这一段等于是在回答神秀大师，南北宗辩论会开始。神秀大师不在，志诚法师实际是代表神秀的，六祖与他在谈论法之间的差别。志诚法师说："这戒定慧不是就一种解释吗？如何还有其他的解释呢？"六祖说："你师父所讲的戒定慧之法是接引大乘根性之人，我所讲的戒定慧是接引最上乘人的。换句话说，是你大乘法中的人尖。因为开悟所悟的境界高度不同，就会有不同的见解。见解有慢慢建立的，也有一刹那就可以建立的。现在我来讲一下，看看你能否分辨出我和你师父神秀大师讲的有何不同。"

六祖说这话并不是带着分别想，要和神秀比较一下高低，他完全是为了志诚其人，希望他在这一刹那可以见性。当然，我想六祖心中还有一个更良好的祝愿，那就是希望南北宗结合，不要这样分别，然后彼此都在最高法要上去传得禅门。

六祖接着说："我所说的法，不是身心以外的法，都是在自性之中的法，是不离自性而说的。离开自性，再说他法，这便是著外相。只要著相，就会迷失自性。离相才能自性常悟。所以你要明白，一切万法都是从自性中生起，显一切的用，而变化无穷，这才是真正的戒定慧。听我给你说一首偈颂。"

"心地无非自性戒"。"无非"，就是没有贪、瞋、痴、慢、疑，心灵的领地当中清净、光明，没有污染。无非即是无恶，这是自性戒。建立在本自具足的自性上，即是戒了，也即是诸恶莫作。而神秀大师说的"诸恶莫作名为戒"，名为外相，不是自性戒。内修外求一字之差，就分开了，便南辕北辙。

"心地无痴自性慧"。心里没有愚痴，自然会众善奉行。对因果看得很清楚，当下即因即果，横跨三世。自性无痴，自性便是慧，心与慧原同一体。自性中戒、定、慧有分别吗？见了自性以后，如如不动，晴朗一片，戒定慧全在此中。心中无痴，便没有愚痴的种子，这便是自性的智慧。而神秀大师说的"诸善奉行名为慧"是自性之外的。

"心地无乱自性定"。"无乱"，就是自净其意。自净其意不须一个外在的法来净。何期自性，本自清净！拿一个外在的法来净本自清净的自性，这不是污染加污染吗？所以不是外法可定，而是自性清净，本自在戒定慧之中，而且这个戒定慧是不可分着说的。只差一点点，一个是心内求法，一个是心外求法，这便南辕北辙，谬之千里之外，所以法脉流传的结果也就截然不同。

“不增不减自金刚”。自性本光明遍照，妙湛总持，在圣不增，在凡不减，如如不动，如金刚不坏。

“身去身来本三昧”。不管你行住坐卧，身体如何应酬于万事之间，本来都在定中，本来都在三昧中。

祖师禅门下的顿悟，是依据菩提与烦恼的合融一体。在教下讲，是用烦恼转菩提；在祖师门下讲，烦恼即菩提。从体上而言，烦恼也依它，菩提也依它，本没有分别，如果排除了烦恼，等于灭掉了菩提。你把烦恼排除了，菩提也就不在了。所以六祖大师讲，烦恼即菩提。这是要用生命去感悟、去体验的。如此你才能得禅门真实的受用。

许多人说入禅之境很难。上一周，一位先生在我们校门口转。我已见过他转了好几回了，我便上前问他找谁，有什么事？他说已在这儿转了二十多天了，听说这里面讲佛法，心向往之，很想进来听一听，可二十多天了就没进了这门，一直在门外转。我告诉他，好！我们将这扇门推开，然后迈开你的脚往里走，一会儿就上课，你就坐在这儿等着吧。他很惶惑，问我就这样吗，就这么简单？我说，就这么简单。他一下坐在椅子上，说白白在这儿转了二十多天。我回头告诉他，障碍就在你自己。所以你知道许多的祖师见到来参访者就着急，不是大喝一声，就是当头一棒，不是砍了他的手，就是挤断了他的脚。为什么？这么简单的事，现成的事，怎么总是弄不清楚呢？

云门大师初参睦州陈尊宿，头次去敲门，睦州不开，隔门问：“你来干吗?”云门说：“弟子远道来参，乞师指示门径。”睦州把门一开，瞪了他一眼，又把门关上了。云门连敲了三天门。第三天，睦州搞得不耐烦了，刚把门开了一条缝，云门就硬挤了进去。睦州就把他往门外推，说：“你研究古人的脚板印干什么?”说完把门狠狠地一关，硬是把云门的脚给挤断了。这一下，云门当下见性，大彻大悟。开悟时为何非要如此强烈呢？因为只要有门缝可挤，便不回归自性，便向外驰求，你说法、讲理、开示，各个装了一肚子的学问，最后和臭皮囊一起烂掉。云门少了一只脚，成了跛子，但一提起此事，他便从心中无比感激他的老师，因为他以一只脚换了一个永恒。别说拿一只脚，拿脑袋换都值啊！那是无量劫来生命的解脱，要不然就是无量劫的轮回。

诚闻偈，悔谢。乃呈一偈曰：

五蕴幻身　幻何究竟

回趣真如　法还不净

志诚法师听完偈后，又悔恨，又感激六祖，自己说了一首偈来谈这一刹那的心得。“五蕴幻身”。五蕴色受想行识，是虚幻不实的。“幻何究竟”。一个虚幻的身体，怎么可能究竟呢？“回趣真如”。你如果还存着一个回向真如之心，“法还不净”。那还不了清净的根本之法，还是不清净。这便是一念向外，便离题万里。烦恼即菩提与转烦恼为菩提，也就是只差一点点，但是有本质的差别。

师然之。复语诚曰：汝师戒定慧，劝小根智人；吾戒定慧，劝大根智人。若悟自性，亦不立菩提涅槃，亦不立解脱知见，无一法可得，方能建立万法。若解此意，亦名佛身，亦名菩提涅槃，亦名解脱知见。见性之人，立亦得，不立亦得，去来自由，无滞无碍，应用随作，应语随答，普见化身，不离自性，即得自在神通，游戏三昧，是名见性。

志诚法师说了偈颂后，六祖大师当机为他印证：不错，就是这样，你这样就对了。这个印证非常重要，六祖一语就把他打到究竟去了。要没有祖师的慈悲喜舍，得什么得？千万劫漫漫轮回，这一句话就给断掉了，好生了得啊！

六祖又告诫志诚说：“你师父讲的戒定慧是劝小根小智之人，而我说的戒定慧是劝大根大智之人。如果明白自性，连涅槃菩提、解脱知见都一扫而空，无一法可得。在你心中一法不立，才能建立万法。如果能明白这个道理，当下即是佛身，也可以叫菩提涅槃，也可以叫解脱知见。不明此理，即是凡夫。明心见性之人，立万法也可以，不立万法也可以，反正都一样，没有什么障碍。”

“来去自由”，是指生死的来去自由。我想走没人能留得住我，我想留也没有生死可以限制得了我。很多祖师门下拿生死开玩笑。想死就死，谁不会啊，想生就生，你会吗？这一问能问住一大片人，想生就生这是需要境界的，这要有真正的大乘菩萨的心量才可以做到。想死就死的境界是到罗汉，想生就生的境界要到八地菩萨。

“应用随作”，是指无论何事都可以任运随缘而做。“应语随答”，是指不管谁问我何等问题，我从不思考，随机而答。这时到处无不是化身，可尽虚空、遍法界，一切的化身都不离自性，随时随地都是观自在，具足六神通。

“游戏三昧”就是一切业不可束缚，拘他不得，以出入三昧禅定

为游戏。你眼看着他做的事情，他未必做了；你看不见他的时候，也不知他做了什么。看着是你在这里认认真真跟他交流，跟他面对面，其实他早已跑掉了，实际上他是一个壳子在这里玩。你跟他一起吃斋饭，你碗还没拿好，他把所有的饭已经吃完了。你要说他，你怎么把大家的饭都吃了？他不承认，我什么时候吃的？一转脸，所有的饭菜都又全在那里，一动也没动，在见性中游戏三昧。

志诚再启师曰：如何是不立义？师曰：自性无非、无碍、无乱，念念般若观照，常离法相，自由自在，纵横尽得，有何可立？自性自悟，顿悟顿修，亦无渐次。所以不立一切法。诸法寂灭，有何次第？志诚礼拜，愿为执侍，朝夕不懈。(诚，吉州太和人也。)

志诚法师再度乞请六祖说：“如何才是一法不立的真义呢?”六祖说：“在你自性之中没有是非。”讲得多清楚。自性之中没有比量，没有二元，没有是非，没有对待，没有对立之想。因为见性之时，整个宇宙世界就是一个自性，你的自性与我的自性本无差别，和宇宙万事万物山石草木都等无差别。所以，它不可能有是非。当平等性智建立以后，就是平平等等。因为自性是在平等性智下。平等性智是第七识我执的彻底转化，无我了，没有我执。你让他去起对立，对立因什么而起呢？没有可依处，所以不起对立。没有对立就没有障碍，没有障碍就没有散乱。

所以六祖说：“在自性之中没有是非，没有障碍，没有散乱，念念都是在行观照般若，从来不起颠倒，恒常离一切相，自由往来于诸法界之中，天上天下，西方东方。无论你做什么都在法度之中，都合情合理。”《周易》里有一句话：“先天而天不违，后天而奉天时。”先天后天他都做了，也无所谓做或不做，也没有谁去指令他做。他从来不违背常理，不违背法性，不违背自然规律，都会合情合理。因此六祖说：“如此这般的生命，有什么立不立的呢？自

性要自悟，即刻悟，便即刻修，不是渐渐的，也没有什么步骤次第，所以我才说不立一切法。一切法是尽除的，诸法都是寂灭的，有什么次第可言呢?”

志诚法师听了六祖的开示，很高兴，叩头顶礼。志诚法师给六祖大师顶礼，其中包含了多少内容啊！我们由衷地为志诚法师感到高兴。什么叫苦海无边，回头是岸？他终于弃暗投明。一个被派来的间谍，从来时的心态，到现在已发生了天翻地覆的变化。他从早到晚在寺庙里整日做苦工，精勤不懈。因为他知道六祖在五祖处也是做了八个月的苦工而得法，他是效法一代祖师的行为。他自己本来以一个不良的心态来到这里，六祖大师却丝毫没有计较，诚心为他开示，他在六祖言下开悟，因此来报师恩，努力工作，精勤不懈。志诚法师是江西吉州太和县人。

你想一想，一个间谍被策反了，见性了，然后心悦诚服地投到六祖门下，他本来的师父神秀大师是怎样的生气呢？这将在神秀大师的学生之中产生强烈的反响。下面更是变本加厉了。

放下屠刀行昌彻　了悟真常圆妙音

僧志彻，江西人，本姓张，名行昌，少任侠。自南北分化，二宗主虽亡彼我，而徒侣竞起爱憎。时北宗门人，自立秀师为第六祖，而忌祖师传衣为天下闻，乃嘱行昌来刺师。师心通，预知其事，即置金十两于座间。时夜暮，行昌入祖室，将欲加害，师舒颈就之。行昌挥刃者三，悉无所损。

有个和尚名字叫志彻，这个法号是六祖后来给他的。他是江西人，本姓张，名行昌，少年时喜欢行侠仗义，劫富济贫。这说明他的武功非常好，用现在话说是一个比较有情义的土匪。自从南北分宗以来，南北二宗的主持人，就是六祖大师和神秀大师，他们并没有分得彼此，然而他们的徒弟们却是起爱憎分别之想。当时北宗门人自立神秀为六祖，但衣钵不在，这六祖也就名不正言不顺，所以就非常忌讳听到别人说这衣钵在南宗。但是这样的事情不要宣传，天下人一定会尽人皆知。于是北宗的党徒就用钱雇人去杀六祖，这个人就是行昌。

六祖具神通，预先知道了这件事情，就准备了十两金子放在他座位的旁边。这一天晚间天黑时分，行昌入六祖的方丈处，举刀要杀六祖。前边派来了一个间谍，被人策反了，所以来一个杀的，变本加厉地往上翻。六祖将脖子伸过去，让他来杀。这行昌也不想一想，哪有这等事情，居然伸长脖子让他杀的道理。行昌拿着宝剑，对着六祖的脖子连砍三刀，但出奇的是一点也没有损伤。这时候六祖说话了。

师曰：正剑不邪，邪剑不正。只负汝金，不负汝命。行昌惊仆，久而方苏，求哀悔过，即愿出家。师遂与金，言汝且去，恐徒众翻害于汝。汝可他日易形而来，吾当摄受。

看看六祖大师的广大慈悲。六祖大师说："正剑不邪。"这个剑一语双关，是宝剑的剑，也是正见的见。行昌拿的是宝剑的剑，六祖持的是正见，心中无邪法，所以死是死不了的。把你自己放平，一腔正气屹立于天地之间，不要说人，问问天地奈我何！

我曾经讲过这样一个故事，一个小孩光着屁股在雨地里跑，雷追着他劈。这肯定是上一世的因缘。就这个时候，有一个农民跪在地上说："苍天啊，你为什么不在上一世惩罚他，难道上一世没有天吗？你这一世要把一个无辜的孩子劈倒在你的雷下。"话说完，雷声轰轰回去了。一念正心，可以转变很大的事情。这句话说得感天动地，天地也为之动容，救了这个孩子。

六祖大师说："我传的佛法是正见，不是邪见，你伤人之剑是不正的。"见者剑也，见地不正，犹如剑，可以杀人，可以杀己。见地正确了，邪见不起。六祖大师说："我在前世只是欠一点钱，十两金子，可是我不欠你的命。我没欠你的，所以你拿不走我的命。"

这位行昌哪见过如此不怕死的人，给六祖如此举动吓得昏死过去。此时我们来看什么才是这世间最厉害的。好勇斗狠，厉害吗？阴谋诡计厉害吗？杀人如麻厉害吗？我佛的威德才是天上天下最有震慑力的！这行昌好久才苏醒，醒过来便跪在六祖面前，哭嚎着忏悔，并要在六祖门下出家。你说这杀一代祖师的心态，怎么去求忏悔呢？这种心本是不通忏的。可是在祖师门下，没有不可开解的事情。

六祖大师拿出事先准备好的十两金子，说："这是我为你准备好的钱，你拿去，赶紧走，等一会儿，我的徒弟来了，他们如果知道你是那边派来杀我的，你想你还有命吗？你就不要想活了。如果你真想出家，过一段时间，换一个身份，不要说你是从北宗来的。你再过来时，我再来好好地教导你。"就这样，六祖赶紧把他放走了。

行昌禀旨宵遁，后投僧出家，具戒精进。一日，忆师之言，远来礼觐。师曰：吾久念汝，汝何来晚？曰：昨蒙和尚舍罪，今虽出家苦行，终难报德。其惟传法度生乎？弟子常览《涅槃经》，未晓常、无常义，乞和尚慈悲，略为解说。

行昌听六祖大师如此说，便借趁着星夜跑了。这个“遁”字用得实在非常好，无影无踪，悄没声息，像使了遁术一样，世人完全没有看见他，神不知鬼不觉就跑掉了。后来，行昌遇到一个和尚便出家了。出家后，受了具足戒，修行非常精进用功，丝毫不懈怠。有一天，他想起六祖说的一番话，便来到六祖身边。

六祖说：“我已经念你很久了，你为何来得这么晚呢？”行昌说：“我以前得蒙大和尚您舍了我的罪，我现在虽然出家，修苦行，但总觉得您的恩德我没有报答，思来想去，您又需要做什么呢？唯一能报您恩的方法也就是传承佛法，教化众生了。我觉得只有这样，才能算报了您的大恩大德。”行昌说得多好啊！

大家看一看，一代祖师将一切善恶因缘，统统化成道缘。我们且不谈行昌后来的悟境如何，是否见性，就他这一下放下屠刀，出家做了僧人，即功德无量。如果遇到的不是六祖，必要往下堕道的。此中我们可以体会到顿教法门的殊胜与伟大，它的特点即在于当体即转。

这个行昌我觉得他的福气是好得没办法再好了。因为是顿教法门，可以即转，如果是渐修法门，他非得下地狱然后再上来得度不可。顿教法门是业力即转的法门，这赚了多大的便宜啊！随处有业，随处即转。行昌做一个最好的范例。不管你的前缘，随处即转，所以大家是当珍惜。他这样可以转，我们能转吗？肯定可以呀！你反正现在还没起杀祖师这个念头吧，所以转的可能性更大啊，每一个业障都可以在顿教法门下顿转的。你要是慢慢去还，去拖泥带水，那都是你自己的事情。

行昌接着说：“弟子常常看《涅槃经》，但我不明白什么是常和无常的道理，乞求大和尚您大发慈悲，为我解说。”

师曰：无常者，即佛性也；有常者，即一切善恶诸法分别心也。曰：和尚所说，大违经文。师曰：吾传佛心印，安敢违于佛经？曰：经说佛性是常，和尚却言无常。善恶诸法，乃至菩提心，皆是无常，和尚却言是常。此即相违，令学人转加疑惑。师曰：涅槃经，吾昔听尼无尽藏读诵一遍，便为讲说，无一字一义不合经文，乃至为汝，终无二说。曰：学人识量浅昧，愿和尚委曲开示。

六祖说："何为无常呢？无常即是佛性；何为有常呢？有常即为一切善恶诸法分别心。"行昌一听便说："您说的和经文里的意思是相违背的。"六祖说："我传的法是与佛心心相印的法门，我怎么能违背佛经的道理呢？"行昌说："《涅槃经》上说佛性为常，而您却说是无常；善恶诸法乃至菩提心都是无常，而您却说一切善恶诸法乃至菩提心是常，这不符合《涅槃经》所说的道理。您若如此说，本来我就疑惑，会令我更加迷惑。"

六祖智慧具足，具足他心通，知道行昌执著在什么法相上了。于是为了破他这个法相说的反话，出口就是用他心通说的话。所以我说佛法的见性法门，起码要具备他心通和宿命通。不具宿命通，你不知道他与什么法有因缘，不知道讲什么话对他管用，你也不知道这件事情他是什么业力犯下来的，怎么去对治啊！没有看到这个病的因缘，怎么去转化这个病呢？

六祖大师说："《涅槃经》我以前听无尽藏比丘尼读过，并为她解说过，没有一字一句不合乎《涅槃经》的经文义理，乃至于我现在给你讲的，也跟以前的讲法无二无别，没有差别。"行昌说："我知识非常浅薄，又很愚昧，请大和尚您委曲为我说得再明白一点。"

师曰：汝知否？佛性若常，更说什么善恶诸法，乃至穷劫，无有一人发菩提心者，故吾说无常，正是佛说真常之道也。又一切诸法若无常者，即物物皆有自性，容受生死，而真常性有不遍之处，故吾说常者，正是佛说真无常义。佛比为凡夫外道执于邪常，诸二乘人于常计无常，共成八倒，故于涅槃了义教中，破彼偏见，而显说真常、真乐、真我、真净。汝今依言背义，以断灭无常，及确定死常，而错解佛之圆妙最后微言，纵览千遍，有何所益？

六祖大师说："你知道吗？如果佛性是常，那还说善恶诸法吗？乃至于千万亿劫没有一个人真心发菩提心。这是对执无常者而说。所以我说佛性是无常的，这正是佛说真常不灭的道理。"

六祖现在开始给他辨析。常与无常能分开说吗？一个人活着只要白天不要夜晚，可能吗？常与无常，一体两面，不能分而说之，把它分开一说，便与法离题万里。所以六祖接着下文说道："如果一切诸法是无常的话，那么一切人事物就皆有自性了，既有自性，何言生死呢？若万事都有自性，都有真常之性，那么便不会遍一切处了。所以我说的常，也正是佛所说的真无常义。”

其实常与无常，都非佛性。佛性非常，非无常，这才是中道第一义。佛说一切法，都是为对治众生的执著而说。因为小乘罗汉果、声闻、缘觉认为一切都是无常的，所以佛说常乐我净；佛说无常，是因为普通凡夫执著于常，这都是为方便而说。一切不执著，本没有什么常与无常。佛在建立一切法之时，并无一切法相。这一切法是建立在空性上面的，在道性本空上建立万法，建立万法的目的是为了让你破除万法。当你把万法的相状破除掉了，其实佛也本无法可说。所以佛在涅槃以前说，谁要是说我说法，谁就是谤佛。一切法都是在清净自性上建立的，让你认得自性，然后启无上妙悟即可以了。自性是你自己本自具足的，这种本自具足的开发，本无一法可得，因为空净心下可以生万法。

六祖大师说：“佛为了破凡夫外道执著于邪常，与一切声闻、缘觉二乘人，于常与无常，共成八种颠倒而说。”

八种颠倒为何呢？以苦为乐。一是非常计常。并不是一个常，他以为常。二是非乐计乐。非乐计乐者，谓世间五欲之乐，皆是招苦之因。凡夫不了，妄计为乐，即成乐颠倒。并不是真乐，他以为是乐。我们今天经常说诸恶趣，狗吃屎就是恶趣，它以为趣，吃得很香，人看了以后很恶心。人所执著的这一切，在菩萨眼里也即是恶趣。三是非我计我。一切的感受都是建立在我上面，实际上有一个真常的我吗？眼耳鼻舌身意面对着色声香味触法，究竟哪一个是你？四是非净计净。你天天都洗澡，就很干净吗？你看到外面捡垃圾的，他很脏，在垃圾里捡东西吃，但是你看过几个捡垃圾的人生病的，得肠炎的？没有啊，因为他心里没有垢和净的分别。二乘人呢，乐说是苦，常说是无常，我说是无我，净说是不净。凡夫和二乘人共合计八种颠倒。

六祖大师对行昌说：“因此佛在《涅槃经》中，为破凡夫和二乘人的偏见，而说真言常、乐、我、净之理。你却依佛所说言，而违背佛的教义，以断灭的无常和死板的常，以凡夫的知见，错会了佛最圆满最微妙的教理，你纵然读了千遍的《涅槃经》，又有什么益处呢？”

佛说法为什么而说？为断而说。从根本上讲，是为断生死流转而说，为断轮回而说。从小的意义上讲，就是为这一刹那断你的知见而说，你这样想我就那样说，你那样想我就这样说，反正颠来倒去把你的东西给打碎。

这段话我们来做更进一步的说明。在小乘佛教里，释迦佛讲三法印，将佛教的整个内容包含在其中。何为印呢？就是来判断它是否是佛教的标准，像印章。有印章就具有法律效果，佛教谈的印也是具有法的概念。

小乘佛教具有的这三个印章是什么呢？第一个印是“诸行无常”。世间一切所作都属无常，从来没有恒常不变的事物。万事万物都在变化发展，成住坏空。第二个法印是“诸法无我”。一切法无自性，都是因缘所生法，万法皆空，没有真实的自我。我们务必要通过缘起性空的理论来建立诸法无我的观念。因缘和合，没有自性，这是佛教的基本观点，也是最终观点。

这个世界万事万物皆是缘起性空的。第三个印是“涅槃寂静”。如果想在无常生死中得到解脱，而得永恒的寂静与安宁，只有进入佛所言的涅槃境界。

这三个法印，是衡量你是修佛教还是修外道的检测标准。这里行昌说六祖讲的违背了这三个法印，佛说诸法无我，你说诸法有我；佛说涅槃寂静，你说无涅槃寂静可入。

三法印是大家众所周知的，小乘佛教依此三法印进入四念处。四念处即观身不净，观受是苦，观心无常，观法无我。所谓四念处，就是把心放在此处，为念处。但众生颠倒相。

一、观身不净。众生认为自己很干净，天天洗澡，因为他观不到业的状况。众生自以为很干净，这本身就是一个污染，污染了还浑然不觉。业力不清净，莫要谈洗澡，刮下一层皮也没有用。一个修行人能经常观到自己是不净的，一顿饭吃不好，一个念头搞不好，自己就不清净了，自己能有觉性去觉察这一切吗?

二、观受是苦。因为众生执著于世间的诸多事相，以为有趣，以追苦为乐。在世间谈恋爱认为很有趣，挣钱很有趣，吃一顿酒山肉海也觉得很有趣。他不知道这一切皆在业感缘起之中，是业力牵引着你进入了一个非常迷茫浑浊的状态。你以为乐的，恰恰是苦。当然，对于乐与苦的正确认知是来自对因果的明察。人间一切皆因无常而建立，所以一切都是苦。不好固然是不好，好亦不好，因为它无常。夫妻非常恩爱，好吗？你现在有多么的幸福，离别的一刹那就有多么的痛苦。众生追苦为乐，我要捞不着苦该多难受啊？我要没有这样一个业牵引着该多难受啊？轮回就是从这里开始的，这就是根本无明。

三、观心无常。所谓人心惟危，道心惟微，人心危险难测，因为多变，道心微妙难见。可以说众生的无常性瞬息万变，而他偏偏以有常性给自己设计未来，拼命往自己设计的未来去奔。等你走到那里时，整个场景全部面目全非，这是用有常性给无常性设计未来。比如，我找一个人，一定要跟我相亲相爱，一起买一部车，一起买一个花园洋房，过一个什么什么样的日子。可一转眼一看，那个人又找了一个。无常，就是这样的，无常才是常相！你设计的有常是不对的，你怎么能在一个无常的世界里建立一个有常相呢？

四、观法无我。而众生之性处处体现自我，我的名，我的利，我的什么什么，都是以我为中心，总以为这个色身就是我，枉造诸多的恶业。

佛依了众生的如此特性，而让众生以四念处，来破凡夫见。当凡夫见破尽，看到了身不净、受是苦、心无常、法无我时，便入罗汉境地。到此时，他们以三界为火宅，视众生为冤家，自我清净了，而不愿救度众生，因为他们不敢再与世间有所沾，一沾就不得解脱。

到了《涅槃经》，已进入大乘佛教的教义之中。讲涅槃之德便是常、乐、我、净。在小乘里，是因众生的颠倒而言四念处。在大乘里，因小乘的执著而说常、乐、我、净，这是为转小向大而说。前边是为转凡为圣说，说的境界不一样，层次不一样。可是到了六祖惠能这里，他却又在《涅槃经》的基础上再翻一层境界，又说回去了。所以这位行昌非常困惑，对六祖说的话感到非常惊讶，认为六祖说的有违《涅槃经》。

六祖前边明确地说了，我这个法是给上上乘人说的，是大乘之上的人去领会的。六祖的看法是：佛性超越了对比、常与无常，超越了分别与限量，才是全体灵明、无比活泼的佛法。这一刹那，既有三法印、四念处，又有大乘的常乐我净，同时不拘于这两者，把这两者包容到一体。常与无常，都在境界当中体现。无上乘，就是最上乘，不是排斥了小乘、大乘，而是小乘、大乘俱在。

常与无常皆在作用，执著一边即是边见。无常不离本体，本体依无常而显，常与无常是事物的一体两面。事物本有一个常性，这个常性是用无常去体现的。因为无常，看到有常。所以六祖说："有常者，即一切善恶诸法分别心也。"你看到的无常，是依了有常而说无常的。你说，我这个生命是无常的，是要坏灭的，所以我要在我这个生命之外去寻求一个永恒。在不断死亡轮回的生命之外还有一个有常吗？没有，当下就可以认证，你这个生命即是有常无常一体不二的。如果认为外边另有一个常，有一个佛要修，那你永无解脱的那一天。

我们说，常与无常一切都在变。那“这一切都在变”还变不变？所以无常本身就具备佛性，你就得当下认。如我们这双手，在钢琴家，手可以灵活地弹琴；在工人，手可以做种种零件；在书法家，手可以写出美妙的书法作品；在厨师，可以做出一桌好菜，都是用的这双手。然而不管这手有怎么的无常、千变万化，可是它还是手，永远不可能变成脚，变成头。手相对而言是恒常的，但它可以创造出一个色彩斑斓的世界，是千变万化的，这就是常与无常。一个生命也是如此，离开了无常，又到哪里去找一个恒常呢？

整个宇宙都在变化，但千变万化中宇宙还是宇宙，并不因此变化而变化，并不是在变化的宇宙之外，还有一个不变的宇宙。宇宙是既变化又恒常的，常与无常是不可分的。所以《心经》中说：“是故空中无色，无受想行识，无眼耳鼻舌身意，无色声香味触法。”当常与无常不可分时，便超越了常与无常。不是在常与无常外边去超越，不是说我站在无常上面，终于识破了无常，这都不对。而是把常与无常合成一体去超越。所以将常与无常对立起来，是生命的低级认识。你想认识佛性吗？那你就必须超越分别的思维。

行昌忽然大悟，说偈曰：

因守无常心　佛说有常性
不知方便者　犹春池拾砾
我今不施功　佛性而现前
非师相授与　我亦无所得

师曰：汝今彻也，宜名志彻。彻礼谢而退。

行昌听六祖说到这里突然大悟，便说一偈：“因为我守着无常之心，而佛说是有常之性。这就好像在春天的水池里，捡一块小石头，只为方便，没有他意。可是现在我不用什么功夫，就返本还原到了自己的家乡，圆满的佛性现前。我开悟不是祖师教授给我的，是我自己本有的，所以我一无所得。”

佛说有常无常都是因了人的不同智慧、修的不同程度而说的。在禅门里面有一句非常鲜明的话，把佛说法比喻为“黄叶止儿啼”。佛法就是那片黄叶，目的是唤醒梦中痴迷人，把你从梦中唤醒就行了。佛说有常无常皆为了唤醒众生，皆为不同层次的众生去说的，并非还有他意。

行昌说了这首偈后，六祖当时给他认证。六祖说："你现在大彻大悟了，我给你改个名字，就叫志彻吧！"志彻法师谢祖师所赐法号。这是六祖给他的一个认证，我们当为他好好庆贺。这就是放下屠刀，立地成佛啊！他原是来杀六祖的。我们再看一代祖师伟大的胸怀，来杀他的人，祖师都以极大的包容心态转化他，让他见性成佛。行昌的见性在《坛经》里是最值得祝贺的，要不然，他必堕地狱！

神会戏论迷心性　回向本源立教门

有一童子名神会，襄阳高氏子，年十三，自玉泉来参礼。师曰：知识远来艰辛，还将得本来否？若有本则合识主，试说看！会曰：以无住为本，见即是主。师曰：这沙弥争合取次语。会乃问曰：和尚坐禅，还见不见？师以柱杖打三下，云：吾打汝是痛不痛？对曰：亦痛亦不痛。师曰：吾亦见亦不见。神会问：如何是亦见亦不见？师云：吾之所见，常见自心过愆，不见他人是非好恶，是以亦见亦不见。汝言亦痛亦不痛如何？汝若不痛，同其木石；若痛，则同凡夫，即起恚恨。汝向前见不见是二边；痛不痛是生灭。汝自性且不见，敢尔弄人？神会礼拜悔谢。

有一个童子，他的名字叫神会，是湖北襄阳一家高姓的儿子，只有十三岁。了不起，能说上话，就有胆有识的。神会从玉泉寺来，那就是从神秀大师处来了。这神会也是好生了得，小小年纪，胸怀大志，聪明绝顶，不被神秀那里热闹的外相所惑，知道自己应该学什么，向谁学，非常明确。所以六祖说他："知识远来艰辛。"虽是小孩，六祖也称他善知识。六祖说："你从这么远的路跑过来，一定非常艰难辛苦，还将得本来否？你累的还知道自己是谁吗？如果你还认得本来的你，那个是你的主人，你现在试试，说一说来看。"六祖觉得他是个孩子，并且是从北宗过来的，所以厚爱有加，问他看看哪个是你的主人，赶快让他把自己的境界说出来，好点化他。

神会说："我以无住为我的本来面目，我的见性就是我的主人。"六祖说："这沙弥争合取次语。"你这个沙弥怎么尽学别人说话？六祖是一个具有大智慧的人，顿然之间就能分辨出来神会说的话，是他自己证悟的还是鹦鹉学舌。很明显，他这两句话是学来的，是听别人说的，不是自己证得。这是佛门里面比较严重的一件事情，无知说知，未证言证！这是大业。神会一听，并不示弱，反问六祖："和尚您坐禅的时候，见不见呢？"

这小孩胆子可够大的，不知天高地厚，六祖拿着手杖就打了他三下。肯定是比较用力的，这是明摆着的。为什么呢？消业啊，跟祖师说话这样慢，不是业力深重吗？六祖说："我打你痛还是不痛啊？"神会说："也痛，也不痛。"你看，是个小油子。他的意思是自性不痛，痛是让打痛了。六祖说："那我坐禅时见也不见。"神会不依不饶，还问："什么叫也见也不见呢？"六祖说："我说的见，是我常常见自己心中的妄念、过愆；我说不见，是不见他人的是非罪恶。"其实这是说神会的，把这个小家伙的境界变成自己的境界，当一面镜子照他去。

六祖说的是方便法。这在佛家说，看别人的是非，是做别人的看门狗。一个修行人，抬头不见天，低头不见地，哪里去管别人的是非。你自己做好自己的事情，不要管他人的是非。六祖说："你说也痛也不痛，这如何解法？我打你，你若不痛，就如同木石一样；你如果痛，就同凡夫一样。你一痛就心生烦恼，便有瞋恨。你所言的见与不见是两边的道理，我问你痛不痛是在生灭法。你连自性还不认得，却敢大胆来和人家辩论。"

神会一听，自知未证言证，是不究竟不圆满的，所以赶紧向六祖叩头谢罪。

我们来看一下神会是何许人也。此神会是禅宗历史上一个非常重要的人物。六祖圆寂后二十年间，神会在洛阳传法，对六祖所传的法大力弘扬，并与北宗的代表人物进行过多次的辩论，在全国上下影响极大。因为北宗有朝廷的势力在，神会一度被赶到湖北。直到"安史之乱"，洛阳、长安两京沦陷，国家财政一度困难，而神会法师德高望重，拿出大量资金资助政府，得到唐肃宗的尊敬，迎入宫中供养，使南宗的势力逐渐超过北宗。至唐德宗，正式立神会为禅宗第七代祖。虽然那时候没有传衣钵的概念，可是皇帝赐他为第七代祖。此时北宗就瓦解了，而神会对南宗的弘扬作了巨大的贡献。

神会与六祖的这段公案，我们看神会的话都是在概念上转，不是这边，就是那边，语言虽然很机敏，但是没有见性。这是问题的关键。我们考察一个禅门下修行人是不是得道，就是拿见性说话的，没见性什么都是白搭。由于他思维过于活泼，而不能入言语道断，心行处灭之境，所以没有豁然开朗的机会。

师又曰：汝若心迷不见，问善知识觅路；汝若心悟，即自见性，依法修行。汝自迷不见自心，却来问吾见与不见。吾见自知，岂代汝迷？汝若自见，亦不代吾迷。何不自知自见，乃问吾见与不见。神会再礼百余拜，求谢过愆，服勤给侍，不离左右。

六祖说神会："你若心中不明白，就应该老老实实地向善知识请教修行方法，如何用功。如果心中有悟，见自本性，就应该依法去修行。你现在自迷，不识自己的本心，却到我这儿来问我见不见？我见性不见性，我自己知道。我怎么代替你去迷呢？你若自己见性，你得本来面目，也替不了我的愚迷。你为什么不自己回光返照，看一看自己见与不见呢？你现在向外驰求，到这里来跟我斗机锋，问我见不见，我见不见与你何干？"

修行如果油腔滑调，就没有见性的那一天。我曾经这样说过，你干什么都可以滑头，但是你要老实学佛。因为自因自感果，你不老实就是自己的事情，那纯粹叫欺骗自己，跟别人没有关系。看神会跟六祖的答话，就是一个非常不老实的状态，很机敏，很灵活，但是并未见性。在世间这种人很多的，他都不如那些人老老实实的笨人，只要一路做过来，都有所得、有所悟。

神会一听六祖这么说，这自己见未见性还不知道吗？圣人门前卖百家姓，鲁班门前弄斧子，关云长面前戏大刀，都是自找难看，自不量力。这时他向六祖求忏悔，叩了一百多个头。他要见性了，他就不磕了，他就扬长而去了，他还没牛到底。见没见性，这是一个明确的，没见就是没见。后来他就在六祖身边当侍从。这是六祖弟子当中年龄最小，也是弘扬顿教法门时间最长的一个弟子。

一日，师告众曰：吾有一物，无头无尾，无名无字，无背无面，诸人还识否？神会出曰：是诸佛之本源，神会之佛性。师曰：向汝道无名无字，汝便唤作本源佛性，汝向去有把茆盖头也，只成个知解宗徒。祖师灭后，会入京洛，大弘曹溪顿教，著《显宗记》，盛行于世，是为荷泽禅师。

有一天，六祖对大众说："我有一个东西，你们猜是什么。它没有脑袋，没有尾巴，也没有名字，没有正面，也没有反面，你认不认识，这是个什么东西?”这是师父跟徒弟们之间在斗禅机。旁边听的人听完以后都各自领受，有的人一听就明白师父说的是什么，有的人还没听懂。这时，神会小聪明又出现了，赶紧说：“这个东西我知道，这是诸佛的本源，我神会的佛性。”

六祖说：“我已经说了，没有名字，你怎么又叫它为本源佛性呢?”六祖说“汝向去有把茆盖头也”，这句话是骂人的。就是“你去弄个茅厕的盖子，盖到头上算了，你只可以做个有知见，可推理的禅门宗徒罢了。”禅门是以明心见性为主导的，不是以知见解脱有学问为主导的。六祖说得很严重，意思是说他没有实证，到处拿别人的东西当自己的，这是在批评他。

六祖圆寂以后，神会跑到洛阳，把六祖的顿教发扬光大。毫无疑问，最后他还是给六祖骂开悟了，否则他连弘法的机会都没有。他写了一本书，叫《显宗记》，这本书是来说明南北二宗的。因为他两边都呆过，他有体量。他谈六祖大师有印证，传佛心印，是真正的六祖，而神秀是没有印证的。神会为南北二宗做科判。这本书当时在世上非常盛行，后来人们称神会为荷泽禅师，为六祖的五脉弟子之一。一花开五叶，结果自然成。

师见诸宗难问，咸起恶心，多集座下。愍而谓曰：学道之人，一切善念恶念，应当尽除。无名可名，名于自性。无二之性，是名实性。于实性上，建立一切教门，言下便须自见！诸人闻说，总皆作礼，请事为师。

当时在六祖门下，一直保持着两三千人，还有很多是行脚僧，跑到这里来挂单，几天就走掉的，庙里不断有流动人口。这里面就不免混杂一些三教九流各方面的人，更有一些是在佛教上有争议的人，就是法门和法门之间、知见和知见之间产生争议和排斥的。这就使得僧团里面产生一些混乱的现象。当时不仅神秀的党徒，包括其他宗门都想杀了六祖，所以就混在僧人队伍中，来提出一些问题混淆视听，生起诸种恶心。这些人都集中在六祖门下。

六祖对这些人生出无上怜悯之心，对大众说：“我们修行人，不应该有善恶之念，所有的都应该一时除尽，连一个善恶的名相都没有，这叫自性。自性就是不二之性，又叫实性，又叫实相。在实相上建立起教门。实相不是口头说一说，说我明白了就是实相，而是你即刻能证得实相境界，实相的理体，如此才行。”

前边说道：不思善不思恶，哪个是明上师的本来面目？当你把善恶两端放下来的时候，自性便觉悟了，自性便拿出来使用了；当我们心起分别的时候，已经偏离了自性的这种状况。人的自性和宇宙实相是不二的，在实相上，不思善恶本有的宇宙实性，人之性皆是合一的，在圣不增，在凡不减。当你把心中最大的分别相善恶拿掉时，不思善不思恶混同一体，你才是证悟了实相境界。不是我告诉你不思善不思恶，你体会一下，差不多、大概、可能，不是这样的。这一刹那，你把所有的善恶两端，把你以往的恩怨情仇统统放下，然后自性显现。这时候去证悟实相的境界。当你证悟实相的理体时，去建立一个教门，然而教门亦是无门啊。我要不说，你就无从建立，我说了，你也不要执相。建立一个教门，它是有门无相的，是名建立一个教门。在你心中建立起这个教门，你还不要有教门的感觉，还不要有教门的相，你还在这个过程当中修行。

这些出家人听六祖大师这么一说，连善恶的念头都不存，还有必要杀来害去的吗？于是生大惭愧心，从此洗心革面，做一个真真正正的修行人。所以，大家纷纷顶礼，悔过自新，重拜六祖为师。

妄念顿歇，歇即菩提。上一刹那你可能是一个恶魔，你有杀一代祖师的心，这一刹那你放下顶礼了，就什么都没有了。这就是顿教的伟大和殊胜，一刹那所有的业随着顿教法门的开启，烟消云散，没有过程，没有思想方法，也没多少年的苦力，这些统统没有，直接切入主题，把心放下的一刹那一释然，什么都没有了。只要他站出来顶礼了，他就发露忏悔了，这一刹那把他的心胸打开了，一切业烟消云散，这一刹那，他就有可能见性。你就想一想，顿教法门的确立对每一个众生来说是多么多么的重要，也是那么那么的方便。这一刹那他们有了这个悟境后，这一顶礼，既是忏悔以往的业障，又是真正的自性拜师。

所以，真正在禅门下修行，要有很良好的思想基础。这种思想基础的建立，你可以顿然之间悟道，然而教下一切的教理皆包含在其中。顿教的法门不排斥你的以往，当机一转，皆是你的资粮，体现了教下的朗照和柔美，心量的开阔和豁达。我们应该常常记住六祖的那句话："常见自心过愆，不见他人是非好恶。"这样才能排除心念当中的种种干扰，潜心修道。

要知道修行当中最大的障碍就是自我，一个我便可将万法挡在外面，而与己不相干，使自己变成了一个狭隘的我，自私的我，痛苦的我，烦恼的我，最根本的是轮回的我。在修行道路上，顿教的法门固然可以在刹那之间明心见性，但理可顿悟，事需渐修。不断地在过程之中，学人当努力去掉我执，这是每一个修行者的必经之路。这是六七因上转啊！在第六识意识和第七识末那识处，不断观照自己，时时刻刻行观照，你可以用二十年的时间转一个念，你也可以用二十秒转一个念。时间越短，它的空间占有量越大。

护法品第九

这一品也叫宣诏品。宣诏就是皇帝宣诏、下旨，请到京城去讲法的意思。很多法师说，护法品这一段应该叫宣诏品，我倒是觉得皇帝也是护法。所以说宣诏品，亦是护法品。

帝诏请祖师辞疾　护法护国利群生

神龙元年上元日，则天中宗诏云：朕请安秀二师宫中供养，万机之暇，每究一乘。二师推让云：南方有能禅师，密授忍大师衣法，传佛心印，可请彼问。今遣内侍薛简，驰诏迎请，愿师慈念，速赴上京。

神龙是武则天的年号，上元是正月十五。武则天是唐朝的女皇帝，中宗是她的儿子，做皇帝时间很短，被武则天贬去做庐陵王。所以有一段时间的圣旨是武则天和儿子中宗两人落款，为“则天中宗诏云”。诏书中说：“我请安国师和神秀二位国师到宫中来供养，我在处理国事万种的闲暇时间，和二位国师研究一乘顿教的法门。这二位大师很客气，却都推让说：在南方有惠能大师，他是五祖弘忍的衣钵弟子，是传佛心印法门的，可以去请他。”于是武则天就派遣内侍薛简，由他带着皇帝的诏书，到南华寺去迎请六祖。诏书说：“愿大师悲悯天下苍生，赶快启程进京。”

在中国历史上有许多皇帝是明心见性的。六十一朝多紫印，一代祖师中很多人当过皇帝的。在唐朝共有二十几位皇帝，大多信奉佛教，但虔诚信奉者当数武则天。由于政治历史的原因，唐朝一直对道教推崇备至，甚至有许多皇帝自己信佛教，却在举国上下弘扬道教。这是什么原因？除了道教的教义能够祥和社会以外，还有一个重要原因，那就是道教的教主姓李，名耳，字老聃，就是老子。唐朝是李氏天下，所以推崇道教。因为武则天不姓李，所以不存在任何的政治问题，她就大肆弘扬佛教，公开信佛，所以佛教在武则天时代能发展起来。武则天与华严宗、禅宗都有着非常殊胜的关系，尤其和禅宗有着很深的渊源。

师上表辞疾，愿终林麓。薛简曰：京城禅德皆云：欲得会道，必须坐禅习定，若不因禅定而得解脱者，未之有也。未审师所说法如何？

六祖大师上了一个表，给皇帝回了一封信，称现在身体不好，年纪也大了，愿意老死在这山林之中，已经习惯了丛林中的生活，不愿意再到其他的地方去了。

六祖大师为什么要推辞武则天的礼请而不到京城？从一般意义上讲，到了京城，见了皇上，佛法不是得到了更好的弘扬吗？这里六祖的回绝基于三点：一是开悟见道之人与天地万物本同一体，不论人在何处，心却没动，一切的名利已与他没有关系，不作追求。他的不去是给武则天最好的说法。二是此生使命了了常明，任何多余的事情，都不必要再做。已经证悟到这个程度，剩下的事情都是负累。这世间好事太多了，哪个是你该做的，哪个是你不该做的，很明确。如派你来行教化，你却当了医生，这肯定是不对的。三是六祖一直在南方，没有任何的政治地位。就如此，北宗的人还派来刺客来行刺，如果到了北方，再与神秀大师同居宫中，即便他二人没有知见，修行人也会有知见，还不知道引起南北二宗怎样的争端。所以六祖拒绝了武则天的诚请，并非是他不悲悯苍生。

薛简就说："京城的这些禅师大德都说，你如果想得道，一定要坐禅，修习禅定，如果不修禅定，而想得道解脱，那是不可能的。不知道祖师您对这个看法如何?"

你看这薛简领命于皇帝，让六祖进宫，可六祖回绝了他。薛简一看这个状况，叫明白人从来不说多余的话，历代高僧大德自有他的智慧，自有他的人格，自有他的生命趋向。因此，薛简也不再强求六祖进宫一事，赶紧借着这个机会，问自己修行上的疑惑，这说明薛简是一个很有智慧的人。

薛简说的京城禅师大德是谁，就是神秀，但他没有说，生怕说他拿着北宗和南宗去比较，他回避了这个话题。

禅定要正定，没有正定，就没有正慧，那就是邪慧，邪慧就是外道。正定的产生很不容易，有很多人为恶而镇定自若，那就叫邪定。真正的正定是心无一物的，是三业清净的，在此基础上谈的正定，才引发正慧。邪定有两种状态，一是不生能量；还有一个就是有能量，这就麻烦了，就是魔头了，就会把人引向歧途，叫附佛外道。如果你没有智慧，遇上邪定邪慧之人，你会跟他跑的。正心正念才能引发正的因缘，心邪便引发邪的因缘。所以，让自己正心正念去修行至关重要。

释迦佛当时证得四禅八定，到了非想非非想处定，然而释迦佛把它否定了，说这不是我要的解脱，然后他才重新悟彻新的道路。这里薛简问的关于坐禅的问题。佛教的坐禅习定，几乎是门门的共法。这一修行方式是从印度一直传下来的，尤其是小乘佛教是非常讲究坐禅的。北宗的神秀也依然非常强调坐禅，他们共同认为要解脱、要了生死非坐禅不可。那么六祖的主张如何呢？我们看下边一段。

师曰：道由心悟，岂在坐也？经云：若言如来若坐若卧，是行邪道。何故？无所从来，亦无所去，无生无灭，是如来清净禅，诸法空寂是如来清净坐，究竟无证，岂况坐耶？

我感觉到一刹那读完了，大家都应该心领神会。六祖是佛教的彻底革命派，无一法可立。你觉着要依着一个什么法去成佛，那已经不是了。他为了破除众生的法执，然后说这样一段话。

六祖说："道是由心悟出来的，怎么能强调坐呢？《金刚经》说：如果说如来因坐禅成道，或因吉祥卧而成道，是行的邪道。为什么如此说呢？如来无所从来，亦无所去，不生不灭，这是如来清净禅。一切法本来空寂，这是如来的清净坐。追其究竟亦无所谓证与不证，更何况坐呢？"

不是说道务必要坐，这是一个外在的形式，是让我们收摄散乱之心，然后统归于道，还于生命一个本然，这是一个方便，不是非要坐才能解脱。如果你有智慧，你处处都在禅定之中，并不是说非要有这样一个形式。

六祖把所有相状的东西统统打破，主张"惟论见性，不论禅定解脱"，为什么呢？六祖说："道由心悟，岂在坐耶。"没有心悟，没有智慧，没有见性，你纵然坐上千秋万代，又有何益呢？坐的意思是什么呢？就像我前面讲闭关，是保着自己见性的那个状态。"如保赤子"，就像我有一个孩子要保护。所以，见性才闭关，不见性闭关是没有任何意义的。见了性去闭关，你才知道闭关是干什么。就像没有生孩子你去坐月子，这肯定是不对的，没的坐啊！见性后，在保任中证解脱。保的是什么？就是保见性的这个状态啊！这个状态也不是死守着不放的，这个状态最后也是要破的，打成一片，虚空粉碎，然后虚空粉碎也不要。

六祖引用《金刚经》的话告诉学人，修行不在形式，不在相上做文章，如果想从禅定中获得佛知见，没有般若，怎么能行呢？般若禅定、禅定般若，一体不二。般若正智究竟是什么样子呢？《地藏菩萨本愿经》前面的觉林菩萨偈可以说清：

譬如工画师　分布诸彩色
虚妄取异相　大种无差别
大种中无色　色中无大种
亦不离大种　而有色可得
心中无彩画　彩画中无心
然不离于心　有彩画可得
彼心恒不住　无量难思议
示现一切色　各各不相知
譬如工画师　不能知自心
而由心故画　诸法性如是
心如工画师　能画诸世间
五蕴悉从生　无法而不造
如心佛亦尔　如佛众生然
应知佛与心　体性皆无尽
若人知心行　普造诸世间
是人则见佛　了佛真实性
心不住于身　身亦不住心
而能作佛事　自在未曾有
若人欲了知　三世一切佛
应观法界性　一切唯心造

觉林菩萨偈，就是般若解脱法。一定要会背啊！你每天转读一遍觉林菩萨偈，亦消无量恒河沙的罪业。因为它见空性啊！你看它语言多美，读着像首散文诗，朗朗上口。为什么作成朗朗上口？就是为了便于记忆。一代佛菩萨转世，来到人间，把佛法造成这个样子，给了我们众生最大的方便，如果我们背一下都不愿意背，那实在太可惜了，枉费了佛菩萨如此这般的苦心。

“心如工画师，能画诸世间，五蕴悉从生，无法而不造。”心与佛是一体的。“如心佛亦尔，如佛众生然。”佛与众生是一样的。“应知佛与心，体性皆无尽。”你的这个无尽的心性，自己觉察到了没有，你用心去绘生命蓝图的时候，你是怎么画的？我们已经把自己的生命历程都画出来了，今天你我的长相，包括我们的命运，我们的思想，都是我们的心画出来的。你得学会用橡皮呀。橡皮是什么？是佛法呀！你得把它擦掉，你把自己生命勾画得这么复杂，生死轮回，没完没了。佛法就是橡皮，把它擦了，擦了以后橡皮也不能要。擦完了就完了，要不然从那里又开始画出来了。所以，佛说：“知我说法，如筏喻者。法尚应舍，何况非法！”道由心造，业由心造，自己的心就是自己的造命者。从这点意义上讲，这是佛教最伟大的精神所在，能够改造命运，能够心造万缘。

等你真正见性了，才知道过去用功都是白费，白转了那么一大圈，当下即心即佛。如果在心外还有一个什么法可以成佛，那是修外道，等于是我要将所有的外道都修完，然后我再成佛。心外求法即为外道。什么叫即心即佛？一刹那就可以转化。佛是在念念之中修的，是在念念之中成的。我这一刹那的起心动念与佛等同，即是分证佛。如果我在每一点上与佛都是等同的，把每一点都转化了，那不就是佛吗！

有人会问：不是本来是佛吗？那还修它干什么？因为前边我们不是工画师吗？给自己画了好多画，所以得修呀，因为有前业，命里有东西要转。事事过来事事转，念念过来念念转，所有的事情过来都需要转，好的、不好的都转成平常，一切都流于空。

我曾在讲课时告诉大家一句咒语，说这个咒语是无上咒，拿回去妙用，遇到什么事都可以这样念。很多的老太太问我，什么咒？我说：“那又怎么了？”不管遇到什么事，你就这样问自己。第二天，老太太见了我，说你这个咒语我念了，我说你念给我听听。老太太说：“那又怎么办了？”加了一个字，水平确实挺高的，就是心中有障碍。我说的“那又怎么了”是放下，而她说的“那又怎么办了”就成了一堵墙。

念念过来念念转，有佛心，才修的是佛法，无佛心修的是外道，所以强调的是即心即佛。一刹那，即心即佛，才能真真正正地把握自己的生命，念念在修，时时在修。

唐朝时有一个比丘尼，有一首证道诗："竟日寻春不见春，芒鞋踏破岭头云。归来却把桃花嗅，春在枝头已十分。"体悟一下，见性就是这样的，"踏破铁鞋无觅处，得来全不费工夫"。不是功夫的问题，但是离开功夫也是不行的。已是桃花满园春了，可是你不知是春呀！因为你麻木。这就叫"云深不知处"，已经在被春包围着，还不知道春的景色。我已经在佛法的包围之中，还不知道佛法。见性便在当下，不知何为见性，还去觅得见性。见性要觅吗？觅不得。所以在生灭中，无生灭；在无生灭中，生灭。

生灭和不生不灭是一体不二的，这种一体不二性即是佛法所言真正脱离生死之所在。见道，即是见了那个生灭之中的不生不灭。在生灭中观到不生不灭，在不生不灭中随顺生灭，这当中等无差别。是坐可见，还是卧可见？见就是见，不见就是不见，什么姿势都可见，什么姿势都见不着，跟姿势没关系。

那么多见性的祖师死的时候出神奇相。师父对徒弟说："你见过站着死的吗？"徒弟答："见过。"师父又问："你见过坐着死的吗？"答："见过。"师父又说："你见过睡着死的吗？"答："都见过。"师父再说："你见过这样死的吗？"说完，两只脚往树上一挂，金钩倒挂，走了。非得找一个你没见过的，让你看。这叫生死自在！

在生死自在此之中超越生死，你去体量。你不能说到死的时候再去体量，不行，那时候生死已经拉开了。这一刹那你就要把生死放一体，把死亡看成生命的一部分，生的这一刹那就是即生即死。因为，昨日事如昨日死。刚才那一刹那的上一节课，已经变成了永久的回忆，绝不再来。你说我再听一遍《坛经》，那也不是这个时空下的，时间空间都已经发生了改变。

我们随时随地都在即生即死。由于我上一课听的内容，使我的思想受到很大的冲击，我的生命在不断升华，这时一个新的生命就诞生了。你有没有发现自我再生啊？昨天那个愚蠢的我、不明事理的我已经凋亡了，一个新的生命诞生了。即生即死在每一刹那的生命之中。如果你用现有的生命去观察到了，这为般若。如果你能观察到即生即死，你就不再执著于生死了，这就叫超越。

简曰：弟子回京，主上必问，愿师慈悲，指示心要，传奏两宫，及京城学道者。譬如一灯然百千灯，冥者皆明，明明无尽。师云：道无明暗，明暗是代谢之义。明明无尽，亦是有尽，相待立名。故《净名经》云：法无有比，无相待故。

薛简说："弟子回京以后，皇上必定会问怎么没把祖师请到宫中来？现在请您大发慈悲，指示给我以心印心的法门。我回去把您说的道理回禀皇上，以及京城所有的修道之人，就像一盏灯被您老人家点燃，我再以此火种来点亮千百万人，使一个黑暗的世界变得光明，无穷无尽。"

他说的话情真意切，而且悟性这么高。我们也看到他跟六祖接触的时间很短，但就这样，他一眼识得六祖心中的那盏明灯，并且他希望就像我们现在传圣火一样，把火炬传过去。薛简作为一个宦官，都有这般的修证和觉悟，以此我们可以推断，当时佛教是怎样的灿烂和繁荣。

六祖说："道的本体无所谓明，亦无所谓暗。明暗只是代替之义，明来则暗去，暗来则明去。换句话说，心中黑暗便没有光明，心中光明便没有黑暗。这无尽的光明，也是一个有尽。为何呢？因为你将明与暗对立起来了，有对待，便是有尽。所以《维摩经》说：法是没有任何可以和它比拟的，它没有对待，不起相对。"

这明与暗就如同一个太极图。太极的运转就是明来暗去，暗来明去。在卫星上看地球，当正好跨越晨昏线时，就是一个太极图。地球本身就是一个太极。明来暗去、暗来明去就相当于我们说的白天黑夜的交替。如果把这个明与暗放到生命里去，心中黑暗就没有光明，心中光明就没有黑暗，它是互相推荡的。然而只要有推荡有阴阳，便要生万物，生万物便有六道。佛法是不二法门，心中若有明暗的推荡是不对的，所以这里六祖说，道无明暗。如果是太极，有阴阳，有明暗，有对待，那即便是无尽的光明，也是有尽。因为有无是相生的，这是一个循环往复。

佛法是没有对待，不起相对相。而世间凡夫是将明与暗对立起来看，在二元意识下生活，把生与死、菩提与烦恼、好与坏、善与恶、清净与污浊，全都对立起来看。如果你认为清净是道，古德说：道在屎尿。这就是《心经》中说的"不垢不净"。

洞山良价在《宝镜三昧》中有两句话："夜半正明，天晓不露。"天黑了，所有的东西都暗了，但你的自性并没有暗，它还是朗朗光明。天亮了，阳光普洒万物，你的自性也不因之而光明。因为阳光之下，如果有很多的遮蔽，很多的隐私，很多的不可告人的东西，你的心在阳光下亦是黑暗的。闭一下眼睛，眼睛就一亮，这就是自性的光芒。明暗都是客尘，是外境，都在自性中生灭。而自性却不受生灭的影响，从未曾动过。

譬如说今天是晴天，太阳是那样照着；明天是阴天了，太阳还是那样照着，只是云彩盖住它了，太阳的光芒并未曾陨落。自性就像太阳一样，业障就像云彩一样，不断地覆盖着自性。佛是万里无云万里天，通彻透明，无限光明，朗朗乾坤，众生是翻云覆雨。而太阳只有一个，光芒本来如是，不管下边的云层怎样遮蔽，太阳未曾动过。

这是六祖回答薛简的一段话。六祖告诉薛简，其实没有明暗，也无所谓灯不灯，心灯都在你的自心上，并不在我这里，并不是拿我的灯去点你的灯。六祖这是不点而点啊。六祖这样讲完以后，薛简的灯已经亮了，二元意识已经破掉了。当他把二元意识破掉以后，心中的光明已经生起。下边薛简接着问。

简曰：明喻智慧，暗喻烦恼。修道之人，倘不以智慧照破烦恼，无始生死，凭何出离？师曰：烦恼即是菩提，无二无别。若以智慧照破烦恼者，此是二乘见解，羊鹿等机。上智大根，悉不如是。

薛简说：“明譬喻智慧，暗譬喻烦恼。修道的人如果不以智慧照破烦恼的话，那么无始生死凭什么去出离呢?”六祖说：“烦恼与菩提是无二无别的。如果智惠能照破烦恼，这仅是二乘人的见解，与羊车、鹿车机缘相类，而最大智最大乘人，皆不需要有此过程。

简曰：如何是大乘见解？师曰：明与无明，凡夫见二，智者了达其性无二，无二之性，即是实性。实性者，处凡愚而不减，在贤圣而不增；住烦恼而不乱，居禅定而不寂；不断不常，不来不去，不在中间及其内外；不生不灭，性相如如，常住不迁，名之曰道。

薛简问：“怎样才是大乘见解呢?”六祖大师回答说：“凡夫看明与无明是两种，有智慧的人明白它本性并无二。无二之性，即是实性。何为实性？在凡夫没有任何减损，在圣贤也没有任何增加。”

读到这里时，我们就想起了《心经》中说的“不垢不净，不增不减，不生不灭”，讲的就是自性的状况。六祖说：“实性在烦恼当中也不会乱，在禅定中也不是寂静。它是动静如一的，不起相对相。说它常不对，说它是断也不对，它是不常不断，不来不去，不在中间，也不在内外，既非是恒常不易的，也不是断灭的，在生灭中不生不灭。性和相都是如如，它是常住而不动的，所以给它起个名字叫道。”

有一个僧人问大随法真禅师：“劫火洞燃，大千俱坏，不知这个还坏不坏，自性还坏不坏?”大随禅师说：“坏。”这僧就想，不是不垢不净，不增不减，不生不灭吗？怎么是坏呢？这僧就有点糊涂了，又问：“那就如此不得已随它去，随它坏?”大随禅师说：“是的。”这僧更加困惑，便去请教投子大通禅师，他将他与大随禅师的对话如此这般一说。投子听了他的话，没有回答他，马上向西就望，说：“没有想到，西山有佛出世。”大随和尚是四川人。毫无疑问，投子禅师是认可大随禅师的回答的。

我们从教下回到宗门，谈谈宗门下的禅是什么概念。坏灭的本身在道内还是在道外呢？如果在道外，那什么又是道呢？如果在道内，那道会坏吗？成与坏是相对的。金刚不坏之体，是包含了坏与不坏的。不是告诉大家不起相对相吗？本无有坏与不坏。如果你真的明白了，成也是它，坏也是它，生也是它，死也是它，生死与不生不死也是合一的，这时你便得大自在。

什么叫大自在？我告诉你大自在里有大不自在。你要是以为大自在就是到处都很舒服，没有不舒服的地方，那就错了。有个小和尚跑到老和尚那里求法，老和尚什么也不教他。后来这个小和尚听说外边有一个禅师非常厉害，心想得到那儿去见性，于是就去找。谁知他一进禅师的门，禅师正往板凳上坐。也很巧，不知谁在板凳上搁了一根针，一下子让禅师坐上了。禅师让针扎了一下，哎哟一声。这小和尚一进门，就看到这样一个场景，就想：噢，原来他也不怎么样，扎了他，他还知道疼，我找的上师得不知道疼。小和尚就跑了。禅师就问旁边的人这小和尚怎么又跑了？周边的侍者就说了，他看你这个样子，认为你肯定没见道，还这么怕疼，还这么喊了一声。禅师说，他不知道，这哎哟一声也在道内，也不在道外啊！难道这哎哟和见性有差别吗？这是等无差别的，是包容的，并不是对立的。

如果你用一个对立想，认为一修佛法我们就该不死，不是这样的，都死了，而且都依着各自的因缘随生随死，是在生死中去了脱生死。针对那个僧人执著于那个“不坏”放不下了，大随和投子二位禅师都是大宗师，两个人一起在演一场戏，就是要把他的执著破了。但凡遇上了真正的宗师，肯定都是破他的相的，不是立他的相。不会说你这个很好，就是什么，因为他没有究竟。没有究竟以前，都是在不断地破他的相，只要往前破就往前走。

修道之人，以智慧破烦恼，以一合相破二元意识，但有执著便生烦恼。教下言的是转烦恼为菩提，宗下言的是菩提与烦恼不二，烦恼即菩提，只论明心见性，不论其他。见道之人是有气象，有力量的，有着丰富的精神世界及完备的禅者风范。

简曰：师说不生不灭，何异外道？师曰：外道所说不生不灭者，将灭止生，以生显灭，灭犹不灭，生说不生。我说不生不灭者，本自无生，今亦不灭，所以不同外道。汝若欲知心要，但一切善恶都莫思量，自然得入清净心体，湛然常寂，妙用恒沙。

薛简问：“大师您说的不生不灭，与外道所说的不生不灭有什么两样？”六祖大师说：“外道所讲的不生不灭，说灭了以后就不生，生就停止了，以有生显出有灭，这是把生灭分成两个。虽然说是灭，但结果不是真灭，还是没有灭；虽然继续生，却说不生。而我所说的不生不灭，是本来就没有生，所以现在也就没有灭。”就像说如来，“如其本来，无所从来，亦无所去”，是这样的一种境界。

六祖接着说：“因此我说不生不灭的道理和外道那种说法是不同的。你如果想知道这个传心的妙法，心地法门的重要性，我告诉你，一切的善也不想，一切的恶也不思。”这又到了前面六祖问惠明：不思善，不思恶，当下哪个是明上座的本来面目？六祖说：“善也不想，恶也不思，这时你自然就会明了这个道理，就得入清净本有的心体，叫混同一体。你本有的心体是湛然常寂，常常清净的，不是一个暂时的，是永恒的。它虽然湛然常寂，真空中又可以生出妙有。那妙处的用途，比恒河沙还要多。”生命是拿来一用的。拿来一用的过程中，看着自己的生命在生灭中不生不灭，这是另外一番境界。

简蒙指教，豁然大悟，礼辞归阙，表奏师语。其年九月三日，有诏奖谕师曰：师辞老疾，为朕修道，国之福田！师若净名，托疾毗耶，阐扬大乘，传诸佛心，谈不二法。薛简传师指授如来知见，朕积善余庆，宿种善根，值师出世，顿悟上乘。感荷师恩，顶戴无已！并奉磨纳袈裟，及水晶钵，敕韶州刺史，修饰寺宇，赐师旧居为国恩寺。

薛简得到六祖的教化，突然间开了悟，就顶礼辞别六祖大师。归阙就是回到皇宫。他写了一个奏章，把六祖大师说的道理都写到奏表上，奏明皇帝。这一年的九月三日这天，有诏书来奖谕六祖大师。武则天给六祖大师的诏书现在还在西安博物馆里。诏书上说："您说您年纪老了，又多病，又为朕躬我来修道，您真是国家的福田，是国家最有修行的高僧！六祖啊！您就好像《净名经》的那位维摩居士，他托疾在毗耶城，您阐扬大乘佛法在南华寺，传诸佛心印的法门，所传的是不二法门，是生灭一如，性相不二的。薛简回来，把您所说的道理都传达给我听了，您的知见就是如来知见。朕躬啊，是在多劫以来做了很多的善事，才种下这等福田，积下如此菩提善根，能遇到祖师出世的因缘，令我即刻明白了最上乘的妙理。"

"感荷师恩"的"荷"，是用肩挑着东西的意思，就是说："朕蒙了您的教化，我也明白了，所以心中涌起无比的感激之情。朕将您所说的道理放在心中，顶礼叩头，永无止息。我荷担了这一番的恩泽，我呈奉上送给您的磨纳袈裟和水晶钵。朕还敕令韶州刺史去将您的寺庙翻新，并赐您在您出生的地方新州造一座寺院，叫国恩寺。"

这叫佛恩浩大，国恩浩大，皇恩浩大。

付嘱品第十

这是经典的最后一品。你想要出世，可你入不得世，不能在世间教化众生，广行六度，不具方便般若，即不能出世。这一品，六祖句句都是在宗门下扬本家的法，句句都是站在宗门下，讲宗门见性的法门，即是众生的方便，也是自悟的教材。六祖以穿透世间法的智慧，在一切处，打破你的分别思维。明了六祖的法，不论是面对自己的修为境界，或是对他人行教化，就都有了一个准则。日后不论遇到禅门的五家七宗，任何一门，都能清楚他们在讲什么，修什么。因为六祖之法，是五家七宗之纲，禅门万法必归于六祖，万法皆出于六祖。

付嘱门人传法要　三十六对三科门

师一日唤门人法海、志诚、法达、神会、智常、智通、志彻、志道、法珍、法如等。曰：汝等不同余人，吾灭度后，各为一方师。吾今教汝说法，不失本宗。

六祖大师有一天叫来他的入室弟子。何为入室弟子？就是得法的弟子。不要误解入室的意思，认为到师父的房里一坐就是入室。可千万别这样说，这会让人笑话的。登堂入室是谈的宗门下的，是谈师承的。很显然，入室弟子都是得法弟子。没得法的，不能传法；得法者才可以传法。刚好又是十大弟子，很巧。

六祖说："你们不同其他的人，等我圆寂后，你们都是教化一方的教主，做一方的人天导师。我现在教你们弘扬佛法的方法，怎样才能不失本宗的宗旨，而在千变万化中把握弘法利生的原则。"

这里强调的是：德不全，得不到天地鬼神的护佑，法也难弘，众也难信。禅宗虽然是佛教的一个宗派，然而它囊括了整个佛法的思想体系。禅宗不言教，然而却以全部的佛教作为它的理论基础。禅门在起手传时，即释迦佛传大迦叶时说："吾有正法眼藏，涅槃妙心，实相无相，微妙法门，不立文字，教外别传。"所谓"教外别传"，是在教外另传，不是教外不要传，教是它的基础。我们看这么多见性的师父，统统是在教下已经圆满，最后在宗门下见性的。并不是说不立文字就是不要文字，千经万论我也不要读，教下的东西我就都不用学习了，就等着明心见性就行了。明心见性是要有资粮的。禅宗是将整个佛法最精华的部分提炼出来，而展现的一个法门。此法门只言见性，不言其他，不言不等于不包含教下的教义。六祖的十大弟子，包括周边的人，问出问题来哪个不通教？肯定是通的。因此，六祖为了给弟子们示法，开始往教下落，说下面的话。

先须举三科法门，动用三十六对，出没即离两边。说一切法，莫离自性。忽有人问汝法，出语尽双，皆取对法，来去相因，究竟二法尽除，更无去处。

六祖说："你们讲法以三科为根本，依三十六对而言说，出没不生对立和执著。你说的一切法，不要离自性而说。"你是说的人家的，还是自己的。"如果有人来问你佛法，他说的道理一定都是对待法，都是二元意识的产物。对这种人，那你就说到他的对面去。"因为在二元意识下怎么说都不对，只有把对立变成统一才破二元。六祖说："来与去是相因循环的，没有来，也没有去，来与去互为因果。只有把相对的观点、相对的做法去掉，才是正道，别无他途。"

这三科三十六对都是教下的，但六祖用禅来进行归纳。三科就是五阴、六入、十八界。

三科法门者，阴界入也。阴是五阴，色受想行识是也。入是十二入，外六尘色声香味触法，内六门眼耳鼻舌身意是也。界是十八界，六尘六门六识是也。自性能含万法，名含藏识。若起思量，即是转识，生六识，出六门，见六尘。如是一十八界，皆从自性起用。自性若邪，起十八邪；自性若正，起十八正。

三科就是阴、界、入。五阴、六入、十八界是三科，这是教下的，非常明确。这里讲的十二入，就是眼耳鼻舌身意，入色声香味触法。阴为五阴，色、受、想、行、识。十八界是：眼耳鼻舌身意、色声香味触法、眼识、耳识、鼻识、舌识、身识、意识。人生宇宙，万事万物都不出这十八界。界就是界限，领域，彼此不混乱。因果便在这十八界中安立。简言之，你对宇宙的一切认知都没有离开十八界的范畴。

这里六祖说："在自性中能含藏万法，所以给八识取名为藏识。"如果第八识藏识能够清净，即成大圆镜智。"如果起了思量，即是将第八识转成了第七识末那识，然后再依次向下转，便生第六识意识，出眼、耳、鼻、舌、身、意，而染于色、声、香、味、触、法。十八界就是从这里来的。这十八界都是从你的自性生出，而产生作用的。如果自性邪了，这十八界统统变成邪的。若自性正了，十八界皆正。”

禅宗是不立文字，教外别传，直指人心，见性成佛。这里六祖怎么又将这五蕴十八界的内容，拿出来说与入室弟子呢？六祖之所以说这些，意思是：面对自己，你已悟了，而且悟得再简单不过了，可面对众生，你给众生说法，众生的根器不等，参差不齐，讲得太简单了，他无从下手，你要有对应的手段才能使众生明了。所以你固然可以直下明心见性，可对教下的内容不能外行。四谛、十二因缘、八正道、五蕴、六根、十八界、六度，不仅要明了这教下的教义，还要在日常生活中去实践。

四谛、十二因缘、六度是佛教的总纲，不论你在哪一个法脉下修行，这都是共法基础，脉脉皆修的。四谛十二因缘虽然是小乘罗汉果地的，但是每一个人必须了如指掌，不是说一说，而是要证，非证不可。非得你自己见到，然后讲的时候，法才被你立起来，否则和看书没有两样。你未证，说了一段佛证的法，这个法还没有被你立起来。这是在修行、传法过程中要注意的。如果哪一个脉说我不需要了解这些就可以修，那就不是佛法了。最后你可以突破它，可以超越它，但它是基础地。如果不懂得这些，你就没有入门，就不要谈在何宗何脉，这就相当于你连入场券都没有拿到，却告诉人家说坐在几排几号，这是一个颠倒，是不可能的。

今天我们的法脉讲在人间行六度，即心即佛，心外无佛，心外无法。你若认为可以什么都不管了，反正即心即佛，教下的功力完全没有，这是危险的。你必须认真学习佛教的基础理论，学习佛教的思想体系，了解佛教的思想境界，然后才能根据自己的情况，选择一个适合自己的法门。如果你认为禅门很好，很适合我，那也要选择教下深入学习，然后因缘具足，得遇到宗门下传承，然后见性才有指望。六祖此处说教下法的目的，是让每一个在宗门下修行的人知道，在教下的行为上要严整。

这里讲若是自性邪了，自性本是虚空，怎么邪的呢？这里讲的自性不是不生不灭、空灵的自性，而是讲的起心动念，是说你的心邪了这个意思。往往起心动念、自性都不太分，没有更多的词去描绘。像老子讲的强言为道，强用语言去表达的。实际上它是一种意境，很难用语言描述清楚。

若恶用即众生用，善用即佛用。用由何等，由自性有对法，外境无情五对：天与地对，日与月对，明与暗对，阴与阳对，水与火对。此是五对也。

六祖这里说："如果心生邪念，处处生恶念，处处以自我为中心，这就是恶，就是众生。如果处处无我为众生，就是善用。善用就是佛。善恶之用从何处而生呢？就是自性有对待，对万法起相对。"就是有阴阳，有反正，有是非，这就叫对待。

自性在没有对待以前是无善无恶的，是空性的。自性的对待，当你看到万事万物的时候，你生起的喜怒哀乐悲恐惊，和客观物质世界一对应，业便从这里生起。只要一有对待，便有阴阳。阴阳一拉开便要生万物了，因为阴阳是化生万物的种子。对待一出现，生命轮回的轮盘就开始转动。

六祖接着说："外境本来无情，是客观自然的现象，都因自性而生，生出五相对，天与地对，日与月对，明与暗对，阴与阳对，水与火对。"

譬如阴阳化生万物，五行造人，人在金木水火土五行当中，产生各种不同的对待。比如有人天生喜欢游泳，有人天生喜欢进入大森林，有的人天生怕冷。你对什么产生欢喜，往往是你命中决定的。这是五行下造人的状态，人浑然不知，因为它非常的自然。但是圣人不然，圣人是五行平衡，就是我们经常说的"跳出三界外，不在五行中"。不在五行中，它的基本点是什么？要五德俱全。哪五德？仁、义、礼、智、信。只有仁义礼智信五德俱全，五行才能平衡，五德不全，五行肯定不平衡。这是儒家思想，但是和佛家的观点是不相悖的。

因为你有了自性有了对待，便生出五个相对。比如说，当一轮明月挂在高空的时候，诗人的情怀就出现了："明月几时有，把酒问青天，不知天上宫阙，今夕是何年。"给了我们这么多无限美好的遐想。其实明月本是客观物质世界，本属无情，然而我们赋予它一种情怀。这时月亮就已经超出了客观物质世界，超越它本有的概念了。这种情怀被人吸纳了以后变成文化，变成情愫，变成恋人彼此相诵的诗文，去表达不同的情感。"但愿人长久，千里共婵娟"，不知道有多少先生都拿这首诗来骗他的有情人。

我们会发现在现实人生当中，人们赋予很多的东西以情怀。这时，我们就看不到自然的原貌，更多的是参与了人类自身的情感。就像我们走到大街上，看到红灯一定是停，看到绿灯一定是行，已经变成一个自然反应。然而红和绿本不具备这种功能，这是人为设造的，只是一个标识。我们在现实人生当中，给我们的客观物质世界和自然加了这么多的标识。我们就在这个标识下生活，然而这个标识是假的。

外境五情的相对，如果你能把它合起来，五行遁就出现了。遁术便是在不起相对相下出现，这是最基本的心理特征。我们看过崂山道士穿墙，他的第一个心理要素就是没有墙的感觉。如果没有这个心理要素，你说念一个什么咒，那是不能穿越的，最关键的是那一刹那心里完完全全不和它相对，和它融成一体。这种客观物质世界和人之间的绝对相对相，你什么时候超越了，你便要超生了。想当年秋恰堪布在讲《心经》，讲到什么是“色不异空”时，他的手伸出来可以自由地穿越柱子，他整个的色身和这个柱子没有任何相对的概念。因为心中进入绝对的一合相，不产生分别，就能达到这种状态。

宗门下如果没有教下的理论基础，什么棒喝、顿悟，便成了一通乱打，而不着边际。有很多的人在教门之中，以其昏昏，使人昭昭。自己没有完全明了，心性上很多东西没有完全放下，陌生人来问法，他马上批评人一通，这实际上是一点儿见性的力量也没有。这样除了让别人生起烦恼，生起一些知见，生起更多的疑惑以外，不会有任何益处。

我们看到在禅门下，无数高僧大德、一代宗师，当头棒喝他的徒弟。我们经常说禅门下德山的棒、临济的喝、云门的饼、赵州的茶。赵州和尚遇到人家一来问法，便说：“吃茶去！”一说吃茶去，对方就见性了。你觉得太容易，太简单了，说我在那儿开个茶馆，喝茶，喝够。我告诉你，那样保证见不了性。因为你不是赵州！因为你不具足法！

小和尚一指示禅的故事大家可还记得？师父很简单，人家一问他禅，他举个小拇手指头，人家见性了。一天，师父出去了，又有人来问禅，小和尚学他师父，手指头一举，来人很高兴，顶礼而去，小和尚很得意。师父回来了，小和尚说：“今天又有人来问禅了，我学您老人家，手指头这么一举，然后这个人也见性了。”师父说：“你怎么举的？你举给我看看。”小和尚手指头举起来的一刹那，师父挥起戒刀，把他的手指给砍掉了。手指没有了，还举什么举？这一刹那，小和尚又惊恐，又疼痛，突然间见性了。当心你们的手。

法相语言十二对：语与法对，有与无对，有色与无色对，有相与无相对，有漏与无漏对，色与空对，动与静对，清与浊对，凡与圣对，僧与俗对，老与少对，大与小对。此是十二对也。

所谓的法相就是万法之相。又有法相语言是十二对。整个宇宙世界其实何止十二对，六祖只是把我们看到的最普遍的状况说出来。此是十二个生起的相对相，我们是不是听起来似曾相识啊？老子的《道德经》第二章中，“有无相生，长短相较，高下相倾，音声相和，前后相随”，都是一对一对出来。我们来仔细看一看，把六祖与老子所说的做一个比较。

老子的结论是：“是以圣人处无为之世，行不言之教。”就是让你站到阴的一面去，不要站到阳的一面来。然后是：“万物作焉而不辞，生而不有，为而不恃，功成而弗居，夫唯弗居，是以不去。”让你要站在人们看不见的立场上。用今天科学的观点说，整个的宇宙世界是由显物质和暗物质组成的，能看见的是百分之四，看不见是的百分之九十六。所以你不要以看得见的世界作为生命的标准，而应该把看不见的世界作为生命的标准，这样就广阔了许多。然而，老子只是站在阴阳的点上，无非是让你“知其雄，守其雌”，还在阴阳上面。而六祖言相对相到最后是超越。佛教大积极的意义就在于此，可以造命，可以转化生命的轨迹。在转换的过程中，我成为什么样的生命，是不是步步增上的，这是每一个人都应该去关心的。面对生命三世因果的这种形态，仅仅知其雄、守其雌，是不能完成生命的超越的，只有进入到佛教里面，才可以最终去言超越生死。

自性起用十九对：长与短对，邪与正对，痴与慧对，愚与智对，乱与定对，慈与毒对，戒与非对，直与曲对，实与虚对，险与平对，烦恼与菩提对，常与无常对，悲与害对，喜与瞋对，舍与悭对，进与退对，生与灭对，法身与色身对，化身与报身对。此是十九对也。

在真如自性里，生起种种的作用，共有十九对。前边十二对，加上这十九对，再加上前边的，一共是三十六对。

用离两边贯万法　随缘应对不失宗

师言：此三十六对法，若解用，即道贯一切经法，出入即离两边。

六祖把世间你可能的分别知见，差不多都给你举例出来了。当然，可能要是面对众生相来说，会有更多的分别，比这个还要多。究其根本，只要是相对相，便是六祖所说的三十六对之中的。六祖说："这三十六对法，假如你能明白它的正用，就能贯穿起一切的经法，一切的经典，这样出入都不会落于两边。"这个出入是指思想的出入。这三十六对法都是求中道的了义。

六祖在此把这三十六对提出来，作为修行的纲领交给弟子。以后禅门内各宗各派都有自己传法的方式和系统，都是发源于此，发源于灭这三十六对法，不起相对。禅门各派的传承无一例外皆出于此，但各门之间又各有其特征，有共通处，也有相悖处，也有争执处。它们内在的玄机，又不是一般人可了知的。好在不管有什么样的争执、相悖，或者有什么我们不了解的玄机，我们可以回到法的本然中去，回到它的源头。六祖的这三十六对法很平实易懂，这是各家纲宗之源。懂了这三十六对，并能破这三十六对而立法者，你就能开山立世，弘法利生了。

唯识讲"此有故彼有"，世上一切法都是相对而存的，都是相反相成的。六祖说："此三十六对法若解用，即道贯一切经法，出入即离两边。"无论是自我修行还是弘法利生，都应懂得三十六对法的原理。若自我还有很多知见，还在是非善恶中行事，便落于边见，出语即有观点，所为皆落因果，总局限在狭隘的思想空间，自己尚没找到佛法的真义，何以引人上路呢？

如何才能度众生呢？叫“出语尽双，来去相因。”这八个字大家记住。出来的语言两面都在，它是以一合相出现的，没有相对的状况出现。互相为因，互为因果，来是去的因，去是来的因，这才符合缘起法。宇宙有终始吗？有来去吗？有分别判断吗？这些宇宙都没有，所以它能恒常。因为众生有这一切，所以不能被纳入宇宙生命中去，才有了生死轮回。

要想清楚，什么才是生命中最可宝贵的，哪些是我们该努力做的事情，哪些是我们应该放弃的事情，究竟什么是生命恒常意义的？我们不能去寻求生命中随生随灭的东西。生灭法中的东西，终究不是我们的生命要寻求的。在生灭法中你追求生灭的东西，当死亡来临的时候，这一切会随着你的生命的结束而凋亡。但是有一样东西，是不凋亡的，会随着你的生命继续往前走。佛家说，万般带不去，唯有业随身。究竟带走的是善业还是恶业呢？这决定了你下一世的生命形态。

古往今来，多少哲学家、科学家就因为超不过这种相对的认识，而不能完成生命的突破。而禅宗的下手处即在于此，它要求学人离开边见，破了对立相，达到中道义，言语道断，心行处灭。就是你在起心动念未发前不要有判别。言语是说不清楚的，是无法把这个境界跟每一个学人说清楚的，这里面要有丰厚的道资粮。等你有了丰厚的道资粮作为基础，然后你再去体量禅门离开边见，言语道断、心行处灭的状态。当思想和认识离开了对立时，便无法展开，在心行，就是心里一动之前，种子已经灭掉了。思想不能展开的这一刹那，即是全体即在。

自性动用，共人言语，外于相离相，内于空离空。若全著相，即长邪见；若全执空，即长无明。执空之人有谤经，直言不用文字。既云不用文字，人亦不合语言，只此语言，便是文字之相。又云直道不立文字，即此不立两字，亦是文字。见人所说，便即谤他言著文字。汝等须知：自迷犹可，又谤佛经，不要谤经，罪障无数！

我们这个生命源自宇宙最天真、最本源的那种能量。六祖说：“当自性起用之时，你与人语言交往，与外界接触面对种种相而离相；自己向内看要空而离空相。”因为你起用的发端点是宇宙本源的一种能量，和你是合的。你在起用它之前，它是没有相的。我们说宇宙的能量、自性有相吗？无形无相。一旦起用后，相就出来了，对待就出来了。对待就是好坏善恶，就是人的情绪喜怒哀乐悲恐惊。这种喜怒哀乐、好坏善恶，你做了分别之后，相就粘上了。

上一节课，我讲到了《地藏菩萨本愿经》前面的觉林菩萨偈：“心如工画师，能画诸彩色。”就是你的心画了你自己的世界。你的心发自于无相，然后产生了相，所以便有了你的命运，有了你的人生，有了你如此这般的德性。告诉你在运用自性时，不起相，叫离相。不是不用，是不起相。这就又回到《金刚经》说的“应无所住而生其心”。我不起相，我又在用。我要空，“我要空”这个想法是不对的。所谓的空就是离相，有一个空相还是相，只是执了一个空相。有一个壳子，没装东西，但壳子本身就是一个东西。

六祖接着说：“若内外相全著，就会生起种种邪见。假如你不执著于有，却执著于空，无明就会增长。执著于空的人，就以为一切都不需要，经典也不需要，做人的基本道德也不需要，说不用任何的文字。既然说不用文字，那人也不应该讲话，因为语言就是文字相，文字也就是语言。执著于空的人以为直心是道场，不要立文字。不立文字的‘不立’两个字还是文字，还没有离开文字。见别人说法，就诽谤别人，说人家执著于文字。你们要知道，自己迷了那只是自己的事情。如果你自己迷了，又反过来诽谤佛经，那你的罪孽不可言说的大。”

将空有两边除尽，方见佛性。有人问赵州和尚：“狗子有佛性吗?”赵州和尚说：“没有。”那人不服，说：“佛言一切众生皆有佛性，你怎么说这条狗没有呢?”赵州和尚说：“因为它被业识所挡啊!”这是赵州和尚在破他的有佛性相。后来另一个人又问赵州和尚，狗子有无佛性，赵州和尚却说：“有啊。”那人又问：“既然狗有佛性，它怎么会变成狗，而没有成人呢?”赵州和尚说：“那是因为它明知故犯!”当心啊，千万别明知故犯。

当你执著于有时，祖师便说无；当你执著于无时，祖师便说有。打你两边，出口便打，动念即乖，非得把你憋到言语道断、心行处灭的那个状态。所以，法是活的，不是僵死的，因人而异，没有一个固定的真理，给你死记硬背了去，就能成佛的。所以禅门有一句行话，叫“杀活纵夺”。你要是执著于活，就用杀来度你。你执著于杀，就用活来接你。

我通常不主张学人空心静坐，念头任它在心中自生自灭。但就是在这无穷的生灭之中，在万念之中，灵光便有可能闪现，好消息便包含在这无尽的生灭之中，会出现不生不灭。如果离开生灭，是没有不生不灭而言的。

在禅门，你真的境界有所悟入的话，有烦恼、执著固然不对，但心中还有佛可修也是不对的。你真正悟入之后，是不起分别知见的。

赵州和尚对众人说法时，他的一个徒弟来捣蛋，说："老和尚，听说佛恒顺众生，不违众生愿，是这样的吗?"赵州和尚回答："是的。"徒弟接着说："我太喜欢你的拐杖了，那您送给我吧。"他是真的喜欢吗？他是跟师父调侃。赵州和尚回答说："君子不夺人所好。"徒弟说："您不是说佛恒顺众生吗？您为什么连一根拐杖都舍不得给我呢?"赵州和尚回答也很巧妙，说："谁告诉你，我是佛啊?"徒弟一时语塞。

我们就拿这个小小的故事展开，来看众生相和佛的差别。这一段话含两重意：首先，佛恒顺众生，那众生有生老病死，有贪瞋痴慢疑，佛也恒顺，就不要再说佛法了。佛说法是为断生死而说，如果离开断生死的概念，佛说法干什么？我们再看小和尚要师父的手杖这个行为，我们且不谈他不够恭敬，不知法，从很浅显的意义上说，他是一个贪相，佛能恒顺他的贪相吗？佛不是为了恒顺众生的贪相和流转生死，佛是为了救度众生的。在救度众生的过程中，佛可以将自己的生命舍出去，但前提是给众生能带来解脱。

如果不是带来解脱，带来的是业障，佛能恒顺吗？其次，这徒弟心中有相，有一个固化的模式，他已将师父定位成了佛，那毫无疑问他就是众生。这还是二元思维，他不知心外无佛，心即是佛的道理。赵州和尚是打破他的二元意识，众生即是佛，佛即是众生；佛是悟了的众生，众生是痴迷了的佛。赵州和尚的回答非常巧妙。

若著相于外，而作法求真，或广立道场，说有无之过患，如是之人，累劫不可见性。但听依法修行，又莫百物不思，而于道性挂碍。若听说不修，令人反生邪念。但依法修行，无住相法施。汝等若悟，依此说，依此用，依此行，依此作，即不失本宗。

六祖说："假设你尽著相在外，而用妄心去做种种著相的事情，还以为自己是在寻求真理，而且还广立道场，在有无法中广为人说，这个过患是相当之大。这样的人，累劫不可见性。你听了我说的法，依法修行，但又不可百物不思。若百物不思，即是顽空，也没有用，这便于自性中生出挂碍。"

百物不思，这样就修成山石草木了。六祖在此强调：百物不思即是顽空。因为空和万有是合一的，不能修对立相。不能说我正在烦恼和痛苦中，终于任何的痛苦和烦恼都没有了，然后就以为修成了。不是这样的！是烦恼来了，我顿然之间可以转菩提，或者烦恼即菩提。修道之人如果没有明了自性，守住顽空以为是自性，就成了挂碍。因为自性是空有不二的，色即是空，空即是色，一点相异都没有。

六祖说："假如只是听别人讲，不实实在在去修行，令一般人反生出邪见。若依法修行，外不著相，内无我执，此为法施。"没有我执的时候，其实不见得说法，已经法施，这一刹那的能量就足够别人去取法。大家可明白老子说的"行不言之教"，这不言之教是自己本身就是能量，已经足够他人去领受，已经不需要语言和文字了。六祖说："你们如果能明白我所说的道理，依我所说的道理去讲经说法，便有无上妙用。依此去做，去实践，那就不失本宗顿教的宗旨。"还是要回到认识自性的基础上，然后去说法。

《中论》中说：不生不灭，不常不断，不一不异，不来不出，这是八不中道。生灭、常断、一异、来出都是相对的概念，都有相反的意义。世间万事万物都是相反相成，互为因果，这便是佛所说的缘起性空。只有在缘起中，又能观到空性，才见到事物真实的一面。所以六祖一直反复强调："依此说，依此用，依此行，依此作，即不失本宗。汝等于后传法，依此转相教授，勿失宗旨。"

这最后一品是付嘱品，付嘱的是什么呢？付嘱他的弟子不要说二元法。如果你心还在二元之中，便不可说法，因为你说的法是一个假相，会被人攻击的。而且你没有证到的时候，说出来的话也是很虚的，这时说出的法就没有能量。

若有人问汝义：问有将无对，问无将有对，问凡以圣对，问圣以凡对。二道相因，生中道义。如一问一对，余问一依此作，即不失理也。设有人问，何名为暗？答云：明是因，暗是缘，明没即暗，以明显暗，以暗显明，来去相因，成中道义。余问悉皆如此。汝等于后传法，依此转相教授，勿失宗旨！

六祖说："假如有人问有的道理，你就用无的道理讲给他；有人问无的道理，就用有的道理讲给他。问凡夫之事，就用圣人的道理解答他；若问圣人之事，就用凡夫的道理解答他。二元的道理是相因相循，二者皆融，就生出中道的意思来。他如何的问，你便如何的答，这就不失顿教的本宗。如果有人问：什么是暗？就答：光明是暗的因，暗是光明的缘，明没有了就是暗。以光明去显黑暗，以黑暗来显光明，来与去相因相循，这便成中道义。不管是何问题，皆不离中道。你们以后在传法时，依照这个道理去转法轮，互相教授，不要失去真理的宗旨。”

所有的起修问法者，皆以二元作为这个世界的依止，问话都离不开二元法，圣人就是把二元合成一元。凡夫就是不断地在生命当中，把一切的事物对立拉开，拉开的就是时空啊，这便是生死流转。能见一合相时，你才能真正谈生死的问题，要不然，莫要谈。因为一切的行为都在生死之中，都在流转之中，有什么好说的？佛说的真理的宗旨，即在这一合相处。这是六祖大师即将要离开这些弟子们，显涅槃相前，对后生们殷切的嘱托。

欲离世间显法性　慈悲演说动静偈

师于太极元年壬子，延和七月，命门人往新州国恩寺建塔，仍令促工。次年夏末落成。七月一日，集徒众曰：吾至八月，欲离世间。汝等有疑，早须相问，为汝破疑，令汝迷尽。吾若去后，无人教汝。法海等闻，悉皆涕泣，惟有神会神情不动，亦无涕泣。

“太极”这年号比较特殊。太极是唐中宗的弟弟睿宗的年号，如何又叫延和七月呢？因为在五月间，睿宗把年号改成延和，所以是延和七月。到七月，睿宗又把帝位传给儿子玄宗。到八月，玄宗又改这一年的年号为先天元年。这一年中有三个年号。

就是这一年的七月，六祖叫他的弟子到新州国恩寺他的故乡，当年武则天所赐的庙，在那里建塔。毫无疑问，他差人去建塔，就预示着他老人家要离开人间了，六祖并且催促他的弟子抓紧时间。到了第二年的夏天，也是七月间，塔终于建成了。七月一日，就鸣钟击鼓，召集徒众，来到法堂。六祖告诉大众：“到八月间，我将离开世间，你们如果还有什么疑问，尽早快问，我现在为你们破疑解惑，令你们的一切疑情尽除。我如果离开了世间，就没有人能再来教授你们了。”他的弟子法海等人听了这番话后，都非常伤心哭泣。只有那个小徒弟神会神情完全不动，也没有哭泣，可见这小徒弟的境界非同一般。

在《景德传灯录》、《五灯会元》等著作中，祖师在圆寂前都是跟弟子们打招呼。虽然此中包含有对弟子的责任，让他们有问题赶紧问，更重要的是对生死的一种验证。你说了脱生死了，这死究竟是你选择的，还是不期而至的呢？所以，一代祖师要选择给你看，来增强后学的信心，让后学知道佛法的真实不虚。所以你看，六祖一年以前就嘱咐他的弟子去建塔，然后提前一个月通知大家，都安排好好的，一切事情有条不紊。如果不是在生死中来去自由的人，能做到这一切吗？而且当时六祖他没有任何疾病。

有人会问，六祖怎么不多活些时候？要知道，生死和涅槃是等无差别的，生灭在生死当中，离开生死无涅槃。想长生不老是执著寿者相，是将生与死对立而观，这是邪见，是贪欲。一代祖师用他的生命去谱写了法的赞歌，他不会违背这一切的，也不会执著任何一个相的。他随顺着万法的因缘，该生的生，该灭的灭，在生死中证涅槃，在涅槃中含生死，在生死中得大自在。

说起生死方式，禅门下要说的事就太多了。五台山的邓隐峰，倒立而死，并且袈裟不翻过来。这就是游戏生死啊！

洞山良介圆寂时，弟子们舍不得他，哭声震天，一直哭到第二天。已圆寂的洞山忽然睁开眼睛，说："你们这个样子哪像出家人啊？真正的修行人乐哀不入，心不附物。你们这样劳生惜死，是太愚痴了。"于是吩咐庙里办"愚痴斋"。大家就故意拖延时间，过了七天，才把这个愚痴斋办好。洞山就与大家一起吃斋。吃完斋饭，他说："出家人是无事人，临终亦不离自在。"说完回到方丈室，长坐而去。这是何等的人生呢！在生死中游戏，生死一如。所以神会这小和尚的不哭，此中包含着多少证悟境界呢！

师云：神会小师却得善不善等，毁誉不动，哀乐不生。余者不得，数年山中，竟修何道？汝今悲泣，为忧阿谁？若忧吾不知去处，吾自知去处。吾若不知去处，终不预报于汝。汝等悲泣，盖为不知吾去处。若知吾去处，即不合悲泣。法性本无生灭去来，汝等尽坐，吾与汝说一偈，名曰真假动静偈。汝等诵取此偈，与吾意同，依此修行，不失宗旨。众僧作礼，请师说偈。

六祖一看这一帮人统统哭掉了，只有神会不哭。六祖称神会小师，并非是因为他年龄小而称他小师，这里指的是受戒的年限。受戒十年以内叫下座，为小师；受戒十年至二十年叫中座；受戒二十年至三十年后还能守得住戒的称上座。

六祖说："这神会小师虽然年纪小，却不起相对相，在毁与誉面前不动，悲哀与欢喜也不生，这是中道了义，真是难得。"因为生死面前皆不动，还有毁誉吗？还有哀乐吗？六祖接着说："你们其他人皆未得此境界，这么多年在山中，修的什么道啊？你们今天哭泣究竟哭哪一个？是哭我，还是哭你自己？如果是担心我不知到何处去了，那我告诉你们，不要去担心，我自己自然知道我去何处。假如我不知我的去处，我就不会预先告诉你们。你们这些痛哭悲哀的人，皆不知我的去处。如果你们知道了我的去处，便不会这样痛哭悲哀。法的本性，本是不生不灭，没有来去的。你们坐好，我给你们说一偈，名字叫真假动静偈。"

偈曰：

一切无有真　不以见于真
若见于真者　是见尽非真
若能自有真　离假即心真
自心不离假　无真何处真
有情即解动　无情即不动
若修不动行　同无情不动
若觅真不动　动上有不动
不动是不动　无情无佛种
能善分别相　第一义不动
但作如此见　即是真如用
报诸学道人　努力须用意
莫于大乘门　却执生死智
若言下相应　即共论佛义
若实不相应　合掌令欢喜
此宗本无诤　诤即失道意
执逆诤法门　自性入生死

"一切无有真，不以见于真。"这世间所有的一切都是幻象，不要当真，不要认为我看到的是真相，我看到的这一切本为幻象。因为真相是空性。

《菜根谭》中说："浓肥美酒非真味，真味只是淡；神奇卓异做至人，至人只是常。"告诉你最好的味道是什么味道都没有，至人就是最平常的人，能达到最平常，才最伟大。达不到那种平常，还有伟大之相，那还很平常。

“若见于真者，是见尽非真。”如果在不真之中，你认为是真，那你所见的见也不是真，因为万法皆为幻象所生。

“若能自有真，离假即心真。”若能返观内照，在自性中寻真，离开世间的一切假相，你的心就能真乐，就能看到事物的真相。

“自心不离假，无真何处真。”你自己的心不离开假，心中就没有真，真不离自性，离自性无真。真正的真是离不开你的自性的，离开自性，是没有真可言的，无所谓真和假。

“有情即解动，无情即不动。”有情生命在知觉上建立，所以他是动的；无情生命没有知觉，像山石草木，所以相上它是不动的。

“若修不动行，同无情不动。”假如修这不动的行门，那就等于修一个无情的生命了，因为山石草木是不动的。

“若觅真不动，动上有不动。”如果想要得到真不动，就不要离开动去找不动，离开动是没有不动可言的。就像我们说匀速直线运动，匀速直线运动是一个假想，但是要有速度、摩擦力、风速等一切外缘，才是这个运动的本质。匀速直线运动是作为标准存在的，而这个标准是是一个假设，必须把诸多的条件加进去，才是它的这个状态。也就是说，动与不动，离开了匀速直线运动就找不到标准。可是它又不是匀速直线运动，永远也不可能成为匀速直线运动。

“不动是不动，无情无佛种。”无情固然可以不动，但此中没有佛种，不能够种下佛的种子。

“能善分别相，第一义不动。”在有情的知性上，能善于分别诸法相，就是去分别世间的万象，但又不用识去分别它，不用认知和了别去分别事物，而是以等无差别之心去看待世间的一切法，去分辨法相，就得到了第一义的境界，那才是真的不动。

譬如说，面对社会上形形色色的人，好坏善恶我看得清清楚楚，但是并不等于我生分别，生亲疏远近，生对待。如果我根本就不能分辨出每个人的好坏差别，根本就不知道好歹，那是愚痴相，不是智慧相。佛说：“若干种心，如来悉知。”但是不等于去分别对待，不等于起分别心。众生有差别，不等于他的心中要起分别。所以，六祖说在知性上能分辨诸相，但又不起分别之想，以等无差别之心去辨别诸相，即得了第一义的境界。这是真正的不动。所谓的不动，并不是一个全然的不动，如果是全然的不动，就是山石，就成了山河大地。

“但作如此见，即是真如用。”如果是建立了这样的见解，便是真如妙用。真如是不动的，可妙用是动的，真如和妙用一体不二。怎么去显一体不二呢？差别相是有的，但不等于我去分别对待，我依旧以如是心去对待，这叫真如的妙用。

“报诸学道人，努力须用意。”所以我告诉学道的人，要努力用真心去修行。

“莫于大乘门，却执生死智。”这话说得过瘾。你不要人在大乘的门里，却执著在生灭法中。就是你身在大乘门里，可是却修了小乘，甚至修了外道。

“若言下相应，即共论佛义。”如果你能与我所言的境界相应，那我们可以共同研究佛理。大家以一个平等性智出现。

“若实不相应，合掌令欢喜。”如果言下不能够相应，也应该合掌随喜，种下善根，在未来际以此门而解脱。否则，终无解脱之日。比如说，你的目的地是去西方极乐世界，那么去西方极乐世界是要修资粮道的，首先你要有福报。于是你就开始大做福报，大做功德，但是你把去西方极乐世界的事给忘了。你修的福报相当的大，有钱有势，有名望，结果把最终的目标给丢弃了。只在佛法中修福修寿，没有达到最终的目标，这是非常非常遗憾的一件事情。所以六祖说，你在修行的过程中，不能合了我的第一义法，但是要合掌随喜，种下善根。

“此宗本无诤，诤即失道意。”我顿教之宗本修无生法忍，不与任何人去争高低。若争高低，就失去了道的本意。孰高孰低？一切平平等等，你要自我观照。在行门之中，尤其是出去与人交往时，什么是为赢呢？以不动为赢，别人说什么都不去解释，就让大风把话刮过去。一切随缘随份，不以物喜，不以己悲。你能做到这一点，你就是人中了第一义者。诤是胜负心，与道相违背；便生四相心，何由得三昧！

“执逆诤法门，自性入生死。”如果与其他法门，与社会有所争执，不明自性之理，你就在轮回中受生死。

衣脉不计单传训　顿悟华情果自成

时徒众闻说偈已，普皆作礼，并体师意，各各摄心，依法修行，更不敢诤。乃知大师不久住世，法海上座再拜问曰：和尚入灭之后，衣法当付何人？

当时在南华寺，六祖大师的徒弟们听完偈颂，大家纷纷顶礼，向六祖大师致谢，并深深地体会大师的意思，各自反观自心，依法修行，不敢起任何争议。因为知道大师将不久离开这个世界，法海上前再拜六祖问：“大和尚您圆寂后，衣钵将传给何人？”

纷纷顶礼这个行为的背后内容非常复杂。有的人是以往带着很多虚假的心在修行，这时听了六祖的偈颂以后心生惭愧，这一刹那给祖师顶礼。有的人是从六祖那里得法，完成一个生命的转化，深深体会到祖师的慈悲，于是给祖师顶礼叩谢。有的人是因为祖师不久于人世，很快要进入涅槃，对佛法又失去一个传灯者，心中非常悲哀，于是给祖师顶礼。顶礼的心态都是非常复杂的。

读经典时，如果不把它翻成一个鲜活的生命之间的对话，那经典就是一个僵死的，就没有生命力，也不会给今天的生命带来感染力。读经的时候，一定要有把经文翻成剧本的能力，这是起码的。你去观察每一个人的心理动态，观察这个场面，乃至观察祖师心里在说些什么。这个过程就是启佛智慧、开佛知见。《金刚经》里佛告须菩提：“尔所国土中，所有众生，若干种心，如来悉知。”所以佛说法时，都有切入点，都会针对每一个人不同的心态，去讲不同的话。如果你没有境界领纳，这本经从头读到尾，不过两个小时就读完了，那样什么味道都没有。

在我读到六祖大师的《坛经》时，我感觉到六祖是一个很温柔的人。六祖的话里没有很多对他徒弟的非常刺激的语言和严厉的对待。其实禅门一路杀过来是很残酷的。禅是双刃剑，一剑抵到你的脖子上，要么去死，要么去超，所以每次都是血淋淋的。你要不经历血淋淋的过程，不经历剥离的过程，回避这个道，那就说这个法本对你无缘。未来你们在修行的过程当中，可能还会遇到很多的上师，千万不要被他的外在的不客气吓唬住，没有一个上师的法是天上掉的馅饼，统统都是用生命和鲜血换来的。并不是他不慈悲，他要看你是不是法器，你拿得住吗？最好的方式，那就是一试，劈头盖脸把你臭骂一顿，你还能够坚持住，这时候你才能得真法。

在禅门里有德山棒、临济喝、云门饼、赵州茶。大家感觉到德山棒喝是严肃的，赵州茶是委婉的，是温柔的。其实不是的。你知道赵州和尚说“吃茶去”是什么意思吗？他是南方人，这吃茶去的意思就是你一边玩去，该上哪儿玩上哪儿玩去，哪儿凉快上哪儿去。你觉得给你捧来一杯茶，你恬不知耻地去喝了，那就是欠扇啊！

师曰：吾于大梵寺说法，以至于今，钞录流行，目曰《法宝坛经》，汝等守护，递相传授，度诸群生。但依此说，是名正法。今为汝等说法，不付其衣，盖为汝等信根淳熟，决定无疑，堪任大事。然据先祖达摩大师付授偈意，衣不合传。偈曰：

吾本来兹土　传法救迷情
一花开五叶　结果自然成

六祖说：“我在韶关大梵寺每一次说法，直到现在，将其抄录流行，称名《法宝坛经》。你们要守护法宝，互相传诵流通，以度天下无量苍生。依此讲授佛法，这是正法。今天我为你们说法，但不传衣钵。”

当年达摩祖师一苇渡江来到中国传法时，用衣钵来证明他是一代传人。其次，我传给谁了呢？我作为一代祖师，用衣钵作一个验证。为什么要作一个验证？因为禅门在当时刚面世，禅的思想和世界观还没有在中国扎下根来，没有谁来验证一个见性的祖师。所以，达摩祖师用传衣钵的方式做验证。衣钵是来表信的，谁有衣钵，我们就信谁。实际上这是上师对下一代人的验证。等到佛法传到六祖时，禅门已是深入人心，每一个人都需要拿出真正的精神境界来自我验证，衣钵已失去了在初期时具有的价值。另外，传衣钵这种形式还会引起诸多的纷争，乃至于六祖几次都因衣钵几近丧命。衣钵不再传，实际上是体现了禅的兴盛与我佛的慈悲。

所以，六祖在这里说："你们这些人信根已纯熟，对我及我所传法没有怀疑，因此能担当起如来家业，担当起教化众生的大任。虽然我如此说，但据先代祖师菩提达摩传法的意思，衣传到我这里，就不应该再传了。"就是传法不传衣，得法即得衣，以去避免日后的争端。更有甚者，重衣不重法，法要不要无所谓，就要那个衣钵。想着衣服一穿，就成一代祖师，境界就来了，然后钱财名利什么都来了。若在祖师门下得法者，他的光芒是挡不住的，所以叫"结果自然成"。所谓"一花开五叶"，禅门在六祖后边分成五支。

师复曰：诸善知识！汝等各各净心，听吾说法。若欲成就种智，须达一相三昧，一行三昧。若于一切处而不住相，于彼相中不生憎爱，亦无取舍，不念利益成坏等事，安闲恬静，虚融澹泊，此名一相三昧。若于一切处，行住坐卧，纯一直心，不动道场，真成净土，此名一行三昧。若人具二三昧，如地有种，含藏长养，成熟其实。一相一行，亦复如是。

六祖大师又说："各位善知识，你们各自能自净其意，不起贪瞋痴慢疑，然后听我说法。"这是听法的先决条件，自己先清净。建立在信的基础上，首先是要倒空自己的知见。佛法不是用来进行理论和哲学的探索研究、做无益的争端的，那跟生命的解脱一点关系都没有，在佛家叫戏论。

对于戏论，佛陀曾经有一个比喻说，有一个人身体中了毒箭，亲人准备救治他，准备去给他拔箭。可是他不让拔，却说：等一下，你必须告诉我，是谁射了我一箭？他姓什么，他用的是什么弓，弦又是什么做的？等你把这些事情都回答完我，我才能接受你的救治。佛陀说：搞清楚这些事情，其实并不难，只是需要时间，然而一个人的生命是有限的，等你还没有把这些问题搞清楚，人就已经毒发身亡了。这有意义吗？现在我们要做的就是把箭拔了。所以，一切不能导致解脱的辩论都是戏论，是绝不值得学佛的人费神讨论的。心中如果还有这么多的对待，有这么多的贪瞋痴慢疑，法是进不去的。

六祖说："你若想成就一切种智，就要通达一相三昧，一行三昧，一相而无诸相的三昧，一行而无诸行的三昧。什么叫一相三昧呢？就是无论在任何地方、任何的事情，都不著于相，在世间万相之中不生憎恨、爱欲之心，都能如如不动，也不生取舍。”取就是占有，舍就是厌恶。不生取舍就是不生喜欢、不喜欢这两种感觉。并且“在自己的念头之中，没有利益和成坏，不计较自己的利益，不是站在自己的利益上谈得失荣辱，将心放到闲处，波澜不惊，没有烦恼，像虚空一样贯通无碍，虚融恬淡，此为一相三昧。”

何为淡泊呢？淡泊就是“素富贵行乎富贵，素贫贱行乎贫贱，素夷狄行乎夷狄，素患难行乎患难。”这叫随遇而安，安分守己。我是什么样，就是什么样。身处任何的时候，你还是你，安得自己应该有的那一份。在宁静淡泊上，在相离相，在尘出尘，所以叫“一相三昧”。

何谓一行三昧呢？六祖说，就是能在一切处，在任何地方，行住坐卧中都能够保持威仪，保持人格的不变性，纯一直心，时时都是直心，不用曲心，直心是道场。当纯一直心时，你能洞察一切人、事、物，而不会被外物所惑，所谓大智若愚。你的这颗不动的直心，便是你的道场，也是无量众生的道场。直言直行，不动道场，就是你成就的净土。这叫一行三昧。

所谓直心是道场，无论是交友，还是做事都应该如此。与人交往，假如是有一个要把他罩住，让他听命于我的想法时，我的心一个弯已经打过来的。然后我再想的是用更便宜的方式让他为我卖力，我这第二个弯又打过来了。我的心用九曲十八弯打出来，这样跟他打交道，我们彼此之间交流最终的结果是什么？就是我防着他，他防着我。我用一招过去给他，他用一招过来给我，我刺他一剑，他刺我一剑，最后两败俱伤。你不要觉得你有多大的本事，人外有人，天外有天，我们都是普普通通的人。你的能量从哪里来？告诉你直心是道场。用真诚的心，用直率的心，是具有最大能量的。永远去包容别人，是有最大能量的。

我们看过影片《达摩祖师传》。达摩祖师的师父让他先建立一个稳固的自修室。第一次，达摩祖师费尽气力把自修室盖好时，被过路的人不小心给破坏了。第二次，达摩祖师想尽方法终于盖好了一间很牢固的自修室，谁知晚上暴雨连天，暴风狂起，冲垮了自修室。第三次，达摩祖师尽心竭力，终于盖好了坚固不摧的自修室，然而他自己却把它毁掉了。因为他一刹那悟到，稳固的自修室是建立在自己的心上，而不是外在盖一个房子。稳固的自修室，不是建立在外，而是建立在自心深处的。所以，六祖这里说，直心便是你自己的道场。

六祖说："假如具足这两种三昧，一相三昧、一行三昧，并依此而修，就像在土地里种上种子，时间长了就会长出菩提芽，成熟菩提果。这一相三昧、一行三昧，就和种子的道理是一样的。"

佛法所建立的理论基础即是三世因果、六道轮回，这是佛法最基础的理论。佛所说法是解脱之法，亦是解脱之道。学人不要停留在见闻觉知上，不要停留在浅表的念佛、求佛上，你要是做佛，不要将佛法当成一个学问。所谓修行，便是修正自己的行为，不要越修我执越重，越修越傲慢，越修心越多。修行是一个损道，是损之又损，是一个退守的状况。所以叫"为学日益，为道日损"。要把修行放到自己的生命中去实践，才能得到佛法的真实受用。

这三世因果、六道轮回是在何处建立的呢？是在空性上建立的。证得了万法皆空的道理，就得了根本智，有了根本智，就得到了解脱。一相三昧，是言念头，一行三昧，则重在行为。了彻了，一相、一行便是同体而异名。在此处用功，心理和生理都会产生非常大的变化。你在不断明理的过程当中，心一点点地放下，慢慢地面色好了，身体健康了，不像从前那样猥琐了，生命也慢慢变得开放了，强有力了，心理和生理都在转化，直到自己彻底解脱。

有人会问，生命的解脱究竟是何等意义的？当然最大的解脱就是对生死的把握。这个生理的变化为何？其实佛家与道家乃至于其他的外道在这一点上非常相似。我们这个身体与外在自然是完全相应的。这又回到中国文化上谈，左青龙，右白虎，上朱雀，下玄武。玄武就是指的下丹田，它的相为龟蛇盘结，那是业的主要居所，也是人修炼的根本处，能量的积累处。将丹田的经络练通，将修炼的能量安置于此，这在道家叫结丹，在佛家叫结圣胎。什么意思？就是一个新的我又产生了。当此色身将坏，便将神识迁往预先炼好的胞胎之中，所谓不死，便是如此。

色身朽坏之时，壳子坏了，要换一个才能继续活下去。有丹，神识就可以入到丹里，便有了重生之机，而且是自己生自己，不须父母，不受胎苦。很遗憾，有些人不知道结丹以后怎么用，白结了一个丹。这必须要有上师很好的指引，他才能把那个胎再入到丹里去。生命，微妙啊！这样一个精密的仪器，我们就把它扔掉了，没有好好地善用，太可惜了。

有许多人问："我炼了很久，结丹了吗？"大家说呢？哪有结丹自己不知道得呢？就如我戴手表了吗？戴没戴你自己不知道吗？肚子里有一个东西，如胎一般在动，身体其他部位也会随之相应变化。诸如，饭量少，睡眠少，精神好，心情好。张三丰的《大道歌》说："百日归一见笑颜，看准阴阳往上翻。即见黄婆为媒娉，婴儿姹女两团圆。美不禁，谁能言，浑身上下气冲天。丹田直上泥丸顶，降下重接落丹田。顷刻间，水火既济通宵眠，百日归老返童颜。"达到这种状况，得很厉害了吧？但是，这不究竟啊！佛家不是去炼丹，而是直接去明心见性！丹也是一种物质，最终还在生灭之中。此生彼灭，只是维持的时候长了而已，或者是变换一种形式而已，终究没有离开六道，还要在轮回之中。

我今说法，犹如时雨，普润大地。汝等佛性，譬诸种子，遇兹沾洽，悉皆发生。承吾旨者，决获菩提；依吾行者，定证妙果。听吾偈曰：

心地含诸种　普雨悉皆萌
顿悟华情已　菩提果自成

六祖说："我现在跟你们说法，就好像天降甘雨，普润大地生灵。你们本有的佛性就好比干枯的土地上的种子，遇到雨水都有生长滋润、发芽的希望。你们能够明白我宗旨的人，一定会证得菩提，证得无上妙果。"种子一旦发芽，结果变成树，是一个自然状况，结果自然成。

六祖说："听我为你们说一首偈颂。"偈颂是六祖对自己前边所说的现在得到法雨及时的滋润，所以种子都发出菩提之芽。顿悟一旦开花，菩提妙果就会自然成就。"

师说偈已，曰：其法无二，其心亦然。其道清净，亦无诸相。汝等慎勿观静，及空其心，此心本净，无可取舍。各自努力，随缘好去！尔时，徒众作礼而退。

六祖说完偈后，说："这顿教法门无二，没有第二义，心也无二，所修的道才清净、无相。你们修行不是坐在那里去观静，然后守着一个顽空。一切的众生，心体本自清净，没有污染，也没有取舍。"生命的根本处本然是清净的。六祖说："你们要各自努力，随缘而修。"这时，六祖座下几千徒众都叩头顶礼而退。

禅是让生命从迷茫中觉醒，从而彻底将自己归入宇宙，归入道。禅不是刻板的，禅就在我们的生活中，无时无刻不给我们一种生活的体验。如果你接纳了禅，把它变成你生命中的一部分，你会有很多受用。在合道以前，任何保护自己的方式都是无效的、愚蠢的，甚至会给自己带来灾难。禅是让我们跳开自我，把握自我。修行便是在生命实践中，不断地突破小我的知见，认识自己，放弃自己的一己之私和狭窄的偏见，让生命去感知更广阔时空的更宏大的意义。不是要保护一个现有的“小我”的利益，而是保护更久远的“大我”的意义。大我是超越关于“我”的概念的。在修行的生命训练中，我们首先要学会接纳，接纳你周围的人，把他们视作你的亲人；接纳不同的意见，这会使你变得有涵养；接纳挫折与失败，这是你成功的阶梯。

接纳是慈悲的种子，慈悲是在极柔软的心中能发出极强的力量，可以让一切不好的事物向好的方向去转化。慈悲让我们能学会尊重，学会率真，学会开朗，学会亲近每一个人；慈悲会让我们不乱发脾气，会让我们的思维不紊乱，会让我们遇到事情时不是总去责怪别人，会让我们能迅速地从痛苦中跳出来；慈悲能让我们得以温柔地善待他人的错误与自己的创伤。这些都是禅的精神。如果没有这种态度去对待生活对待他人，这说明你还不知禅为何物。如果你懂得了这些道理，却又不能把它用到生活当中去，那你就是口头禅。这样对自己对他人，都不会有真实的受用。不仅是无用的，还可能是危险的。

禅的修行重点在于心灵，心灵修行的重点在于接纳。因为接纳会使我们的生命开放起来，可以与宇宙的万有信息感应交道，最后让我们的生命融于宇宙而得到彻底解脱。这是我们在今天的社会环境里学禅的意义之所在。

法咐有道无心通　娑婆一脉递流传

大师七月八日，忽谓门人曰：吾欲归新州，汝等速理舟楫。大众哀留甚坚。师曰：诸佛出现，犹示涅槃。有来必去，理亦常然。吾此形骸，归必有所。众曰：师从此去，早晚可回。师曰：叶落归根，来时无口。又问曰：正法眼藏传付何人？师曰：有道者得，无心者通。又问：后莫有难否？师曰：吾灭后五六年，当有一人来取吾首。听吾谶曰：

头上养亲　口里须餐

遇满之难　杨柳为官

六祖在这一年的七月八日，突然对大家说："我想回新州去，你们赶快给我准备一条船。"新州是他的老家。此时，六祖的徒弟都哭着执意不让他离开，因为大家都预感到他这一次离开恐怕是永别。六祖说："十方三世一切诸佛来此世间，都尚且示现涅槃相，有来必有去，有生必有死，这是平常的道理。我之形骸，有他该归的处所。"

大众纷纷问："祖师您此一去，早晚还回来？什么时候还回来？"这是一语双关。一是问祖师此去是不是只是回新州看一下，然后再回到这些徒众面前；另外一层意思是问祖师的转世。就是说你这一世结束了，下一世什么时候再来。

六祖说："叶落归根，来时无口。"叶落归根是说他要回到他的家乡。来时无口，是说我不知道什么时候来，没有一个具体的日期。弟子又问："您老人家的正法眼藏传给谁了，就是你的衣钵传给谁了？"六祖说："有道的人得了。”这说的是什么意思呢？就是说，法我是普传的，谁有道，谁能参悟透，谁就得法。“无心者通”，是说没有攀缘心的人自然会领悟。弟子们又问：“您走后我们的教中还会有灾难吗？”这话问得是有原因的。因为大家与六祖经历了无数次的磨难，所以大家才如此问。六祖说：“我入灭后五六年，会有一个人来取我的头，听我为此事说一谶。”

“头上养亲”，就是五六年以后，果真有一个从高丽来的和尚，这个贼和尚想把六祖的头带回他自己的国家去供养。这个和尚叫金大悲，雇用了一个人叫张静满，用高价在此人手中买六祖的头。这“口里须餐”是说，这个叫张静满的人，他要挣钱吃饭，所以后边说是“遇满之难”，遇到张静满这样一个灾难。“杨柳为官”是什么意思呢？当时的刺史叫柳无忝，县官叫杨侃。正好一个姓柳，一个姓杨，所以叫“杨柳为官”。为何要提到这两个官员呢？

六祖圆寂以后，他的肉身成就，供养在塔中。一日晚上，张静满提着刀进入塔中，对着六祖的头部就斩。因为六祖的徒弟们记住六祖当时的预言，装金身的时候预先用铁皮把六祖的脖子包起来了，所以张静满来拿刀没有斩动。和尚们听到塔里面有很大的动静，被惊醒，纷纷往塔那里跑。张静满穿着一身白素袍，从塔里跑出逃掉。大家赶快到塔里察看六祖真身，发现了脖子上的痕迹，于是报官。这一杨一柳，认为这是重大案件，于是派人努力寻查，五天就把张静满给抓住了。

柳无忝作为刺史，亲自将张静满带到南华寺去审问。张静满就如此这般地招供了。柳无忝一看，这个是死罪，里通外国啊。柳无忝就问六祖的徒弟令滔法师应该如何处置？令滔法师说，若按国法来讲，是要杀头的，没有什么疑义。但是，佛法广大而慈悲，冤亲平等，若照佛门意思就把他放了吧！柳无忝感念佛法的慈悲与广大，便果真把张静满给放了。

又云：吾去七十年，有二菩萨从东方来，一出家，一在家，同时兴化，建立吾宗，缔缉伽蓝，昌隆法嗣。

六祖说：“等我圆寂后七十年，有两位菩萨从东方来，一位是出家的菩萨，一位是在家的菩萨，他们同时弘扬佛法，立下顿教的宗旨，广开禅宗法门，重新修建庙宇，将佛法发扬光大，并培育佛教里的传人。”

这位出家的菩萨指的是马祖道一。“马祖造丛林，百丈立清规。”丛林皆是马祖道一造的，清规皆是百丈禅师立的。另一位在家的菩萨指的是庞居士。庞居士是一个很了不起的大成就者，很有钱，经常拿他的钱去供养穷人。他造了一艘大船，将他的金银财宝统统装到船上，把船开到海中，把金银财宝全都扔到海里去，供养龙宫。然后自己编竹笼来卖，以此为生。他全家人都修行。据说，庞居士还是家里修的最次的一个。

庞居士对修行有一个体会，说："难！难！难！十担芝麻树上摊。"这太困难了，拿十担芝麻涂到树上，不是老要掉下来吗？这个难度太高。他的太太很了不起，一听他这样说，却说："易！易！易！百草头上祖师意。"说太容易了，祖师西来意明白地告诉了我们，只是愚人不知。"百草头上祖师意"，就是说草木皆有情，草木都在说话，就是你看不到，你是一个笨蛋。他的女儿却说："也不难，也不易，饿来吃饭困来眠。"一切随缘。你看这一家人热闹不热闹。

众复作礼，问曰：未知从上佛祖应现已来，传授几代，愿垂开示。师云：古佛应世，已无数量，不可计也。今以七佛为始：过去庄严劫毗婆尸佛、尸弃佛、毗舍浮佛，今贤劫拘留孙佛、拘那含牟尼佛、迦叶佛、释迦文佛，已上七佛。

大众又顶礼问六祖："不知道从佛祖出世到现在传授多少代了，请六祖开示。"六祖说："古佛应现于世已无量无数，不可计，现在只从过去七佛开始算起。"

过去七佛，庄严劫有三位，贤劫有四位。庄严劫是我们的上一劫，我们现在正好在贤劫之内。在过去庄严劫有一千尊佛出世，第九百九十八位佛叫毗婆尸佛，第九百九十九位佛叫尸弃佛，第一千尊佛叫毗舍浮佛，这是上一劫的最后三尊佛。现在是贤劫。为什么叫贤劫呢？就是有很多的圣贤出来救世的意思。贤劫也有一千尊佛出世。第一尊是拘留孙佛，拘那含牟尼佛是贤劫的第二尊佛，迦叶佛是第三尊佛，释迦牟尼佛是贤劫的第四尊佛。这是最近的七佛。

今以释迦文佛首传摩诃迦叶尊者；第二阿难尊者；第三商那和修尊者；第四优婆鞠多尊者；第五提多迦尊者；第六弥遮迦尊者；第七婆须密多尊者；第八佛驮难提尊者；第九伏驮密多尊者；第十胁尊者；十一富那夜奢尊者；十二

马鸣大士；十三迦毗摩罗尊者；十四龙树大士；十五迦那提婆尊者；十六罗睺罗多尊者；十七僧伽难提尊者；十八伽耶舍多尊者；十九鸠摩罗多尊者；二十阇耶多尊者；二十一婆修盘头尊者；二十二摩拏罗尊者；二十三鹤勒那尊者；二十四师子尊者；二十五婆舍斯多尊者；二十六不如密多尊者；二十七般若多罗尊者；二十八菩提达摩尊者；二十九慧可大师；三十僧璨大师；三十一道信大师；三十二弘忍大师；惠能是为三十三祖。从上诸祖，各有禀承，汝等向后，递代流传，毋令乖误。众人信受，作礼而退。

这历代祖师的故事，述之不尽。从灵山法会释迦牟尼佛拈花，摩诃迦叶会心一笑开始，这正法眼藏便从此传开。这里没办法把每一个祖师的事迹都讲给大家听，我选择几个讲。

第三代祖师商那和修尊者，他一出生就穿着一件衣服，更为神奇的是这件衣服会随着他人长。阿难尊者度他出家后，这衣服便自动地变成法衣，直到他圆寂时，将此衣留于人间，并说：“佛法不灭，此衣不坏。”

第十代祖师叫胁尊者，在母亲肚子里怀了六十二年，等他出生后，头发都是白的，胡子也是白的，他天生喜欢修道。遇到第九代祖师伏驮密多尊者，便出家传佛心印法门。

第十二代祖师马鸣大士，他问第十一代祖师富那夜奢尊者说：“我怎样才能认识佛呢？”富那夜奢尊者说：“你想认识佛，这个不认识佛的，就是佛。”马鸣说：“佛既不识，焉知是佛？”就是说我连佛都不认识，我怎么知道我就是佛呢？富那夜奢尊者说：“你既然不认识佛，又怎么知道自己就不是佛呢？”马鸣一听说：“此是锯义。”就是你来回说，翻来覆去，咱俩都一样，你没有高度，没说究竟之理。富那夜奢尊者说：“你是木义。”马鸣问：“何为木义？”富那夜奢尊者说：“汝被我解。”你是个木，我是个锯，你被我给锯开了。这时马鸣豁然开悟，剃度出家，成第十二代祖师。为何名叫马鸣呢？他一说话，万马悲鸣，都跟他有感应交道。

第十四代祖师是龙树菩萨。《华严经》就是他从龙宫里请出来的。

第二十四代祖师是师子尊者。他曾经行法到罽宾国，罽宾国的国王信外道。外道有两位领袖，专门来蛊惑国王，破坏佛法。这位师子尊者就发愿要度化这个国王，于是去见国王。国王便问：“你是否了生死了呢？”师子比丘说：“我已了生死。”国王说：“既已了生死，便将你的头布施给我。”师子尊者说：

“可以。”国王便拿出宝剑，一剑就将师子尊者的头砍下来。这头一落地，没有出血，流出的却是牛奶一样的白浆。国王一看，才知道他是证道的圣者。于是，就将那两个外道的头给斩了，他们却是流的凡夫的血。国王顿然之间生大忏悔，诏告全国，一切外道不可尽存，把外道统统赶出去，佛法由此大兴。

心灯传至六祖惠能，为第三十三代。六祖说：“以上各祖皆有所传承，汝等向后，代代相传，不要令之断绝啊！”

临别复宣大法音　寂寂荡荡万法空

大师先天二年癸丑岁，八月初三日，于国恩寺斋罢，谓诸徒众曰：汝等各依位坐，吾与汝别。法海白言：和尚留何教法，令后代迷人得见佛性？师言：汝等谛听！后代迷人，若识众生，即是佛性；若不识众生，万劫觅佛难逢。吾今教汝识自心众生，见自心佛性。欲求见佛，但识众生。只为众生迷佛，非是佛迷众生。自性若悟，众生是佛；自性若迷，佛是众生。自性平等，众生是佛；自性邪险，佛是众生。汝等心若险曲，即佛在众生中；一念平直，即是众生成佛。我心自有佛，自佛是真佛。自若无佛心，何处求真佛？汝等自心是佛，更莫狐疑！外无一物而能建立，皆是本心生万种法。故经云：心生种种法生，心灭种种法灭。

六祖在唐朝先天二年癸丑八月初三这一天，在他新州家乡的国恩寺吃完饭，对所有的徒弟说："你们都坐到自己的位子上，我现在要和你们告别。"此时，他的弟子法海赶快上前说："大和尚，不知您留下什么样的教法，使后代迷人能明心见性？"

六祖说："你们好好听着，我来告诉你们。后代的一些迷人要知道，你若认识众生性，就是认识佛性。你若不认识众生性，那你也就不认识佛性。你如果不识众生性、众生相，你去外在找佛，就是找一万个大劫，也找不着。"

什么叫众生性呢？这一刹那因缘起所生的法，皆为众生性。我们所看到的一切物质色相，皆为众生性。这个众生性是从哪里起的？一切的物质现象从何处起？是从空性当中起，空生万有。一切众生的本性是空性，空性即是佛性。

佛性是真空不二，一体全在，它并不执著于一个空，也不执著于一个有，空生的万有，它既包含空，也包含万有。所以，识得众生性，便能识得佛性。能见他人的佛性，所以才能成佛。如果满眼都是他人的不是，起对立相，见他人的魔相，那你是以什么见的呢？是用你魔相照别人的魔相，所以，自己先是魔。

六祖说："我现在教你们要认识心里的众生，要见自己心中的佛性，不是向外求、向外找。"

凡是起分别见的，即是你的众生性。在你的心中划分出的你我他、是非善恶、好与坏、喜欢与不喜欢、爱与不爱，统统是众生性。你要见到这众生性是从空性生起的。虽然你的这颗心不断起分别知见，然而它是建立在空性上面的，它的本质还是佛，还没有离开佛性。你找的这个佛，向外找能找到佛吗？你说找不到，只能找到众生性。找到众生性，即是找到佛性；看到众生性，即是看到佛性。所以，要回到自己内心深处去找佛。

六祖说："只因为众生痴迷佛相，而不是佛迷众生相。如果你自心觉悟了，众生也即是佛了。如果自己迷痴，不明不觉，虽然本具佛性，那亦是众生。自性平平等等，佛与众生只在转念之中，不在其他，众生即是佛。若生邪恶险见，佛即众生。如果你的心弯弯曲曲，常处于矛盾之中，就是佛性被藏在众生相当中；一念直心，直心即是道场，众生即是佛。"一切世间事情的复杂，都来自于人心，而不是来自于事情的本身。任何一件事情都不难处理，就是人心复杂，人心弯曲，所以把事情搞得复杂。

直心是道场，这没言对错，也没言善恶，没言任何的对待，就告诉你直心是道场，直心是佛。没说你要做善事，不要做恶事，你要做好人，不要做坏人。这不是论的边见两边的概念，而是谈的直心，其中包括错误。比如说我可以在众人面前勇敢地面对自己的错误，就这一刹那，所有的阴暗被你彰显，大家都会原谅的。同时这一刹那，你即是佛。在你遮掩的时候，就是不断向下堕的众生相。

六祖说："每个人的心中都具足佛性，都是佛。自己能见到自心的佛，那才是真佛，真佛不在外求。如果自己的佛心被贪瞋痴所蒙蔽，纵然走遍万水千山，又何处去找佛呢？"心即是佛。心存正念，利益一切众生，你就是佛；你心存邪念，以我为中心，你就是魔。六祖说："你们各位要知道自心是佛的道理，更不要怀疑，到外边去找。心外求法，没有一法可以建立，万法都是由自己的心里生出来的，不是用其他方法去得的。所以经文说：心生种种法生，心灭种种法灭。”一切法不离自心本性。正所谓“佛说一切法，为度一切心；我无一切心，何用一切法。”

这一段话加上后边的偈颂，是一代祖师临终的言教，是非常重要、非常殷重的一段语言。

吾今留一偈，与汝等别，名自性真佛偈。后代之人，识此偈意，自见本心，自成佛道。偈曰：

真如自性是真佛　邪见三毒是魔王
邪迷之时魔在舍　正见之时佛在堂
性中邪见三毒生　即是魔王来住舍
正见自除三毒心　魔变成佛真无假
法身报身及化身　三身本来是一身
若向性中能自见　即是成佛菩提因
本从化身生净性　净性常在化身中
性使化身行正道　当来圆满量无穷
淫性本是净性因　除淫即是净性身
性中各自离五欲　见性刹那即是真
今生若遇顿教门　忽悟自性见世尊
若欲修行觅作佛　不知何处拟求真
若能心中自见真　有真即是成佛因
不见自性外觅佛　起心总是大痴人
顿教法门今已留　救度世人须自修
报汝当来学道者　不作此见大悠悠

这里六祖说，我现在留一首偈颂，来和你们道别。这首偈颂是六祖最后的遗教，他不仅留给了当时人，也留给了我们，以及我们以后的修行者。如果你不把它背下来，实在是冤枉了此生。后人称这首偈叫“自性真佛偈”。六祖说：“后学者如果识得此偈的本意，便可见性解脱，自成佛道。”

“真如自性是真佛，邪见三毒是魔王。”本源的真如自性才是真正的佛，认识了自性真佛后，魔王也能认识清楚了。魔王是什么？就是你心中的邪见邪知，你生命里的贪瞋痴三毒。所以，魔不在外，在自心中。

“邪迷之时魔在舍，正见之时佛在堂。”邪迷之时，就是依我执而生的知见，因知见而生无明，无明便遮蔽自性真如，此时便是魔在身心之中；正见之时，便是没有我执，以空性显其用，自心本性的光明没有遮挡，直接显现在身、口、意上，无住而生心，即生即灭，自性佛随处显现。所以，正见之时佛在堂。

“性中邪见三毒生，即是魔王来住舍。”自性中若生出邪见，我执三毒便依附其上，而生无边的业。这时自性便被魔王所占领，进住你的身心，你的整个心便被魔王所占。

“正见自除三毒心，魔变成佛真无假。”若从现在开始树立正见，正见就是直心与清净心之和，清净的直心。如果你离开直心，即离开正见。在心中确立了清净的直心，正见即立，三毒自除。正见与三毒此消彼长，一体不二。没有了我执三毒，魔王即刻变佛祖。这是真实不虚、毫无虚假的。

“法身报身及化身，三身本来是一身。”你的清净法身、圆满报身和无量化身，三身成一体，修行时分而修之，证悟时本同一体。这是最后的境界。

“若向性中能自见，即是成佛菩提因。”若在自性中能见自心本性，这便是见了真佛，这是将来成佛的种子。这个菩提种将来必定会结出菩提圣果。

“本从化身生净性，净性常在化身中。”本来你是从化身中生出清净自性，清净的自性也是在化身中去体现的。这个化身指的是谁的化身？我告诉你，佛魔同体，你可能是佛的化身，也有可能是魔的化身。

“性使化身行正道，当来圆满量无穷。”自性清净，能使化身行正道，未来圆满无量无穷的般若智慧。

“淫性本是净性因，除淫即是净性身。”我们谈淫字，泛滥无度为淫。就像我们说河水，出了河床为淫，它在河床以内就是正常。并不是没有，并不是干枯，而是有度。淫性是从净性中生出的，所以淫性的因是净性。淫性是邪知邪见，净性是正知正见。不是要去除掉淫性，而是要去转淫性。若除掉淫性，便是将净性一起除去。淫性让它有度化，那就成净性了，不是用对立的方式。

“性中各自离五欲，见性刹那即是真。”守住自心本性，使它不生出五欲。见自本性，刹那之中便是真如。

“今生若遇顿教门，忽悟自性见世尊。”今生今世如果有幸遇到顿教法门，便有机缘明心见性，亲见十方诸佛。这个法门让你今生有了真正解脱的希望。

“若欲修行觅作佛，不知何处拟求真。”如果开始起修，到十方法界去寻找佛，不是在自性中用功，而是心外求佛，心外求法，那就是不知在何处去求真佛。

“若能心中自见真，有真即是成佛因。”如果能在心中找到自己真正的佛性，知道自己的真如本性，这就是成佛的种子。

“不见自性外觅佛，起心总是大痴人。”不回光返照，返观自心，不向心内求佛、求法，总是向心外驰求，这种起心动念是世间愚痴之人的思维方式。

“顿教法门今已留，救度世人须自修。”我将禅宗顿教法门今天已留给世人，世人若要得到此法门的救度，需明理后自修。理，师父可以告诉你，但修行要靠自己。

“报汝当来学道者，不作此见大悠悠。”告诉未来修行佛道的人，如果不确立这样的见解，就是白白地浪费时间，空过此生。

此偈和觉林菩萨偈有异曲同工之妙，要去好好体悟。

师说偈已，告曰：汝等好住，吾灭度后，莫作世情，悲泣雨泪，受人吊问，身著孝服，非吾弟子，亦非正法！但识自本心，见自本性，无动无静，无生无灭，无去无来，无是无非，无住无往。恐汝等心迷，不会吾意，今再嘱汝，令汝见性。吾灭度后，依此修行，如吾在日。若违吾教，纵吾在世，亦无有益。复说偈曰：

兀兀不修善　腾腾不造恶
寂寂断见闻　荡荡心无著

六祖说完偈颂，又告诉大家：“你们好好住世，就是应该好好活着。我圆寂后，你们不要像世间俗人一样的表现，悲泣哭号，接受别人的吊唁，穿着孝服。这些行为不是我佛门弟子的行为，也不是正法修行人的举动。”

你看，佛教才是真正地破除迷信，不拘于任何形式，而是真正进入生命的解脱的概念。今人对佛教很多错误的认识，来自于佛教徒不当的行为。所以，真正作为一个佛弟子，你要好好规范自己，身体力行。

六祖说：“若能识自本心，见自本性，自性不动也不静，无生也无灭，无来也无去，无是也无非，无善也无恶，我唯恐你们心生疑惑，不能会我的心意，今一再地付嘱你们，希望顿教法门能令你们明心见性。我圆寂后，你们依此而修，就如同我在一般；如果违背我的教授，纵然我在世，也对你们没有任何益处。”

六祖说完这一段话，又说了一偈。

“兀兀不修善”。“兀兀”，是如如不动之状。如如不动，了了常明，你若进入此等境界，就不需要刻意去找一个善法去修。

“腾腾不造恶”。“腾腾”，是逍遥自在的样子。逍遥自在是一切也不执著，所以，也就不会造恶。当不造恶的时候，才能够逍遥。

“寂寂断见闻”。“寂寂”，是守住自性，不令生起。圆寂，这个寂在哪？心行处灭，心一直没有起，就在那一刹那，悬而未发之机为寂。所谓的圆寂、涅槃，都是谈的这一刹那不生也不灭的心。寂寂断见闻，就是守住这颗心，不令生起，一切寂默如如，所有的见闻觉知已不能够干扰你，令你污染。

“荡荡心无著”。“荡荡”，是平坦开放的状态。心含万物，量包天地，一切无执无著。

这四句都是谈的证悟以后的境界。虽然我们不能达到全然的证悟，但可以把它当成一面镜子照着我们。

金刚不坏示空有　法宝绵绵忆祖师

师说偈已，端坐至三更，忽谓门人曰：吾行矣！奄然迁化。于时异香满室，白虹属地，林木变白，禽兽哀鸣。

六祖说完偈颂，端坐直至三更。三更是子时。子时很有说法，重生也，又回到生命的起点上。这时，六祖突然对门人说："到时候了，我要走了。"说完，即入涅槃，"奄然迁化"。什么叫迁化？搬家为迁。这肉身菩萨又到他处教化众生去了。刹那间，满堂充满奇香，天空出现一道白光，直垂到地，白光照射到大地上，使树木都变成了白色，飞禽与走兽同时发出哀鸣。这是六祖走时出现的景象。

"白虹属地，林木变白，禽兽哀鸣"，这不是文学修辞，佛家是如语者，实语者，不妄语者。我们再回过头来返观自己，为什么要修行？就是因为彼此之间生命的差异太大。如果生死还能约束了你，你还是做一个老老实实的修行人，这是唯一的路径。我们今天谈禅宗，就是谈生命的学问，不能转化生命即不要谈。所以，当下你要对自己生命久远的意义负起责任来，让我们每一个当下有所住，有所不住。

所谓的有所住，就是我用什么样的心态来面对这个世间；然后有所不住，就是我能不能每一刻都把自己放下，放到最平坦处。这才是修行的根本。如果你转变了心态，在每一刹那间都即生即死，你就没有白活了。什么叫修行？训练就叫修行，就是训练你这件事情做完了以后能不能放下，最好的方法就是到现实中去，在人世间摸爬滚打，把自己练出来。这就是我谈做事的法门。为什么要做事啊？只在外边谈，谈天说地都没有用。就如同学游泳，只在岸上谈游泳理论，没有用的，下水是最好的方式。修行依然如是。

十一月，广韶新三郡官僚洎门人僧俗，争迎真身，莫决所之。乃焚香祷曰：香烟指处，师所归焉。时香烟直贯曹溪。十一月十三日，迁神龛并所传衣钵而回。次年七月二十五日出龛，弟子方辩以香泥上之。门人忆念取首之记，仍以铁叶漆布，固护师颈入塔。忽于塔内白光出现，直上冲天，三日始散。

这一年的十一月，广州、韶关、新州这三个地方的官僚，以及六祖大师的弟子们，都说六祖大师的真身应该安置本地。广州的人说，真身要迎到法性寺，就是今天的光孝寺，因为那是大师落发的地方，出家在法性寺。新州的人说，大师是新州人，叶落归根，应回故里。韶关的人说，大师是南华寺主持，当然应该在南华寺。大家争论不休，最终也没争出结果。大家焚香祈祷，香烟飘散的去处，就是大师的归处。最后香烟直贯曹溪，于是就将大师的真身送至南华寺供养。

十一月十三日，就将大师真身和祖师所传衣钵请回南华寺。到第二年的七月十五日出龛，由大师的弟子方辩，就是会造像的那个，用香灰和泥将六祖真身包起。门人想起大师所言，有人在他身后取他首级之事，所以用铁叶片和漆布把六祖大师的脖子封固，放到塔里。放到塔里面去的这一瞬间，塔里出现万道白光，直冲天上。你想在白天还可以看到万道白光，这光得多强烈啊！这白光三天才散。

韶州奏闻，奉敕立碑，纪师道行。师春秋七十有六，年二十四传衣，三十九祝发，说法利生三十七载。嗣法四十三人。悟道超凡者莫知其数。达摩所传信衣，中宗赐磨纳宝钵，及方辩塑师真相，并道具，永镇宝林道场。流传《坛经》，以显宗旨，兴隆三宝，普利群生者。

韶州刺史把这一切祥瑞之相奏明皇帝，于是就“奉敕立碑”，奉皇帝的诏书立了一块纪念碑，将六祖的生平以及后来的祥瑞之相一一刻到碑上。大师寿终时七十六岁，二十四岁得法，三十九岁落发，说法利生三十七年，接法弟子四十三人。

六祖广开宏门，不是以一传一的状态，已经是一脉多传了，从六祖这里接法有四十三个人，非常殊胜。至于开悟得道，超凡入圣者，那就不计其数了。作为佛的弟子，能把佛法的事业做到六祖这个地步的，在历史上是很少见的。六祖为佛法的流传作出了伟大的功绩，起到很重要的作用。

达摩祖师传法的信物衣钵，以及中宗皇帝赐的袈裟和水晶钵，还有方辩法师所造的六祖大师的真身之像，都永远在宝林禅寺镇守道场。依着六祖大师所传的法要来印制《法宝坛经》，以彰显禅门义理，使佛法能够发扬光大，普利天下群生。

佛的真身在，法又在，道场又在，佛法就一直都在，这是一种昭示。法脉的流传，可能身外的人都不知道，可是你有东西可以看到，可以验证的。六祖真身在，《六祖坛经》在，宝林禅寺在，只要这些在，法脉就是源源不断的。祖师一生都致力于修庙，他并不是寻求修庙的功德，而是庙在，法就在了，法在，法脉才能起，法脉起了，才能度无量众生。